坚实的脚步

——上海“两新”组织党建创新经验选编

中共上海市社会工作委员会　编
孙甘霖　主编

文匯出版社

序

着眼上海城市党建大格局
探索“两新”组织党建新规律

中共上海市社会工作委员会书记　孙甘霖

随着上海市场经济的快速发展和国际化大都市建设的快速推进，全市“两新”组织迅猛发展，具有总量大、发展快、就业人数多、资本来源多元、社会组织发达等特点，已经成为推动经济发展、创新社会治理的一支举足轻重的力量。截至 2015 年底，本市非公有制经济增加值已达到 12 919.43 亿元，占全市生产总值比重 51.8%。非公有制企业数 34.6 万家，“两新”组织从业人员 800 万人；社会组织 1.3 万家；共有“两新”组织党组织 18 793 家，党员 29.381 6 万名。

上海“两新”组织发展与上海“四个中心”和国际化大都市建设相辅相成，具有鲜明的特点：一是规模大的多，除了上海本土企业外，许多做大、做强了的外地企业在上海这块开放的热土上发展，规模以上的非公有制企业 9 000多家；二是科技型企业多，上海民营企业中科技型企业达 10 512 家；三是外资企业、合资企业多，上海外资企业很多是世界各国的跨国公司，影响力比较大，国外“世界 500 强”企业均在上海设有地区总部、研发中心和代表处；四是从业人员的文化素质较高，在社会生活中比较活跃，自我组织、自我表达的能力较强。

根据中央和中组部关于加强“两新”组织党建工作的有关精神和要求，上海各级党组织高度重视“两新”组织党建工作，及时将其纳入基层党建工作的总体格局中进行部署，制定了“消除党的组织建设空白点、扩大党的工作覆盖面、增强党的工作有效性”的目标和措施，提前完成中组织部下达的50人以上非公有制企业有党员、100人以上非公有制企业建立党组织的“双达标”任务。2009年7月，习近平同志在《上海市张江高科技园区综合党委着力增强“两新”组织党建工作活力》上批示：上海市张江高科技园区综合党委以学习实践活动为契机，在增强“两新”组织党建工作活力等方面做了有益探索，取得一定成效，对这类新鲜经验要及时总结完善并交流推广。要努力拓展“两新”组织党建工作内涵，创新工作思路和工作方式，更加贴近“两新”组织各主体对象的实际，通过促进“两新”组织健康发展、职工普遍受益来增强他们对党的感情、对党的认同，扩大党的群众基础，提高党的社会影响力。近年来，上海切实按照习近平总书记的重要批示精神，以党的执政能力建设和先进性建设为主线，以全覆盖为基础，以有效性为目标，以强保障为条件，积极创新“两新”组织党的组织设置、活动方式和作用途径，努力将党建工作融入和引领“两新”组织的内在发展需要，初步实现了“组织健全、机制灵活、作用明显、队伍齐整、保障有力”的目标。

一、坚持有形覆盖和有效覆盖相结合，着力激发“两新”组织党建的内生动力

党的组织是党加强对“两新”领域领导和引导的重要物质载体和依托，组织建设始终是“两新”组织党建工作中最基础的环节。上海始终按照扩大覆盖面、提高有效性的原则，探索建立了“公转带自转”的党建工作管理机制；实现了属地、属资、属条、属业等灵活多元的组织设置方式；依托城市区域化党建平台，实现了党建资源的有效整合和互联互补；推行了党员组织关系一方隶属、活动多元参与、作用多方发挥的党员教育管理服务模式，“两新”组织党建工作的内生动力得到不断激发和有效释放。

(1) 按照应建尽建的原则不断优化党组织设置，始终把党组织建在生产力最活跃的地方。楼宇和园区是上海现代服务业和先进制造业的集聚地，也是“两新”组织最集聚最活跃的地方。在中心城区1 700多幢商务楼宇中，依托街镇党组织、楼宇物业公司党组织等方式，普遍建立了楼宇党组织，以及“白领驿家”、“金领驿站”、“六个便利服务联盟”等为代表的楼宇党建工作服务站；在全市各级各类产业园区中，依托街镇党组织、开发公司党组织、开发区管委会党组织和重点骨干企业党组织，实行了对园区非公企业党组织的孵化和引领。比如张江高科技园区，依托园区综合党委，孵化和建立了

400多个企业党组织，覆盖企业1.2万家。近年来，随着国家“大众创业、万众创新”的推进，上海涌现了大量创客团队，在新兴创新创业团队中，上海及时探索了创客驿站党组织，项目团队、科研创新团队党组织，以及生产流水线、产业链党组织。在1.3万家社会组织中，依托行业协会、商会、联合会等，大力推进“枢纽型”社会组织党组织、群众活动团队党组织、行业性党组织等。此外，本市各高校还积极探索对网络社团进行组织和工作覆盖。组织设置的探索创新体现了主动适应经济社会新变化的显著特点，用更加灵活、务实的模式和做法，有效地加强了党在基层社会的组织覆盖和工作覆盖，不断显现出新的生机和活力。

(2) 创新组织生活方式，激发党员党性意识，发挥党员先锋模范作用。为更好地适应“两新”组织党员分散、流变性大、工作时间开展组织生活比较困难等特点，上海坚持“小型、分散、多样、灵活”的原则开展组织生活，使党组织活动方式更贴近“两新”组织及党员的实际，赢得党员、业主的认同。2010年以来，上海紧密结合深化城市区域化党建这一背景，发动广大“两新”组织党员到社区报到，参与“党员到社区、人人做公益”志愿行动，广大“两新”组织党员成为上海创新社会治理、加强基层建设的重要生力军，尤其在举办世博、亚信峰会等重大活动中，发挥了不可替代的作用。针对大量外来流动党员、劳务工党员，市社会工作党委会同各省市驻沪办党组织，积极探索外来党员“一方隶属、参加多重组织生活”的党员教育管理模式，使每个党员无论在单位或社区，无论在流出地还是在流入地，都能融入党的组织，参加党的活动，受到组织管理，得到组织关怀。当前，随着“互联网+党建”的推广应用，广大“两新”组织党组织利用支部网站、微信、QQ群等信息化手段，按照有主题、有讨论、有共识的原则，积极开展网上组织生活，得到广大“两新”组织党员，尤其是青年白领党员的欢迎。

(3) 融入城市大党建格局，通过“以外促内”，实现“公转带自转”。与传统体制内党组织相比，“两新”组织党组织无行政依托，无人事任免权，无资产纽带关系，开展党建工作难度较大。上海充分发挥街镇党组织，楼宇、园区综合党委等区域性党组织所具有的稳定性、综合性的优势，以体制内党组织的“公转”去领导、管理、支持、服务区域内各类“两新”组织党组织的“自转”。在此基础上，上海通过社会化招聘、契约化管理的方式，由财政出资，为经济开发区、商务楼宇配备专门负责“两新”组织党建的专职党务干部，目前这支队伍人数达2 000多人。他们“走街串巷”，指导和帮助“两新”组织建立组织、发展党员、开展活动等，成为区域内“两新”组织党建的联络员、信息员、指导员和督导员。2015 年以来，上海在全市 217 个街镇，在原街镇党员服务中心基础上，全部翻牌建立党建服务中心，为区域内包括“两新”组织在内的所有党组织开展活动提供场所和资源。

二、强化党组织服务功能，以精准有效为要求，不断推进“两新”组织服务型党组织建设

“两新”组织党组织的服务功能与政治功能是有机统一的。服务功能的有效发挥，是彰显政治功能的前提和基础。上海通过为“两新”组织党组织注入资源，提供保障，进一步帮助“两新”组织党组织强化服务功能，增强其在职工群众中的向心力、凝聚力，更好地发挥党组织在非公企业中的政治引领作用和在社会组织中的政治核心作用。

(1) 以“三进入”为载体，以融入区域整合资源为手段，把执政党的优势转化为“两新”组织科学发展的优势。近年来上海着重通过深化区域化党建来整合各类资源，有效解决了“两新”组织党建仅仅依靠条线和财政资源的局限问题。市社会工作党委借力发力，充分利用区域资源和条线资源，在市、区县、街镇三级层面开展了党的政策进“两新”、政府服务进“两新”、先进文化进“两新”的“三进入”活动，为“两新”组织党组织注入资源，提供保障，帮助其更好地服务企业的发展，更好地服务“两新”组织的党员群众。2015 年全市街道体制调整后，全市所有街道新建了社区党委统筹区域资源，增强了统筹区域资源的能力。全市各区县、街镇，进一步充分运用新体制、新载体、新资源，继续大力推进“三进入”活动。目前全市大部分区县及街镇，工商、税务、财政、教育、卫生、民政以及其他“两新”组织主管部门主动承担协助推进党建工作的责任，工青妇等群团组织积极加强党群联动，部分区县、街镇还把“两新”组织党建工作纳入地区、单位的考核内容，形成了合力推进的良好工作格局，“两新”组织党组织资源保障更趋多元，党组织的作用发挥进一步凸显。

(2) 建立双向沟通机制和党群联动机制，及时回应企业和职工群众诉求。按照中央和市委关于加强基层服务型党组织建设的要求，为让党组织更好了解企业发展需求，更好服务发展，上海在“两新”组织中普遍推行“两新”组织党组织和企业管理层的定期双向沟通机制。比如，上海均瑶集团、永达集团、置信集团、浦江物业等非公企业，建立了党组织书记列席企业管理层会议，以及企业负责人列席党组织的组织生活会制度，有效解决了党建工作与企业发展“两张皮”的问题。尤其企业在面临科研攻关、市场拓展、金融风险等关键时刻，通过双向沟通机制，使企业党组织及时了解企业需求，组织党员勇挑重担，为企业排忧解难。同时，上海坚持党建带群建，积极推进“两新”组织群团组织建设，建立党群联动机制。比如，推荐党员担任工会主席，把优秀的非党工会主席培养发展成党员，从而利用工会资源和力量，做好服务职工群众工作。

(3) 打造线上联系、线下服务的各类党建信息化平台，不断提高党建服务的针对性、有效性。随着互联网技术的发展，上海积极探索现代化信息技术在“两新”党建领域的应用，充分利用网站、微信、QQ 群等信息技术，探索建立党组织了解需求、回应诉求，线上联系、线下服务的网络平台，为党组织和党员供精准有效地服务企业、服务职工创造条件。比如，不少“两新”组织利用支部网站、微信，为职工群众开展微点子、微服务、微心愿等活动。再比如，上海“两新”互动网移动客户端上线运行第一年共激活用户 12 965 户，网站总访问量达 475 879 次。截至 2015 年 12 月底，基层党组织党员通过移动客户端发起网络服务活动 191 场，发布图文信息 13 193 条，这些都得到“两新”组织党员群众的好评。

三、坚持严字当头，决不降低“两新”组织党建工作的政治标准

党的“十八大”以来，以习近平同志为总书记的党中央高度重视从严治党，突出强调政治纪律和政治规矩。“两新”组织党组织是党的组织体系中重要的组成部分。尽管“两新”组织党建工作难度较大，但从严管党治党在“两新”领域只能加强，不能削弱。上海始终坚持“两新”党建工作的政治标准不降低，推进“两新”组织党组织的自身建设。

(1) 按照“三个从严”的要求，加强“两新”组织党员队伍建设。党的先进性最终要靠党员的先进性来体现，近年来，上海始终坚持从严治党的要求，加强“两新”组织党员队伍建设：严把党员发展关，坚持在品德优、业务精、群众评价好的职工群众中培养和发展党员；在“两新”组织各类领军人物中培养和发展党员，严格把好党员的政治关、素质关，得到业主和职工群众的高度认可。严格党员教育管理，重点是严格落实党内政治生活制度，抓好“三会一课”、民主评议党员等制度落实。鉴于“两新”组织党员流动快、分布散、集中教育较为困难等特点，上海利用信息化手段探索实践党员积分制管理、

党员星级评定等，鼓励党员亮身份，在工作地、在社区参加多元组织生活和社会公益活动，接受教育和监督。严格处置不合格党员，对长期不过组织生活、不交党费、不做组织分配任务的党员，经教育不思悔改的，坚决处置。张江高科技园区综合党委通过排摸，对75名“三不”党员进行党内除名，对纯洁党员队伍起到了良好的示范效应。

（2）在全国率先探索“两新”组织反腐倡廉建设。“两新”组织反腐倡廉建设是党风廉政建设和反腐败工作实现全方位、全覆盖的必然要求。自2009年起，上海率先在“两新”组织开展反腐倡廉建设，得到了时任中纪委书记贺国强同志的高度肯定。在市级层面，成立了由市纪委、市委组织部、市社会工作党委、市监察局牵头负责的推进“两新”组织反腐倡廉建设联席会议；区级层面，也设立相应的工作机构。截至目前，在全市设有党委的“两新”组织中已全部建立纪委，在未设党委的“两新”组织也均配有纪检干部。“两新”组织反腐倡廉建设的推进，有效促进了“两新”组织守法、诚信、公道、自律的廉洁文化建设，促进“两新”组织科学、健康和可持续发展，也大大促进了上海商业诚信体系建设，营造了优良的营商环境。

（3）开展党员岗位行动、志愿行动、家园行动，不断锤炼党员的先进性和战斗力。“两新”组织的党建工作，必须找准与其发展内在需求的结合点才会有生命力，发挥“两新”组织党员先锋模范作用，是确保“两新”组织健康发展的需要。上海在“两新”组织党组织和党员中广泛开展“关键岗位有党员、困难面前有党员、技术攻关有党员”和“党员身边无事故、党员身边无次品、党员身边无违章”活动，设立党员责任区、党员示范岗，开展金点子征集活动，使党组织得到了企业业主和管理层认可，在职工群众中发挥了表率作用。同时党组织和党员在服务世博、抗击金融危机、参与赈灾救灾、抵御欧债危机影响、维护社会稳定和创新驱动、转型发展等重大任务和事件中，较好地发挥了推动发展、服务群众、凝聚人心、促进和谐的作用。

四、注重顶层设计，在城市大党建体系下不断创新“两新”组织党建的管理体制和工作机制

建立健全科学的领导体制和工作机制，是实现“两新”组织党建工作的良性运作和可持续发展的基本保障。经过十多年的探索实践，上海已初步建立起了市委领导、市委组织部牵头抓总、市社会工作党委协调指导、区县党委为主管理、相关市委工作党委和有关部门共同参与的“两新”组织党建

领导格局。实践证明，必须通过一定的组织形式和运作机制，才能把“两新”组织内的各类力量凝聚起来，使党的凝聚力、影响力辐射到各类组织和群众当中，并聚焦到提高党建工作的有效性上来。

（1）基本建立了上下对应、联动的“两新”组织党建管理体制与工作网络。2003年8月，上海专门成立中共上海市社会工作委员会，作为市委的派出机构具体负责全市“两新”组织的党建工作；16个区（县）均成立了社会工作党委，各街镇全部成立了社区（综合、社会）党委，大部分经济园区也建立了主管“两新”组织党建工作的综合党委，全市形成了上下对应、工作互动、各方联动的工作网络。这一周密的网络，联系起各方“两新”组织、社区团体和社会各界人士，既使“两新”组织党员找到了发挥战斗力的平台，也使众多“两新”组织的党务工作有了支撑和依托。

（2）基本形成了“条块结合、区域托底”的工作机制。“两新”组织类型多样，上海坚持分层分类管理。对规模大、社会影响力广的“两新”组织，由市、区两级社会工作党委和相应大口委办局党组织进行直接管理。对专业性强、行业特色明显的社会组织，如律协、会计师协会、注册税务师协会、民办高校、民办医院等，由相应的行业主管部门党组织进行管理；在上述社会组织与行业主管部门完全脱钩后和社会组织实行直接登记后，原行业主管部门党组织依然承担行业党建指导职能。对大量规模以下的“两新”组织，依托商务楼宇、经济园区、专业市场、商业街城等建立综合党委、党总支，实行区域托底管理。目前上海80%以上的“两新”组织党组织关系由区域党组织托底管理。

（3）基本构建了多层次的“两新”组织党建工作保障体系。近几年来，上海各级党委在“两新”组织党建工作经费和活动场所保障上逐步形成共识，为“两新”组织党组织提供了多渠道的资金支撑和阵地场所支持：一是党费返还。对“两新”组织党员所交党费实行全额返还，各区县还每年从区管党费中划拨部分款项作为“两新”组织党建工作经费；二是财政划拨。各区县将“两新”组织党建经费按照党员人均200元的标准纳入财政预算，对新设立的“两新”组织党组织给予2 000元的启动经费；三是区域支撑。上海在全市217个街镇普遍建立党建服务中心，通过整合区域资源，为“两新”组织开展各类党建活动提供支撑。

经验启示：

（1）“两新”组织党建工作是实现经济转型升级、推动创新发展的重要保障，必须与经济社会发展同步推进同轴运转。多年党建工作的成果表明，新形势下"两新"组织党建工作要实现与时俱进，就必须始终围绕经济社会发展创新"两新"组织党建工作。只有融入中心、服务发展，才能以党建"软实力"催生"两新"组织发展"硬实力"。通过党建工作与经济社会发展的有机结合，并努力实现党建工作与经济工作的最佳结合，同步推进，同轴运转，就能有效统一认识，增进互信，化解矛盾，整合资源，为党组织开展工作创造良好条件，促进"两新"组织健康发展，实现经济社会的健康发展，也才能使灿烂的党建之花，结出丰硕的经济建设和社会发展之果。

(2)"两新"组织党建工作是把握和探索新时期执政党建设规律，提高党的执政能力的重要实践，必须坚持继承与创新相结合。"两新"党组织作为我们党的基层组织的一部分，同样是党的全部工作和战斗力的基础，同样是落实党的路线方针政策和各项工作任务的战斗堡垒，同样需要充分发挥出推动发展、服务群众、凝聚人心、促进和谐的重要作用。"两新"组织党建工作作为基层组织建设的新领域，是一个有巨大探索空间的重点领域。这就要求党的各级组织主动从"两新"组织的实际出发，既要善于继承运用被实践证明了的传统有效的好经验、好做法，又要根据形势和任务不断发展变化的实际，积极从工作理念、活动方式、工作方法上进行创新，在组织设置、管理模式、运行机制等方面进行突破，及时发现、总结、推广实践中的新鲜经验，不断完善符合"两新"组织实际的党建工作新机制，使我们的工作紧跟时代步伐，更符合时代要求。

(3)"两新"组织党建工作是推动完善新时期社会管理体制的重要力量，必须依托执政体系与执政资源有效推进。加强"两新"组织党建工作，保证"两新"组织的良性健康发展是党的执政体系中的一个重要方面。随着"两新"组织的壮大及经济社会转型的不断深化，社会管理创新已成为时代发展的一项紧迫课题。毋庸置疑，"两新"组织作为上海经济社会发展的重要力量、财政收入的重要来源、吸纳就业的重要渠道和统筹发展的重要基础，既是新时期社会建设的重要客体，又是社会管理创新的重要主体。"两新"组织和谐，则上海和谐。加强"两新"组织党建工作，能够不断增强党的阶级基础、扩大党的群众基础，能够不断加强和完善党对整个社会的全面领导，为加强和创新社会管理提供强有力的政治保证和组织保证。加强"两新"党建工作，发挥党组织的引领作用，则是加强社会建设、创新社会管理的重要载体与手段，必须与党执政体系的其他系统同频共振，相互促进。

目 录

楼宇党建篇

上海楼宇“两新”组织党建基本情况

商务楼宇已成为本市“两新”组织重要的集聚区。截至2015年11月，全市现有楼宇1 978幢，入驻“两新”组织56 196家，有100余万的白领在商务楼宇就业。“支部建在楼上”是“支部建在连上”的传承和发展。2002年胡锦涛同志曾就上海楼宇党建工作做出重要批示，给予肯定。2006年市社会工作党委制定了《上海市楼宇党建工作规范(试行)》。2005、2011年分别召开了全市“两新”组织楼宇党建工作推进会，提升工作的规范化水平。目前，上海商务楼宇中共建“两新”组织党组织3 212家，其中独立党组织1 780家，联合党组织1 432家，党员49 765名，楼宇党组织覆盖率19.55%。主要做法如下。

一、创新组织设置，实现党的组织全覆盖加快推进，丰富党组织组建模式，坚持有形覆盖

上海积极探索建立了区域性大党建工作格局下的以社区党建

为依托的楼宇党建工作模式。由楼宇所在地社区(街道)党组织负责,根据楼宇内企业规模、党员流动性、党组织负责人人选的不同情况,总结形成了楼宇党组织的“建、联、挂、靠、派、升”等组建模式。建:即对有3名以上正式党员的企业,符合企业发展稳定、党员队伍稳定,有合适的支部书记人选标准的,以帮助建立独立党支部为主。联:即对正式党员不足3名的企业,或没有合适党支部书记人选的,按照就地就近的原则,建立联合党支部。挂:即对大量仅有个别党员的企业,把党员组织关系挂在街道新经济组织党支部。靠:即对只有“零星”党员和没有党员的企业,通过团建、工建拓展党组织的组建工作。派:即对一些党建基础薄弱、党员人数较少的企业,从街道、居民区、社区党群工作者中选派优秀党员到企业担任党建工作联络员,做好发展党员工作,创造条件成立党支部。升:即对党员人数较多、经济发达、比较分散的企业,把企业党支部(总支)升格为企业党总支(党委),按行业或企业组建党组织。通过多种形式把党组织建在楼宇上,起到了“铁打营盘流水兵”的“营盘”效果。

二、注重服务,夯实党建载体和阵地建设,加强有效覆盖

上海基本实现了对商务楼宇党建工作的全覆盖,普遍建立了以党建服务中心、阳光驿站等为主体的楼宇党建指导机构,积极为中小企业党组织活动提供计划、策划、组织、场所等全方位的服务。在每幢楼宇内建立了党员服务点,协助楼宇党组织开展活动,为楼宇内的“两新”组织党组织、党员、入党积极分子等提供学习教育、开展活动等指导服务。各区县、街道以党建服务中心、楼宇党员服务点为载体,整合党建工作、行政事务、社会管理职能,打造开放共享平台,切实为广大楼宇“两新”组织发展提供财税、劳务、法律等咨询服务,为白领提供健康、心理、投资理财等咨询服务。同时,将管理党员、开展活动的模式从以往相对静止和封闭的状态转向动态和开放,拓宽了党组织和党员发挥作用的途径,通过党建融入服务、融入“两新”组织文化建设、融入党员和职工的工作生活,团结凝聚了“两新”组织代表人士和广大从业人员,形成了“群众有困难愿意找党组织、党组织能解决群众困难”的良性循环,党的影响力和凝聚力大大提高。为了发掘企业自有资源,按照“中办11号”文的要求,上海还积极推进了楼宇党组织“六有”(有场所、有设施、有标志、有党旗、有书报、有制度)建设。在党建阵地示范单位,还全面落实了“六有”阵地建设,实现了“建党”与“党建”工作的有效结合,在寸地寸金的商

务楼宇为党员的教育管理提供了有力支撑。

三、健全制度，加强领导、队伍和经费保障，完善工作机制

上海楼宇党建工作通过积极探索，健全了各项工作制度，创新了工作机制。**一是建立了纵向贯通的领导机制。**由楼宇所在地社区（街道）党组织负责，各业务部门参加，建立了楼宇党建工作联席会议制度和党员领导干部联系楼宇工作制度，实现楼宇党建工作纵向贯通。**二是建立了队伍培训保障机制。**专职党群工作者在加强楼宇党建工作中发挥着重要的作用，负责进楼宇走访，进企业排摸，负责具体指导楼宇党组织工作。各区县、街镇通过社会化招聘，专业化培训，契约化管理，市场化运作，多样化进驻。同时，各级党组织着力建立了一支有理想、有能力、会干事的楼宇党群工作者队伍，每年对以楼宇党群工作者安排一次培训，做到一个不漏。在提供必要津补贴的同时，加强组织关怀。**三是建立了经费保障机制。**本市中心城区各区以按每个“两新”组织党组织 1 000—2 000 元/年，每名党员学习教育费用 100—200 元/年，每名书记交通通讯费用 100—200 元/月的标准，落实财政预算。全市基本落实了全额返还“两新”组织党组织党费，基层党支部有了适当的活动经费。

深化创新　提升楼宇党建工作效能

1999 年 6 月 14 日，浦东潍坊新村街道成立了上海市第一个跨地域、跨行业、跨所有制的联合党支部——嘉兴大厦联合党支部；2005 年 9 月 8 日，随着党组织和党员队伍的发展，党组织能级上升为嘉兴大厦联合党总支；2009 年 11 月 8 日，进一步上升为嘉兴大厦联合党委，并经过公推直选产生了第一届领导班子。嘉兴大厦联合党委现有党支部 81 个，其中联合党支部 63 个，独立党支部 18 个，在册党员 1 012 名。

随着非公经济的快速发展，嘉兴大厦联合党委所在片区的“两新”党组织和党员队伍发生了新变化，也对楼宇党建工作带来了新挑战，主要是三个方面：

一是党员流动性大。“8090”后年轻党员跳槽频繁，跳槽离开本区域后，不主动转出党组织关系或不到新单位所属党组织报到，出现一定数量党员和党组织关系“人户分离”的情况，造成了党员管理上的难题。

二是党员分布分散。区域内的“两新”党员大多分布在各楼宇中的不同企业内，同一企业中往往只有 1—2 名党员，在有效组织和凝聚党员上存在

难点。

三是党员参与度不高。区域内“两新”党员对各级党组织的工作和活动参与度总体上不高，一方面是“两新”党员，特别是一些年轻党员的党性不强、党员意识淡薄，另一方面是“两新”党员多在非公企业工作，工作时间长，加班、出差等情况经常发生。

面对楼宇党建出现的新情况、新问题，嘉兴大厦联合党委围绕市委、区委、潍坊街道对“两新”党建工作的总体要求，结合基层党组织及党员的实际和特点，着重在抓队伍、抓活动、抓基础等三大方面下功夫，有效服务凝聚了“两新”党员，发挥了基层党组织的战斗堡垒作用和党员的先锋模范作用。

注重教育培训。以提升基层党组织书记综合素质为目标，根据区域内书记队伍的特点和需求，通过讲座、论坛、沙龙、参观、拓展训练等载体，搭建以形势任务、职责履行、能力素质和核心价值为四大板块的培训体系，切实发挥书记在基层党组织中的核心作用，如开展了“奔跑吧！青春”团队建设活动，有效提高了书记团队协作能力；邀请浦东干部学院、复旦大学、东方讲坛的专家教授等高水平师资，开展了贯彻落实“四个全面”战略布局、中国共产党十八届五中全会精神、“两学一做”学习教育的专题讲座，把握党和国家的新形势；结合纪念抗战70周年，组织观看《百团大战》、《抗日战争的细节》等抗战电影和书籍，并组织开展了主题讨论活动，为书记们交流思想搭建平台。同时，坚持支部书记每月例会制度，畅通上情下达和下情上传以及书记之间的沟通交流。

注重基础台账。针对书记队伍流动性较大的特点，采集嘉兴大厦联合党委所属党支部书记全面信息，建立书记信息数据库，进行动态跟踪和调整，确保及时掌握支部书记信息。制定了《嘉兴大厦联合党委日常管理要则》，进一步强化了书记队伍的组织性和纪律性。

注重关爱慰问。不定期走访调研支部书记，注重与书记一对一、面对面的沟通联系，了解基层党组织运转情况和存在问题，听取对联合党委各项工作的建议和意见。每年年底为支部书记送上感谢信，并建立完善相关的关爱慰问制度，对生重大疾病、结婚生子等个人重大事项的书记及需要特殊帮助的书记，第一时间送上慰问和帮助。

创新形式，开展党建活动。如以纪念“七一”为契机，开展了“承革命先烈精神，扬二次创业风帆”等主题党日活动，组织参观爱国主义教育基地，激发党员的党性意识，搭建党员互动学习、增进交流的平台。针对大量转入新党员的实际，组织开展了“信念凝聚团队，超越成就梦想”主题迎新活动，促进新党员更快融入联合党委，加强有生力量。以纪念中国抗战胜利70周年为抓手，组织开展了“铭记历史，开创未来，共筑国梦”主题征文活动，并将获奖的优秀征文推荐到各类媒体平台。在街道“慈善联合捐”活动中，广泛动员各支部党员踊跃捐款，传递社会正能量。

立足实际，抓好学习教育。按照“两学一做”学习教育中“逐条逐句通读党章”的要求，针对“两新”组织党员数量多、分布散、学习时间碎片化的特点，在联合党委全体党员中组织开展了“手抄党章100天”学习活动，通过“抄写党章、网晒手迹”的线上线下相结合的学习方式，激发“两新”党员的学习热情和内在动力，受到了“两新”组织党支部和党员的热烈欢迎，党员纷纷以实际行动予以响应，争相在微信群和个人的朋友圈中晒出手写的党章，营造出“争抄党章、真学党章”的良好学习氛围。

整合资源，满足党员需求。针对区域内楼宇党员和白领实现社会价值的公益需求，以党建为引领，举办了微爱“益起来”楼宇创意公益集市，秉持“双向服务、融合共享”的理念，依托社区党建服务中心搭建的区域化党建平台，充分调动了社区内“两新”组织、居民区、驻区单位等各方资源，借助全欣公益中心等社会组织的专业化运作，以爱心义卖、公益换物、创意体验为三大内容，引领年轻白领以实际行动践行社会核心价值观，推动党员发挥模范带头作用，促进区域内企业健康发展，最大限度地服务凝聚区域内的党员、职工和企业，营造互爱互助的社区氛围，共同打造美丽潍坊、和谐潍坊、魅力潍坊。

加强组织建设。根据片区党员转入转出的流动情况，定期梳理分析联合党委所属各支部在片区内楼宇的分布及党员构成，调整完善更为科学合理、便于管理的支部布局。充分整合片区内楼宇和企业的场地资源，建立了嘉兴大厦、中纺联公司等“六有”党建阵地，实现有场所、有设施、有标志、有党旗、有书报、有制度，为基层党组织开展组织生活提供保障。

规范组织生活。每年年初下发各支部《关于有效开展基层党支部组织生活的工作提示》和《基层党支部活动记录本》；每月提供组织生活指导性内容，倡导支部结合自身实际创新组织生活内容、形式和载体；按要求部署开展专题组织生活会和党员民主评议工作；年底对各支部组织生活进行总结和点评，检查《基层党支部活动记录本》。

做好党员转接。以属地化为原则，将新党员转入单位所在楼宇支部，并做好信息采集和存档工作；定期与各支部核对在册党员名单，对不在潍坊辖区的党员及时进行梳理和转出，加强对党员党组织关系的管理。

“从支部建在楼上”到“总支建在片上”到联合党委公推直选三届班子，嘉兴大厦联合党委在浦东新区区委组织部和潍坊新村街道党工委的领导下，解决了“两新”党组织党员队伍流动性大、分布分散、参与度不高、较难管理等问题，有效服务凝聚了楼宇党员和白领，发挥了党员的率先垂范作用，加强了服务型基层党组织建设。从实际运作效果来看，有三方面的启示：

赋予党组织人性化特征，提高人文关怀效能。在市场竞争、人才竞争日益激烈的今天，楼宇党组织要把服务助推企业发展、提升党员综合素质作为重要工作之一，给予更多的人文关怀，善于通过各种渠道、各种途径、各种方法开展思想工作，加强与党员、群众、业主的人际关系沟通，增强党组织的亲和力和吸引力，使党组织成为真正的娘家。

注重以人为本，激发党员内在动力。现实生活中，一些楼宇党员总是站在第三方角度旁观党的工作，对组织活动缺乏兴趣，认为这些组织的目标和活动不是“我选择的”，而是“组织交办的”。提高党员参与的内驱力，需要给予楼宇党员选择的权利和活动的空间，尊重党员的个性需求和特长，调动党员的智慧和想象力，让党员参与设计、策划丰富多彩、多式多样的组织生活。

整合多方力量，为楼宇党建提供资源。楼宇党组织党员分散，活动资源少，大多数没有固定的活动地点。对此潍坊街道党工委积极支持，在人力、物力、财力上予以保障，每年除将党员所交党费全部返还，还提供每个支部2 000元的活动经费，并配备了专职党群社工具体指导工作，这些都为楼宇党建工作的深入探索、深化拓展创造了良好条件。此外，街道党组织还全面整合社区内的各类资源，积极帮助楼宇党组织解决邀请专家、政策咨询、企业用人等具体问题，通过贴心的服务为楼宇党组织赢得企业和党员的“双满意”。

浦东新区潍坊新村街道嘉兴大厦联合党委

党建引领促凝聚 服务白领显成效

在静安区鳞次栉比的高品质商业商务楼宇中，集聚了大量的新经济组

织和新社会组织。他们是静安经济体系的基本面，也是静安经济社会发展的主要建设者和贡献者，因此，如何有效团结凝聚白领这支城区建设的重要力量，成为楼宇党建工作必须破题的战略性课题。

2010 年 6 月，从进一步健全楼宇公共服务平台，优化商务投资软环境的角度出发，原静安区委组织部、区社工委及石门二路街道党工委以凯迪克大厦为试点，以党建为引领，围绕白领民生，探索建立了楼宇立体服务站，为白领营造了一个便利、和谐、人文的新型立体服务社区。

凯迪克大厦是静安区税利超亿元的商务楼宇，目前入驻企业 76 家，入驻率 100%，入税企业 90%以上。党员 289 名，员工 4 000 多名。

把服务企业作为楼宇党组织发挥政治核心作用的根本要求。凯迪克大厦联合党支部以需求为导向，以项目为依托、以实效为目标，通过物业党建联建，用社会运作的方式，为白领员工提供“一站式”便利服务。

一是打造“暖胃”工程。凯迪克大厦楼宇联合党支部早在几年前，就敏锐地捕捉到了白领员工“快”就餐的需求，以“立体”服务站为载体建立了楼宇白领午餐服务点，切实起到了“暖胃暖心”的作用。根据白领“起早、晚走”的作息习惯，在白领午餐的基础上，还增设了早餐和晚餐。而且花色多，价格亲民，现在不仅服务于楼宇内的白领员工，而且连附近楼宇的白领、社区里的居民也慕名而来。

二是打造“关爱”工程。随着“背奶族”妈妈逐渐增多，大厦联合党支部从关心白领女性身心健康入手，从“背奶妈妈”兼顾工作、生活的双重需要考量，在楼宇开设了全市首个“爱心妈咪小屋”服务点，用一道屏风为白领妈妈辟出一片私密空间，一把钥匙为母乳保管提供了安心的保障，也为“立体”社区增添了一抹温暖的“粉红”。

三是打造“活力”工程。为了能让广大白领员工在工作之余有健身休闲的好去处，街道党工委高度重视，在原静安区体育局和楼宇物业等部门大力支持下，将楼宇露台改造为“空中运动场”，成为全市首家商务楼宇室外运动服务点，免费向楼内外企业员工开放。每年开展一次楼宇运动会，并参加市、区有关运动项目比赛，使“每天锻炼一小时，快乐生活一辈子”成为大家共同的生活理念。

四是打造“心灵”工程。和体能状况相比，保持心理健康更为重要。针对大楼白领工作压力大的特点，楼宇联合党支部请来华师大心理老师举办讲座，得到了员工们的普遍欢迎。在楼宇物业的支持下，又辟出专门场地建立“心灵咖吧”服务点，累计有千余名白领到此体验“心灵按摩”。逐渐形成了“心理咨询解困惑”、“心语信箱”架心桥、“心灵咖吧”解心锁、科普知识引心路这一特色工作。2015 年“心灵咖吧”也被评为上海市人文关怀心理疏导示范点，并在实践中收到了较好的效果。

把服务企业作为楼宇党组织发挥政治核心作用的重要基础。多年来，大厦联合党支部根据白领员工“求新、求美、求乐”的需求，以党建引领，以文化带动，发挥党组织政治优势和组织优势，努力构建“人文”立体社区。

一是营造浓厚读书文化氛围。文化润泽楼宇、党建引领员工。多年来，大厦联合党支部以白领的精神需求为出发点，以读书活动为切入点，围绕提高楼宇员工文明素质，通过建立科普书吧服务点，采用开放式的取阅模式，所有书籍皆由区科协、街道图书馆和楼宇企业、白领捐赠，打造了一片属于白领们休憩心灵、交流心得的驿站。为此，“科普书吧”在 2015 年被评为上海市民科学文明素质提高示范项目。

二是弘扬民族文化精神。楼宇的文化建设重在企业和员工的参与。大厦通过重阳登高活动、社区助老活动、公益助残活动，发扬中华民族优良传统。以“三八”国际劳动妇女节、元宵节、中秋节等为契机，举办各类民族艺术展、微雕作品展、白领文化音乐会等活动，使节庆传统与民族文化在白领员工中得到传承。楼宇党建与文化建设互通共融，进一步激发了广大白领员工的爱国热情，提高了他们的社会责任感，增强了他们对党的感情，发挥党建正能量。

三是建设互动学习人文环境。凯迪克大厦楼宇女职工周末学校 2015 年被评为全国工会培训示范学校。为女职工构筑文化学习与文体娱乐活动的平台，让她们从游戏中学习，在学习中获得知识，享受快乐。同时，针对楼宇白领女青年多，社交圈窄、婚恋难等状况，组织交友活动，营造了互联、互学的楼宇人文环境。

把服务企业作为楼宇党组织发挥政治核心作用的重要途径。大厦党支部努力形成楼宇党建和楼宇经济的良性互动，坚持政治引领，促进楼宇和谐发展。

一是助推企业经济发展。以增强活力、激发动力、提升效力为目标，为企业和员工提供有效的服务，如在金融危机中，党支部与物业共同提出在企业遇到经营困难时"企业不裁员、不减薪、不减福利待遇，物业租金不增、不提高物业管理费"的"五不"承诺，发挥了良好的安商、稳商、留商作用，有效提升了企业和员工对党组织的认同感。

二是维护职工合法权益。依托法律咨询服务点，积极宣传劳动法、公司法，引导企业依法经营，创建劳动关系和谐企业。而当企业或员工遇到劳资矛盾时，第一时间代表党组织和工会出面调解，把矛盾化解在基层。如外资企业员工小徐被公司无故解聘，通过与企业反复沟通，为其追回 7 000 多元补偿金，切实维护了员工的合法权益，并帮助他重新走上了新的工作岗位。

三是鼓励企业反哺社会。积极引导楼宇企业承担社会责任，用企业的资源优势反哺社会，参与社区弱势群体结对帮困、助学。不仅为企业和员工提供了公益平台，也为社区弱势群体雪中送炭。如楼宇一物业员工因病过世，全家失去了经济来源，楼宇内发起捐款活动，一周募集帮困金 5 万余元。体现了社区职工群众守望相助，共建共享的和谐局面。

在区委、区政府的大力支持下，到目前为止已经有 7 万多人享用了楼宇立体服务站这一精细化的服务，它不仅为企业创造了良好的经营环境，为员工营造了温馨的工作环境，为物业提升了将近 100%的入驻率，为静安的楼宇经济带来了 90%的入税率。具体成效如下：

服务民生，互利共赢。凯迪克大厦立体服务站现已扩大到 26 个服务点。目前，楼宇白领餐厅新增特色面馆，每天早、中、晚用餐人数达到 2 500 人；先后有 63 位新妈妈享用了爱心妈咪小屋温馨服务；"心灵咖吧"通过心理咨询、心语信箱、科普教育等系列活动，使 1 100 多位员工从中受益，享受到专业团队的服务；天天果园服务点每天的营业额比原先翻了两番；理发服务每天预约人数十多位；绿色蔬菜机为员工提供了绿色、优惠、干净的蔬菜；邮政服务点每月营业额15万元左右。楼宇立体服务站的各项服务内容不仅辐射附近楼宇也惠及周边小区。

服务企业，资源共享。通过进一步走访企业，了解企业共性需求，2015年凯迪克大厦在楼宇内新增电脑维修服务点，为企业解决了信息技术故障难于及时解决的问题。此次将电脑维修服务点纳入楼宇立体服务站，主要是为小微企业解决日常工作运营中突发的电脑信息技术及网络故障等问题，帮助他们减轻部分的经营压力。这些直接面对企业的服务，既优化了楼宇企业的投资环境，又提升了楼宇党组织服务党员群众、服务企业发展，服务楼宇自治的能力。

服务经济，促进发展。当服务模式由点及面，那么服务外延也由浅及深，这种落地化、零距离的服务为企业创造了良好的经营环境，成为促进区域经济发展的软实力。如，欧翔国际旅游公司在刚刚入驻凯迪克大厦时，租赁办公面积150平方米，随着楼宇服务的提升，企业的租赁面积扩大到380多平方米，服务又吸引了该企业现在已经买下了600多平方米作为商务用地，不仅入驻在静安，而且注册在静安，成为静安税基税源的一分子。楼宇党组织以真心服务换得了企业的信任，使他们决心把根扎在静安。

凯迪克大厦联合党支部将楼宇视为一个立体化的社区，以精细化的手段服务社会，填补传统基层党建在这一领域的空白，实实在在地诠释了党建抓实了就是生产力，服务做细了就是企业根植的源动力，充分发挥了党组织在楼宇中的政治核心作用和政治引导作用。

静安区凯迪克大厦联合党支部

今天，我们怎样绣党旗

上实大厦地处徐家汇商圈核心，是一栋以商贸服务为主的商务楼宇，内有“两新”组织约180家，规模以下企业占95%以上，80%是80后青年。大厦内在册党员129名，建有联合党支部1个，党员42名；独立党支部1个，党员13名；体制内系统党组织4个，党员74名。解构其党建工作，有助于窥一叶而知秋。

上实大厦联合党支部自2003年成立至今，逐渐形成了“以物业管理为依托，联合党支部为支柱，党群工作一体化”的党建工作模式。党支部曾荣获徐汇区先进基层党组织标兵单位、上海市“两新”组织“五好”党组织以及上海市首批十大楼宇党建创新基地等荣誉。

在建党90周年的“三八”节期间，党支部组织大厦女性党团员，开展了“学江姐、绣红旗”的主题活动，活动成效远远超过了预期。在“江姐热”的持续影响下，在此后的5年时间里，上实大厦联合党支部各项活动开展得风生水起。由此，在建党95周年之际，在深入开展“两学一做”学习教育之时，支部站在新的视角，重新审视和思考：今天，我们怎样绣党旗？

做好教育引导，提高企业主对党建工作的认识，在企业发展中发挥政治引领作用。一是对楼宇企业采取多走访、多沟通的形式，不断扩大党支部影响力。近两年，国际国内经济形势动荡低迷，上实大厦内中小型企业居多，许多从事进出口贸易行业的公司都遇到了棘手的问题。支部得知此情况后，召集了支委商议讨论，通过召开楼宇企业座谈会，了解企业业务范围、当前困境，并牵线搭桥，促进楼宇企业相互间的业务合作。如今，每季一次的座谈会，已得到了企业的高度认可。

二是以人为本，提升企业公共安全意识。党支部把促进楼宇管理和发展作为楼宇党组织有效发挥作用的结合点之一。自上海“11·15”特大火灾事故发生后，党支部吸取教训，考虑到上实大厦是一栋有20年历史的老大楼，也存在自身隐患，支部每年都会协同大楼物业开展火灾、地震等突发事件的应急疏散的演习。支部与物业一起，设计制作了两百多块“跟我来”指示牌，并在每家入驻企业中选出志愿者并定期培训，带领楼宇员工疏散、撤离。支部还通过组织党员学习楼宇管理知识，消防安全教育培训，开展“我为楼宇管理献一计”和“构建绿色环保工作环境”等活动，促进大厦平安建设。

三是引领企业提倡环保，促进社会和谐发展。自2011年4月起，上实支部启动了“低碳环保”系列活动，从起初的让“低碳中国”社团走进大厦对环保进行宣传，到之后制订了“废物回收利用，积分兑换奖品”活动，鼓励楼宇企业单位职工投身到环保事业中，以及用废弃纸巾卷芯制作成迎新灯笼、“低碳环保伴我行”骑车环游淀山湖等活动。在每次的活动中，党员们带领楼宇群众一同参与，促进了党群工作，增强了凝聚力，也将楼宇的环保带出了大楼，走向社会。

巩固党建工作基础，加强非公企业党员队伍建设，提高党组织号召力与凝聚力。一是开展多种形式学习活动，提升党员自身素质。党支部除了认真执行“三会一课”制度外，还利用自身资源开展了学习党史、推荐读一本好书撰写读后感，以群教活动、纪念抗战胜利 70 周年、“三严三实”等重大活动为契机，开展主题教育活动。每年楼宇内有不少新进毕业生，支部便组织他们解读劳动合同法、职场维权咨询等各类学习活动，不断提高党员的思想素质和法制意识、维权意识。

二是实施党群工作一体化，党建带工建，助团建。支部坚持党群共建、共推、共赢，指导大厦内 3 个独立工会和 107 家企业加入楼宇联合工会组织，辅育组建了 3 个团组织，相继成立党员之家、工会之家、青年中心、妇女之家、白领之家。通过这些载体，组织党员、青年积极参加文明交通执勤、帮困助学、义务献血、捐献骨髓、赈灾捐款等活动。与居民区结对共建，组织党员开展“便民咨询服务”、“帮困助学”、“敬老为老”、“文艺联欢”等公益活动。使楼宇内各企业白领职工凝聚在一起，自觉围绕在党组织周围，进一步扩大了楼宇党建工作覆盖面。

三是搭建多层次活动平台，让有限的资源发挥最大的效应。楼宇内有“两新”党组织两个，系统党组织 4 个。因此，对涉及各支部工作和党务的活动，由各支部自行开展；对涉及主题实践、志愿服务、奉献爱心、文体活动等，利用联合支部影响力较大、号召力较强的优势，由联合支部牵头策划组织，各支部共同参与。如唱红歌比赛、“我爱时装我爱秀”等各类主题活动以及青年心理健康与职场需求、劳动法规咨询、投资理财等讲座，坚持开展“健康进楼宇”，为楼宇内员工进行免费体检、体质测试。实现了资源共享、平台共用，楼宇各党组织、各企业共同参与的主旨。

在上级组织和领导的积极关怀下，经过不懈努力，上实大厦楼宇党建工作取得了令人满意的成效和富有实际意义的反响：

第一，促进了大厦发展和管理。近年来，上实大厦的社会形象不断提升，大厦入租率每年达到 100%，并多次被评为徐家汇地区商务楼治安管理先进单位、消防安全保卫工作先进集体，获得“全国城市物业管理优秀示范大厦”的称号。

第二，促进了楼宇的文化建设。形成了党建文化引领企业文化，促进楼宇文化建设；党员学习带动群众学习，群众文化活动普及，健康向上、生动活泼的楼宇文化氛围。

第三，党员主体作用明显增强。党员主动关心支部工作，积极参加支部和楼宇的各项活动，实现了党员“把身份亮出来，让群众看出来，把群众带起来”的总目标。

在中国社会从传统工业化社会向信息化社会转变的关键历史时期，作为一级党组织，如何改革、完善和提高社会治理方式，以主动适应已经呈现出碎片化、个体化和高度流动性的社会新环境？当党和群众共处同一信息网络场域之时，又该如何改善社会治理方式以实现对群众的有效引领？应该说，上实大厦联合党支部用生动活泼的党内实践回答了“今天，我们怎样绣党旗”的深刻命题。

把握“有为才有位，只有自身有作为，企业才会重视”的思想认识，推动党建发展新成效。从支部开展各项活动的成效来看，无论是“抱团取暖”还是“安全、环保”等工作，党组织凝聚力都在不断增强，各入驻企业响应党支部号召的积极性进一步提升，并从人财物诸方面大力支持党建工作。党支部的工作内涵也不断延伸与深化，从楼宇党建拓展到促进楼宇管理和文明建设，由党内扩展到党外。

把握楼宇企业和从业人员的特点，用务实的理念来打造和展示楼宇党建文化，推动服务能级新提升。为大楼里的新妈妈打造“母婴室”，定期举办母婴沙龙讲座；利用废弃设备屋改造成咖啡吧，方便白领就近与客户洽谈业务；与梅园邨酒家联合成立白领就餐点，解决白领午餐问题。通过多种服务，使楼宇内的业主和员工更自觉地团结在党组织周围，更积极地支持和参与党建工作。

把握当前中西方文化交流冲突碰撞且年轻人思想活跃善于学习的特点，以经典传承的文化理念，开展深入人心的活动，推动思想引领再深入。支部以提升党员自身能力为基础，努力建设学习型党支部，如开展的“唐诗宋词大家吟”“评弹与生活之美”等活动，从文化思想上提高党员素质，成为群众中的领头人，在日常生活中履行党员责任。

徐汇区徐家汇街道党工委

以党建为引领 实现楼宇自治需求

东方海外大厦位于延安中路841号——上海展览中心对面，是南西社区一幢纯商务的高品质楼宇，静安区党建五星级楼宇，大厦内有多家知名企业，如：东方海外货柜航运（中国）有限公司、乔达国际货运（中国）有限公司、上海天翌电子商务有限公司等。大厦内目前有“两新”党支部4个，“两新”党员82名，规模以上企业4家，“两新”企业86家，在27楼设有党员服务点。自2014年底以来，不断完善楼宇党工团服务中心等多个服务点，以党建为引领，以宣传为依托，整合楼宇资源，聚焦白领需求，拓展服务项目。结合服务楼宇、服务企业的大背景，确立了与楼宇企业文化相匹配的服务项目，彰显出在南西社区党委和东方海外大厦党总支指导下建立的楼宇立体服务站和楼宇企业服务联络站相融合的特色，并始终把改善民生、服务白领、找准服务“两新”企业的切入点作为办好楼宇立体服务站的宗旨。

东方海外大厦党总支长期以来始终坚持以建设高标准的基层党组织，高素质的党员队伍为目标，2015年以来更是为了协调配置楼宇资源和楼宇多方关系，共同服务楼宇民生，探索试点组建了全市第一家楼宇委员会。

在此过程中，党员形成了共识：楼宇已经不单是企业经济体的联合，而愈发呈现出“立体社区”的特点。楼宇党建工作的理念需要我们从强调“组织覆盖”+“工作覆盖”的“两个覆盖”逐步延伸为“党建引领，引导楼宇自治共治”，工作方式上也要从体制化的“自上而下”转变为激发内生动力的“自下而上”与“自上而下”相结合，并由社区党委和楼宇党总支引领、协调楼宇委员会的日常工作。经过楼宇白领自主推荐→选举→再推荐→再选举→公示→上报等多个环节，最终产生了11名大厦楼委会委员，并结合楼宇实际，制定了《楼宇公约》，建立了楼委会微信群，形成定期开会议事制度。目前，已先后召开了六次楼委会会议，讨论的核心问题有：围绕大厦四楼平台的改建，努力为白领和党员建起一片知晓度、活跃度、参与度较高的文娱体育休闲场所；如何丰富楼宇中白领党员的业余生活，以及如何解决楼宇中女性朋友的知识和文化需求、大厦空调管道应急抢修等等。

大厦楼委会也实体运作楼宇内的爱心妈咪小屋、邮局、白领咖啡吧、自助银行、全家便利服务点、白领餐厅、自动售菜机等立体服务站点，打造立体社区中的“居委会”，将内部公共资源合理利用，从而发挥最大功效。东方海外货柜航运（中国）有限公司党支部在参加静安区学习办主办的静安区白领学习团队评审过程中，支部的“心灵驿站”学习团队最终获得“优秀学习团队”的称号，也倡导了“多读书、读好书”，并且在选材过程中追求卓越、崇尚内涵的学习理念。

在南西社区党委的帮助下，东方海外大厦还组建起了联系企业的服务团队，由街道机关和大厦所在居民区的干部通过定期走楼访企，谈心谈话，了解楼宇中大家比较关心的热点难点问题，并在楼宇党总支和楼委会的协助下结合送服务、送政策、送信息，带着社区可共享资源、服务计划进行征询式走访，听取多方意见建议，为企业提供服务。联络团组注意发现和挖掘走访时在大厦支部和企业中涌现出来的创新项目和先进事例，如：东方海外货柜航运（中国）有限公司党支部的“三微平台”——“指尖上的组织生活”，以及企业与希望小学爱心结对助学活动等，对这些特色工作进行深入关注，并给予政策上的扶持和帮助。

今后东方海外大厦党总支将继续加强与延中居民区党总支的交流融合，通过区域化党建，深化楼宇和楼组的“两楼”联动，以及白领党员与“白发”党员的“两白”互动，平均每1—2周开展工作联系。继2015年由东方海外大厦党总支和楼委会组织推荐的白领合唱队参与延中居民区党总支组织的“福地延中唱红歌，党员群众展风采”红歌会，党员和白领展现出的风采受到了居民区党员的欢迎。2016年双方已经共同参与了延中居民区组织的“红色之旅”——参观金山卫抗战史料馆和“五四”青年节联谊活动。接下去，东方海外大厦党总支还将响应“公益一小时”的倡议，配合目前开展的交通秩序大整治工作，参与延中居民区“安全文明志愿者协管工作”。

东方海外大厦党总支在工作中努力做到统筹白领和党员的民生服务，及时发现问题，对接各类资源，优化党员和白领的服务载体与项目，真正体现需求导向；并充分利用楼委会这个议事平台，协调楼宇开发商、业主、物业公司、支部党员、企业白领等多方利益诉求，及时化解各类矛盾，从而更好地服务白领、服务楼宇、实现自治。

乔达国际货运（中国）有限公司是东方海外大厦内一家规模较大的企业，其中喜爱打羽毛球的年轻白领和党员较多，之前他们经常联系活动的一个羽毛球馆位于虹口区，大家一直觉得下班后过去不太方便，很希望在静安区内找到一家离公司近一点且价格适中的羽毛球场馆。针对这个情况，东方海外大厦楼委会在会议上拿出来讨论，并听取大家意见，好几位委员都提出“从长远的角度考虑，大厦四楼平台的改建过程中可以辟出专门的场地供大厦白领开展羽毛球活动”的建议。考虑到羽毛球活动的受欢迎程度，最终确定在改建过程中辟出两爿专门的羽毛球场地以满足白领的需求，受到了大家的欢迎。

东方海外大厦党总支、工会联合会 2015 年以来还对接南西街道总工会和妇联，通过联系静安区体育局、一妇婴和上海昆剧团，在大厦内分别组织了健康进楼宇体质项目测试、“幸福一小时、南西丽人行”关于女性美容、科学喂养和保健方面的专题讲座，以及“福民南西智慧女性沙龙昆曲知识讲座”等，满足了楼宇内不同群体和知识女性参加文体等活动的需求。接下去，楼宇党总支和楼委会还将在大厦内下发有关调查问卷，从而了解不同白领和群体对参与文体活动、丰富业余生活等方面的需求点，从而更有效地组织开展相关活动。

2016 年，党总支将继续探索“楼宇委员会”等工作机制，创新“两新”组织党建工作方式方法，有效提升党组织在楼宇中的影响力与号召力。进一步利用这个平台统筹楼宇白领和党员的民生服务，及时发现问题，对接各类资源，协调多方利益诉求，从而化解各类矛盾，努力在楼宇中实现自我管理、自我服务、自我完善的功能。特别是针对将来改建好的四楼平台的室内运动场，党总支和楼委会除了要规划设计好活动项目，还要充分利用各自优势，对场地实施专人、规范、有效的管理。

此外，通过政府与上海搜创有限公司合作，党总支在东方海外大厦将创立 U-cube 南西创想中心作为街道新的创业就业园区（社区）。立足大众创业服务和创意产业孵化功能，着力打造集创业服务、就业服务、科创产业孵化、社会组织培育、楼宇立体服务等功能为一体的综合性平台，推进“大众创业、万众创新”。并与居民区联系互通，做好社区长期失业青年就业、大学生创业等帮扶工作。

静安区东方海外大厦党总支

夯实“三建融合” 深化“六便利”服务

申亚金融广场位于延安西路 895 号，入驻企业 40 多家，员工近 1 800 名。时代在飞速发展，楼宇企业和员工的需求也呈现多样化趋势。三建融合工作机制打破了资源和信息的局限，将原本单纯地注重支部建设向区域化大党建延伸，将党建引领贯穿各项工作中，使资源得到有效整合，使支部更融入社区，推动区域化大党建。

为更好的服务企业和员工，申亚金融广场在街道社区党委的指导下，因地制宜，抓住楼宇内的物业人员稳定，党员人数多的特点，多次走访排摸，梳理楼宇党员信息，在多方努力下于 2003 年成立了楼宇联合党支部。几年后又孵化培育了 3 个独立党组织。

楼宇党支部对接长宁区“六个便利服务联盟”的工作要求，通过倾听党员和企业白领意见，携手党建服务中心、楼宇物业和利西居民区，针对需求开展服务，为白领解难题，办实事。

一是开放职工食堂，为白领提供健康午餐。2010 年楼宇物业将 29 楼的职工食堂经过扩建装修，对外开放，并增设早餐，周末和节假日还提供熟菜外卖。饭菜的可口卫生和物美价廉赢得了白领的欢迎。

二是开展“法律进楼宇”活动，为企业和员工提供法律服务。2010 年初，在党建服务中心的牵线下，楼宇联合党支部和社区“李琴工作室”签约，定期定点为楼宇白领提供法律咨询服务，还在 29 楼职工食堂公布了工会、妇女维权热线和法律咨询热线电话，引导入驻企业遵守国家法律、法规，依法经营，引导员工依法维权。

三是引入书籍资源，为白领青年提供学习便利。2010 年楼宇设立了长宁区首家“职工书屋”，区司法局、区总工会每年提供 150 套法律书籍，并成立了楼宇白领读书会。2012 年携手沪江网，在全市率先引进楼宇“爱知书店”，为楼宇员工学习提供精神食粮和学习便利。

四是依托优质医疗资源，推进白领健康保障服务。依托社区上海电力医院、同仁医院和社区卫生服务中心的优质资源，积极推进“商务楼宇白领健康保障项目”，组织专家医师定期开展医疗保健服务进楼宇。

五是成立“银行理财工作室”，为楼宇中小企业和白领提供金融服务。利用楼宇工商银行资源，在楼宇挂牌，定期为楼宇企业和白领提供融资、贷款、理财、投资等金融咨询服务。

六是建设升降式立体停车库，解决白领停车难。申亚楼宇建造时间较早，时至今日停车位不足问题日益凸显。经过楼宇联合党支部、楼宇物业和利西居民区等多方努力协商，将原来部分地面停车库加以改造，新建了2幢5层升降式机械停车库，停车位比原来增加了46个，车库还实行24小时对外开放，实行错峰停车，白天提供楼宇白领停车，晚上向周边居民开放停车。

七是开设白领子女晚托班，解决三点半难题。申亚金融广场楼宇公共场地面积较小，为解决白领的呼声，多方协作，2014年将29楼挖潜改造，辟出三间房间免费提供给芳草地学校作为晚托场所，配置了供学生作业的课桌椅，并且利用申亚食堂资源，为晚托小朋友提供卫生可口的点心和晚餐，使有限的资源充分利用。芳草地学校则在白领子女放学后，用班车将小孩从附近的愚一、江五、天山等5所小学接到申亚金融广场，确保孩子们路上的安全。同时由重点学校经验丰富的退休教师担任晚托班辅导老师，耐心照顾看管，辅导孩子完成作业，空余时间组织孩子们游戏活动，放松身心。晚托班还提供点心和晚餐，让孩子们吃饱吃好回家。晚上7、8点钟家长下班来接时，孩子的作业和晚餐都已解决，回家就能按时入睡。对于工作忙的家长，学校还负责将孩子送到指定地点，便于家长来接孩子。

八是设立党员服务点，并利用支部微信群和支部网站信息化手段凝聚党员。申亚金融广场联合党支部为方便党员报道，特地在楼宇大堂设立党员服务点，为党员落实组织关系和方便党员与组织沟通提供指引。党支部因党员结构较为年轻，还与时俱进建立时下年轻人比较热衷的信息化手段，通过微信群和支部网站的建立，来凝聚党员，搭建支部党员沟通的平台。

申亚党支部将党建服务中心丰富多彩的活动资讯，第一时间通过短信、微信、电话、走访等方式分享给楼宇党员和白领。由党支部牵头组织党员和白领参与到社区公益活动，如支部与利西居民区帮困结对、街道“三五”学雷锋、“七一”为民服务、“十一”义卖等为民服务活动；参与到社区多元化活动，如趣味运动会、“和之声”卡拉OK比赛、廉政文化电子报创意设计大赛、白领交友活动、党建金点子创意大赛等展示自身特长和风采。

党组织凝心聚力，发挥先锋模范作用。支部现有党员31名，楼宇党建覆盖率达80%左右，基本做到“应建尽建”。党支部有5名委员，设书记1名、副书记1名。党支部分设5个党小组，进行日常管理。楼宇党员服务点在2008年获区最佳党员服务窗口称号；2011年楼宇联合支部获区五星级党支部称号、2012年获区先进党组织称号、2014年成为区党的群众路线教育实践活动第二环节示范点之一。2015年荣获“两新”组织楼宇党建工作创新基地十佳。楼宇联合党支部与利西居民区结对帮困，开展组团式服务已经连续9年，形成公益活动长效机制。楼宇中越来越多的白领渐渐凝聚到组织身边，递交了入党申请书，为组织输送了新鲜血液。

延伸党建工作，按需开展特色服务，惠及白领和居民。支部长期以来坚持走服务群众路线，积极发挥党支部的战斗堡垒作用，积极响应三建融合工作要求，与利西居民区开展“交叉任职”工作，逐渐将党支部的影响力从支部延伸至整个楼宇，整个社区，切实解决群众难题，将党建工作做实、做好。2012年申亚食堂成为首批获得长宁区白领午餐定点挂牌单位，同年申亚金融广场挂牌长宁区首批“六个便利”示范楼宇。

整合社区优质资源，互促共荣，展示风采。申亚党支部打破组织壁垒，将楼宇的党员和白领带入社区活动，通过社区活动资源共享，实现互促共荣，也为楼宇白领搭建展示风采的平台。近年来，楼宇中白领与党员在社区各项活动中表现出色，荣获两届卡拉OK比赛二等奖、趣味运动会三等奖、金点子创意大赛优秀奖等，涌现出了一批批多才多艺的活力青年，为楼宇增添了光彩。

申亚金融广场联合党支部自开展工作以来，积极以楼宇党建为引领，从楼宇企业和白领的需求出发，发挥楼宇联合党组织的主体作用，整合社区资源，夯实三建融合工作，以多元化的社区活动凝聚党员和白领，让党员和白领积极参与到社区建设中，同时积极推动公益服务进楼宇、进企业，想员工所想，急员工所急，解决实际难题。

长宁区申亚金融广场联合党支部

坚持“四个创新” 加强楼宇党建工作

宝矿洲际商务中心是上海市顶级的商务楼宇之一。商务中心内共有企业 60 余家，员工 3 000 多名。建有党组织 16 个，大部分是“两新”组织党组织，分别隶属于央企、市有关部门及外区和本区的有关部门和街道，党员 300 多名。

由于商务中心内公司众多且规模较大，党组织隶属关系多样且极度分散，宝矿洲际商务中心综合党委立足实际，力求做到“四个创新”。

创新组织设置。商务楼宇是全新的经济形态，是城市网格化综合管理的基点，也是社区治理和区域化党建工作的基础。经过调查研究，宝矿洲际商务中心综合党委结合实际，进行了党组织设置的创新。在搭建综合党委领导班子时，充分考虑了楼宇党建工作的实际情况，目前在综合党委的 5 位班子成员中，安排有 3 位非直属基层党组织的负责人。这样的设置和安排，有利于整合各类资源，有利于团结协调楼宇内所有的党组织一起开展工作。

创新工作载体。为了团结更多的人围绕共同的目标推进楼宇党建工作，党委及时建立了党建工作联席会议制度，通过党建工作联席会议这一平台，将不同体制、不同行业、不同规模、不同类型、不同隶属关系的党组织整合起来，寻求最大的公约数，找到最多的共同点，集聚起强大的力量，互相交流，互相融合，互相支持，互相促进，形成党建工作的整体效应和良好氛围。

创新工作思路。为了充分发挥党建工作在商务楼宇中的引领作用，首先必须创新工作思路，形成为大家所共同接受的目标和方法。党委立足实际，通过各种形式的学习、讨论和交流，形成了共识：① 坚持一个引领，即坚持党建引领，促进楼宇各项工作。② 把握两个共同，即共同推动楼宇党建工作、共同促进楼宇经济发展。③ 履行三项职能，即学习、宣传、贯彻党的路线、方针、政策，国家的法律、法规和上级的决议、决定和要求；研究讨论和解决新形势下楼宇党建工作的重大问题、难点问题和热点问题；以党组织为领导核心，指导推进群建工作。④ 做好四个服务，即服务党员、服务员工、服务企业、服务社会。⑤ 倡导五种方式，即共同建设和谐美好家园。

创新工作方法。“两新”组织党组织开展党建工作比较困难，资源也比较缺乏，必须注重工作方法，以达到最佳的效果：① 共同组织学习。党委努力将党建联席会议打造成为共同学习的平台，及时传达中央、市委和区委的重大决定和要求，努力提高广大党员特别是党组织书记的思想认识，夯实党建工作的思想基础，服务楼宇党建工作和楼宇企业发展。② 共同交流工作。党委通过党建联席会议这一平台，交流开展党的群众路线教育活动的经验和成果，交流党建工作碰到的困难和问题，交流各自结合实际开展党建工作的经验和做法，通过交流，获得启迪，找到方法，增强信心，推动工作。③ 共同开展活动。党委通过党建联席会议这一载体，联手商务中心的党组织，联手区和街道的有关部门，联手街道工、青、妇等群团组织，联手居民区党组织，开展形式多样的活动，通过活动激发活力，团结和凝聚全体党员和员工，为共同的目标而努力奋斗。④ 共同提供服务。党委牢固树立服务理念，切实推动基层党组织开展服务型党组织建设，充分发挥党员的主体作用，提高党组织服务党员、服务员工、服务企业、服务社会的能力和水平，在服务中充分发挥基层党组织的政治核心和政治引领作用，增强党建工作的凝聚力、战斗力和影响力。

在党组织扎扎实实的工作和卓有成效的努力下，通过组织学习、推进工作和开展活动，使党的旗帜在楼宇内高高飘扬，形成了开展党建工作的良好氛围，夯实了党的群众基础和执政基础。在两年多的时间里，党委先后孵化建立了6个党支部，使隶属于商务中心综合党委的基层党支部扩大到了9个，超过了商务中心内党组织总数的60%，有力地推动了基层党的组织建设。

通过开展党的组织生活及相关活动，特别是通过党的群众路线教育实践活动和庆“七一”等活动，使广大党员回顾了自己入党时的情景，在学习交流和对照检查中激发出了内心的动力，增强了对党的认识，提升了党员意识并加强了宗旨意识。广大党员纷纷表示要时刻牢记我是共产党员这一身份，从我做起，并尽力带动广大员工为实现个人梦、企业梦和中国梦而努力奋斗。

在创建服务型党组织的过程中，党员进一步明确了工作定位和努力方向，在学习讨论和实践探索中，大家形成了共识。党建工作必须紧紧围绕党和国家的大局，紧紧围绕企业发展的中心，紧紧围绕职工群众的需求来展开，必须充分发挥组织优势和服务优势，通过服务来凝聚人心、促进发展、构建和谐，通过服务来实现党建工作的目标。

在企业中，党员大都是中坚骨干力量，担负了重要的工作。通过党组织的工作和推动，使广大党员明确了职责，增强了动力，在本职岗位发挥了应有的作用，获得了企业领导和广大员工的高度认同。由于党员作用发挥得好，党组织充满了活力，推动了党建工作不断向前发展，扩大了凝聚力和影响力。

要加强楼宇党建工作，必须在五个方面下功夫：

(1) 提高认识是前提。没有思想认识的提高，就不会有实际工作的推进和发展。提高思想认识必须坚持问题导向、需求导向和目标导向，必须真正树立起服务的理念，把服务作为基层党组织的安身立命之本。

(2) 探索创新是动力。面对新形势下的新情况和新问题，必须不断地与时俱进，在实践中探索创新，在实践中解决问题。只有这样，才能使党建工作充满动力，激发活力，直面问题，并克服困难，寻求突破，去获取胜利。

(3) 搭建平台是关键。在一个企业众多、党组织隶属关系又不一样的商务楼宇，必须立足实际，创新载体，搭设平台，才能让楼宇内所有的党组织都能够相互支持、合作共建，共同推进楼宇党建工作和经济发展。

(4) 形成合力是基础。"两新"组织党组织开展党建工作比较困难，资源也比较缺乏，因此必须想方设法整合各种资源，特别是整合楼宇内外的各种资源，形成最大的合力，才能筑牢党建工作的坚实基础，才能形成党建工作的良好氛围。

(5) 明确目标是根本。楼宇党建工作必须明确工作目标，只有目标明确了，方向摆正了，才能充分发挥党组织的战斗堡垒作用和党员的先锋模范作用，才能集聚起各方面的力量，为共同的目标而努力奋斗。

静安区宝矿洲际商务中心综合党委

"指尖上"的科创党建

位于普陀区宁夏路上的上海绿地科创大厦是一栋涉外商务写字楼，目前入驻企业 270 余家。2006 年，楼宇成立了联合党支部，共有党员 37 名。近年来，针对楼宇内中小型非公企业多、青年白领多、人员流动快的特点，党支部坚持不懈探索实践，创新"指尖上"的党建工作，发挥商务楼宇中党员和白领青年作用，服务和促进楼宇企业的转型发展。

"指尖上"互动，创新党建模式。绿地科创大厦作为普陀区一家涉外楼宇，入驻了不同行业领域、不同性质的企业，汇聚了很多高素质的党员和白领。他们年轻，有梦想，有主见，有创意，思维活跃，行动积极。党支部结合实际，尝试"指尖上"的工作法，依托新媒体平台，实现楼宇党支部以"公转"

带“自转”。为更好地了解年轻党员的思想动态和实际需求，党支部先后建立了网上微模式，设立微信群、QQ群等网上互动平台，为党员、白领青年加强互动交流、增进沟通了解、分享生活经验、畅谈人生理想搭建线上平台，党员们工作之余经常围绕生活、工作、兴趣爱好，定期展开主题式讨论，群策群力，凝聚共识，帮助党支部解决白领“急难愁”问题，为“两新”组织党建提供金点子，逐步增强党支部的凝聚力和向心力。考虑到楼宇内的党员工作特点，党支部定期开展网上党内生活，推广网上“开放式、开架式”组织生活，还借助新媒体构筑党建阵地、网上学习乐园，确保每个党员每月至少到网上报到两次，累计登录时间不少于5个学时，让党员学习、党建活动不再受时空限制。党支部将党员的“双报到”、“双报告+”延伸到“指尖上”，试点实行“网上报到”制度。

“指尖上”引领，激发党员活力。绿地科创党支部网上微模式的推广使用，逐步从“指尖上”的交流，延伸到线下现场活动，广大党员的积极性被调动起来。“爱心救助会”就是其中一个例子。这个公益活动平台由绿地科创党支部从线上、网上的讨论得到灵感，针对楼宇内白领青年关注热点多元但政治观念淡薄；热心公益事业但缺少有效载体等状况，党支部积极与街道商会等部门合作，整合楼宇商会、党员、企业等多方资源，在楼宇内设立“爱心救助站”。“爱心救助站”不定期举行白领青年爱心捐赠活动，动员白领青年捐出私人物品进行义卖，筹集资金。同时，设立了捐赠点，即凡是100元以下的捐款可随时投入大厦进口处的募捐箱中，100元以上的捐赠，统一交大厦一楼物业公司办公室，由专人进行登记，存入规定账户，方便楼宇内企业业主、白领青年随手做公益。“爱心救助会”还制订了管理办法，有效规范了资金的募集、管理和使用。2013年以来，“爱心救助会”相继开展了大型爱心义卖、捐款捐物、帮困助学等公益志愿服务活动，活动前党支部在QQ、微信群进行告知。运作过程中，由党支部书记带领党员主动承担项目宣传、口号设计、易拉宝制作等工作，每名党员佩戴党徽到现场进行宣传。

“指尖上”凝聚，推动转型发展。绿地科创党支部通过网上支部生活、专题组织生活会等形式，鼓励党员和入党积极分子为企业转型发展凝聚力量。党支部定期组织党员参加“两新”互动网的“党员沙龙、论坛”、“学党史，增信念网上感言征文”等主题活动，并坚持“服务为先、文化为媒、活动凝聚”的理念，做到文化价值引领。

在上海建设具有全球影响力的科创中心的过程中，绿地科创党支部对接楼宇党员、白领的创业需求，积极创造条件为青年快速成长成才提供有力帮助，支部也积极为楼宇企业在社区更大范围实现有效的经营模式和产业对接，让小微企业成长壮大，以实际行动为“大众创业、万众创新”的共同愿景竭尽所能。

作为一个楼宇党支部，虽然依托新媒体给楼内的党员们安了一个“线上的家”，但是许多学习工作还是离不开手牵手、面对面、背靠背的组织活动和集体参与。

绿地科创党支部经过与物业公司的协商，在大厦大厅内用绿色植物打造了一个线下的“党员绿地”。同时，利用普陀区在每个楼宇建立楼宇综合服务站的优势，掌握企业、创业者们在学习、工作、生活中的各类需求，主动携手绿洲中环、长城大厦等周边楼宇，以读书活动、观影活动等形式开展互动交流。在文化层面开设心理、职业规划、理财、领导力等方面的培训，只要有时间的党员及楼宇白领都可报名。在日常学习生活中，组织白领参加趣味运动会、户外拓展、企业好声音大赛、非诚勿扰等活动。通过线上线下的有机结合，真正为楼宇搭建了一个激发创业热情，凝聚正能量的“土壤”。

随着爱心救助会的影响力不断扩大，一个阶段下来，“爱心救助会”共吸引了 120 多个企业参与，300 余人次奉献了爱心，筹集资金 22 110 元，慈善义卖活动共收到义卖的商品总价值 2 万多元，义卖所得注入“爱心基金”，切实解决社区弱势群体燃眉之困。“爱心救助会”先后荣获普陀区社会主义精神文明好人好事奖、普陀区精神文明建设奖励基金扶持特色项目。长风街道以绿地科创“爱心救助会”特色项目为推广案例，发挥“指尖上”工作法的示范引领作用，以点带面，引导组织楼宇党员参与“党员人人做公益”志愿服务活动，长城大厦打造“雷锋 style”，组织慈善活动为贫困地区捐物捐钱；绿洲广场联合党支部开展“送文化进社区”赠书活动，成立“书香绿洲”精品阅读党员服务小组，点面结合，整体推进。整个区域呈现百花齐放、百家争鸣的良好工作态势，公益的种子在楼宇党员、白领心中生根发芽，开花结果。

楼宇党支部相当于一个个细胞，将党组织的触角延伸到商务楼宇的每一个角落，随着“指尖上”的楼宇党建工作在长风社区的不断推进，在楼宇党支部的带动下，为凝聚党员力量、服务区域经济社会发展提供了有益经验。

“指尖上”的党建工作法可贵之处在于发扬新时期党建工作“创新社会治理加强基层建设”精神，凝聚人心，服务群众，推动发展，促进和谐，寓管理于服务中，充分发挥政治保证作用，充分尊重楼宇职员群众的需求，探索出基层党组织作用最大化的有效机制。

首先，在制度层面，“指尖上”党建工作法建立网上微模式，通过新媒体平台，推进网上组织生活，增进党员员工间的沟通了解，成为传递党建工作的枢纽桥梁。

其次，在党建层面，“指尖上”党建工作法创新了党务服务机制，以公益为出发点，把“爱心救助站”办成一个凝聚、服务党员白领的活动平台，有力地促进楼宇党建和非公企业的健康发展。

第三，在社会层面，当前商业楼宇中，大量企业之间缺乏了解与沟通，存在着互相生疏隔阂的现象。党支部创新的党建工作法，通过“指尖上”的互动、引领、凝聚，这三步骤拉近了企业与企业间的距离，增进了楼宇中企业之间的沟通交流，在此基础上实现了企业资源共享和合作共赢，形成了企业之间互相关心、互相支持的氛围，达到了建设和谐楼宇的目标。

普陀区长风生态商务区

探索党建新模式 凸显楼宇新活力

建工大厦位于浦东新区福山路 33 号，大厦内集合了建筑、IT、金融等行业的龙头企业。近年来，在市、区及陆家嘴街道党工委区域化党建的要求和指导下，建工大厦本着“一流党建创一流服务”、“创新党建业态、服务社区居民”的原则，努力营造“精细化、公益化、常态化”的党建新格局。

“十三五”报告中提到，要大力发展城镇化建设，到 2020 年要解决三个“一亿人”工程，可是随着城镇化进程的加快和提升，如何有效地做好特大型城市党员的管理和教育，如何发挥年轻白领党员的模范带头作用，如何形成一套有效的可复制的楼宇党建工作方法，尤其是在陆家嘴这样一个商务楼宇和各类高端企业聚集的区域，是值得研究的问题。

作为街道区域化党建的探索方向之一，街道党工委尝试在有条件的商务楼宇内通过各类党组织的交叉融合、各种形式的活动互动和各种直观有效的宣传，提升了党员对党组织的归属感、自豪感和依赖感。同时，也根据各个党组织的属性不同、特征不同、党员组成不同，创新整合资源，相互协调，在建工大厦形成了一套楼宇党建的创新做法。

创新组织架构，打通楼宇党建的“任”、“督”二脉。坚持把楼宇党建工作的痛点、难点作为重要突破口，把街道在建工大厦内设立楼宇综合服务站作为党建一线阵地的战斗堡垒，通过孵化、联建等方式形成了以街道党建联建理事单位——建集团党委、独立建制的“两新”党组织——万递信息技术有限公司党支部、楼宇联合党组织——建工大厦楼宇联合党支部，三位一体的党组织架构。通过三种模式党组织的相互协调、相互补位、相互促进，解决楼宇联合支部开展活动缺场地缺方案、独立建制党支部缺载体缺时间这些长期困扰楼宇党建的问题。同时也打破楼宇内单位界限、身份界限、地域界限、隶属界限，面向楼宇内所有党员提供开放的服务平台、活动平台、交流平台、参与平台和展示平台，让党的活动成为党联系党员、党员回归组织的有效方式。

创新党建载体，搭建以公益为主题的开放式平台。党建为本、公益为媒，建工大厦依托“陆家嘴公益城”项目，将公益温暖引入党建平台，给原本就拥有城市“高度”和发展“速度”的陆家嘴，带来更多的党建“温度”，打造有陆家嘴特色的党建服务品牌。① 通过整合大厦内党组织、骨干企业、白领党员等资源，形成了以一建集团党委为主体的“社区大管家”以及在“白领课堂——学说上海话”1.0 版本的基础上改良后的 2.0 版本，这些公益项目的拓展让本来稍显枯燥的党内生活变得生动而更贴近楼宇白领。② 楼宇公益党建平台不仅仅是单向的服务社会，而是楼宇企业和社会组织与陆家嘴社区的双向互动，楼宇企业既可以通过党建平台融入陆家嘴、奉献陆家嘴，也可以得到陆家嘴社区公益服务的正能量反馈。

创新区域化党建新模式，打破楼宇党建和楼组党建间的壁垒。作为 2016 年的重点工作，陆家嘴街道深化和拓展了关于“两楼”联动、服务“两类人群”的党建工作思路，将楼宇内党的工作延伸到居民区。同时向楼宇内的党员发起“做一次公益募捐、过一次微组织生活、开展一次主题参观学习”的“三个一”活动。在公益募捐活动中，万递党支部、建工楼宇联合支部的党员向片区内的市新小区捐赠了爱心歇歇椅，一建集团党委在陆家嘴慈善登高赛上也通过认领的方式，为社区老人奉献了爱心。最近，党组织组织了建工大厦内的白领党员和居民区的老党员们联合举办了一次别开生面的党组织生活，通过主题为“党员的政治信仰”的学习，新老两代党员各抒己见，收益颇丰。

实践才是检验真理的唯一标准。通过组织架构、活动内容、内涵意义等方面的创新，成功激发了白领党员的参与度，强化了他们作为党员的宗旨意识，作为楼宇党建的典型示范，中组部还两次进行调研，并提出了许多宝贵的建议。

加强组织建设，构筑大党建格局。一是推进楼宇党建上新台阶。通过组织创新为大厦党员办理组织关系转接手续，参与楼宇联合党支部的选举，指导预备党员转正等程序，建立楼宇党员生活制度，开展“七一”楼宇党建主题活动等。二是发展“两楼联动”共建效应，营造好的党建氛围。在大力发展楼宇党建的基础上，通过项目化、菜单式、公益性的党建内容，让楼宇白领走进居民区，让居民区党员进入到高档商务楼宇中来，逐步形成有活力、有内容的社区党建大格局。

创新活动载体，增进党建活力。楼宇党建服务不仅仅是单向的社会服务输入，而是楼宇企业和社会组织立足陆家嘴、融入陆家嘴、奉献陆家嘴的双向服务。商务楼宇综合服务站的设立有效调动社会力量参与社会服务，通过开展相互服务、自我服务、志愿服务，资源共享降低成本，提高社会效益和经济效益。楼宇党组织可以自发开展活动、服务企业、服务楼宇、服务社会。

提升党建服务，促进企业发展。楼宇联合党支部以促进楼宇经济发展作为推进楼宇党建的出发点。紧紧围绕企业经济发展，紧贴“两新”组织的经营管理实际，围绕发展抓党建，抓好党建促发展。立足“两新”组织发展实际，以促进企业发展壮大为目标，通过提升党员职工的业务能力和综合素质，发挥党员的先锋模范和示范带动作用，使党组织和党员成为企业发展方向的“领航员”、服务决策的“参谋部”、聚集内力的“主心骨”、攻坚克难的“突击队”，增强企业发展的内驱力和后劲。坚持把开展党组织活动与塑造企业文化相结合。以文化为媒介，通过开展“党员创先创优”、“溯源红色行，传递正能量”等活动，以党的先进文化引领企业文化，将党的先进思想和先进理念熔铸到每个员工的思想中、每项工作的细节中、每个文化的细胞中，帮助企业培育企业精神、塑造企业文化。

目前，根据新区区域化党建的工作要求，在做好楼宇党建的基础上，街道党工委正在探索“金色纽带”党建新模式，希望将楼宇党建工作和居民区的楼组党建工作相互融合起来，并由部分楼宇骨干白领党员到居民区担任党组织的兼职委员。与此同时，街道还成立了建工片区的区域党建促进会，作为街道区域化党建工作的实施平台，由楼宇企业、居民区、联建单位担任促进会成员单位。下一步，将在建工片区的基础上，形成一套可借鉴、可复制、可推广的区域化党建工作模式，实现党建促进会的全覆盖。针对建工片区工作中发现的短板，继续探讨实行“1 + 4”的区域党建“小核”化运作，以“小核”的自转带动整个区域化党建工作的“公转”。

“以公益促党建，以党建促发展，以发展促和谐”，建工大厦联合党支部作为陆家嘴社区大区域、大平台、大党建的一分子，始终将服务党员、服务楼宇、服务社区作为自己的光荣使命，通过不断地创新机制体制，为白领和社区居民奉献自己的能力，把“楼宇党建”作为推进“两新”组织党建工作的新亮点。

浦东新区陆家嘴街道党工委

梧桐树下的党建文化

在箭牌糖果、和记黄埔地产、三菱化学、华人文化产业投资基金等世界知名企业云集的甲级商务楼宇——世纪商贸广场，2016 年年初，悄然开出了一家名为“梧桐 · SPACE”的白领活动中心。这家“梧桐 · SPACE”不但是白领活动的空间，还是徐汇区湖南街道“白领文化关怀工程”及其项目“‘梧桐之家’——湖南社区白领文化沙龙”的载体，更是楼宇党建的新阵地。

时代和形势任务的变化，对“两新”组织党群工作提出了新挑战。如何提高党群工作的有效性？如何最大限度地团结、凝聚白领员工？湖南街道党工委面对这些新课题近年来在实践中认识到：文化具有润物无声的特性，以先进文化引领白领员工、以先进文化丰富“两新”组织党群工作内涵能收获意想不到的效果。

湖南街道党工委在已实施多年的“两新”组织党建文化品牌——“白领文化关怀工程”的基础上，于 2012 年决定依托区域党建资源、实现社区党群组织联手、以项目化方式推进这一白领文化民生工作。“‘梧桐之家’——湖南社区白领文化沙龙”应运而生。

在“白领文化沙龙”运作过程中，针对辖区内商务楼宇集中、白领青年集聚的特点，有效服务白领职业青年，使项目在商务楼宇落地，实现实体化、市场化、社会化成为项目推进的新要求。于是，2015 年下半年以来，在街道党工委的牵头协调下，“梧桐·SPACE”应声落地。

做法一：深入调研，动态完善。湖南街道党群组织于 2012 年年初历时两个月，通过实地走访、发放调查问卷等形式，深入调研了一半以上白领员工的文化需求；经过汇总分析，确定了音乐表演、国标舞、话剧体验、羽毛球等 4 个白领员工兴趣度最高的免费互动式项目作为“白领文化沙龙”首期推出的课程。在这一“沙龙”试运行 3 个月后，再次对会员进行了调查，并对课程作了微调。2013 年年初，街道党群组织在新一轮白领员工文化需求调研的基础上，为沙龙充实了西点制作、布艺制作两项白领员工兴趣较为集中的课程。2014 年年初，街道党群组织又开展了一轮白领员工文化需求调研。依据调研结果和沙龙运行两年来的情况，为“沙龙”作了减法和“瘦身”：将其集中到话剧表演和羽毛球两个参与度最高的项目上。话剧表演逐渐形成了“梧桐剧社”和“慢品剧社”两个品牌剧社。羽毛球逐渐形成了预约制和自组织管理模式。2012 年至今，沙龙开展的 250 余次活动，都人气火爆，广受欢迎。

做法二：举办活动，构建平台。湖南街道党群组织依托这一沙龙举办系列文体活动，构建了一个白领员工交流沟通、放松身心、感受社区文化魅力、融入社区“大家庭”的平台。2012 年 8 月 18 日，当时的社区（街道）综合党委联手社区（街道）团工委、街道社会发展科，成功举办了“2012‘快乐湖南杯’羽毛球赛”。这次羽毛球赛促进了“两新”组织员工广泛开展强身健体的体育运动，展示了白领员工健康向上的精神风貌。在 2012 年 12 月 20 日由街道党群组织联手举办的文艺联欢活动中，话剧表演班和舞蹈班学员分别表演了小品《相亲》和舞蹈《欢乐白领舞》，展示了沙龙的阶段性成果。在 2013 年 8 月 30 日举行的“和谐旋律在楼宇——湖南社区商务楼宇十佳歌手大赛”决赛中，声乐班学员骨干们以团队形式开展的分组对抗，在精彩激烈、引人入胜的同时，展示了团队合作的魅力。2015 年 12 月 15 日，“梧桐剧社”骨干们成功举办了巴金作品演读会，确立了沙龙的又一品牌项目。

做法三：党群联手，资源联动。在沙龙运作过程中，湖南街道党工委要求社区党群组织联手推动：在项目的策划、宣传、组织、发动、实施、推进各环节，都留下了党群组织的工作痕迹。同时，区域单位上海音乐学院和上海话剧艺术中心大力支持并共同参与了这一项目：他们派出擅长声乐和表演的老师为沙龙会员教授声乐、话剧表演等课程；上海音乐学院还每周一次面向社区白领员工开放羽毛球馆，为羽毛球项目的开展提供了良好的服务。

做法四：市场运作，实体模式。湖南街道党群组织一直探索沙龙的长效化、实体化、社会化运作。借助群团改革的东风，街道党工委决定在白领职业青年云集的世纪商贸广场建立实体化的青年中心和党群组织基层服务站。沙龙也由此固定了活动空间。在这一名为“梧桐·SPACE”的活动空间，引入了英互文化传播（上海）有限公司这一第三方非公企业进行市场化运作。“梧桐剧社”、“慢品剧社”入驻“梧桐·SPACE”；英互文化传播（上海）有限公司则带来了“上海三联阅读空间”、“画书会”、“英文读书会”等读书品牌和单身交友派对、交响乐音乐会抢票等社交品牌，形成了话剧、读书、社交三大活动板块，丰富了沙龙的内容和形式。

“湖南社区白领文化沙龙”已打造成体现湖南街道浓郁人文历史特色、注入时尚文化元素的白领员工精神家园。更重要的是，这一沙龙将党建文化建设长效化、制度化，并留下了包括一批凝聚在党群组织周围的骨干力量在内的党建工作资源。这一沙龙运作三年多来最大的成果是已先后有8名白领员工向党组织递交了入党申请书，其中有两名已发展入党，其余全部被列为入党积极分子。

“梧桐·SPACE”试运营以来，初步实现了湖南街道党工委着力打造一个白领青年易于找到、乐于参与的“青年之家”和“党群组织服务站点”的目标：这个空间正在成为实体化的楼宇党建新阵地，这个空间还承载了青年中心、“妈咪小屋”和妇女之家的群团组织服务功能。

“湖南社区白领文化沙龙”的有效运作带来的思考和启示是先进文化实现了内化于心、外化于行的效果，增强了党群组织对白领员工的吸引力、感召力、凝聚力。而提高“两新”组织党群工作的有效性必须与白领员工的实际需求相结合，必须找准工作切入点与合适的载体。

从“梧桐之家”到“梧桐·SPACE”，不但实现了沙龙的长效化、实体化、社会化运作，还实现了服务、凝聚白领员工载体的创新，更实现了从文化民生项目到楼宇党建阵地的跨越。

徐汇区湖南街道党工委

创新载体建机制 注重实效办实事

恒安大厦位于石门二路街道辖区，现有入驻企业 79 家，职工 1 138 人。楼宇企业呈现规模较小、经济成分多元、经营项目差异较大的特点，主要以从事服务行业的第三产业居多。大厦自 2004 年 1 月成立党支部以来，党员人数从原先的 8 人发展至今已达 48 人。联合党支部的党员具有分布散、差异大、年龄轻、学历高的特点，48 名党员中既有普通白领也有企业中层干部，分布于 39 个企业。面对这一难度较大的组织嵌入环境，多年来，恒安大厦联合党支部坚持以机制建设为抓手、创新服务为载体、文化融入为落脚点，多管齐下助推楼宇党建工作深入发展。同时积极发挥联合党支部孵化器、辐射作用，先后孵化了 6 家独立党支部。2015 年大厦联合党支部被评为上海市楼宇党建创新基地。

大厦联合党支部以“务实、开拓、创新”为着力点，积极探索党组织和党员有效发挥作用的途径和方式，切实增强“两新”组织党建工作的有效性。

强基础，提升党建规范化水平。一是建立健全党员教育管理机制。以党组织生活的有效性推动党建工作的实效性。密切联系党员的思想、工作

和生活实际，从提高党员素质、发挥党员作用、推动中心工作、服务人民群众等方面来确定党组织生活的主题和内容。以“正常化、受欢迎、有实效”为目标，围绕党组织“做什么、怎么做”，探索党组织生活的“指导性+自选性”的有效做法。同时，通过与新福康居民区党总支和街道社联会党总支结对共建，形成了楼宇和楼组、楼宇和社会组织党建工作的互动和联动，提升了基层党建工作的活力。

二是建立健全联系服务群众的工作机制。把联系服务工作作为推进服务型党组织建设的关键。积极发动楼宇党员参与慈善公益活动，全面落实党员到社区报到与“结对帮扶”工作，每年坚持开展拥军优属、慰老服务活动和爱心“一日捐”活动，帮助社区因患重危疾病、子女读书困难等突发事件造成临时性特殊困难的居民家庭和企业员工进行资助。同时，积极引导楼宇企业认领社区“微心愿”，至今已帮助祥福居民区安装扶手，帮助奉贤居民区郭阿婆实现需要电饭煲等小心愿，得到社区居民一致好评。

三是建立党员志愿服务积分管理制。为创建服务型党组织提供制度保证，党支部建立了志愿服务的长效机制。引导“两新”党员志愿者积极参与控烟、维护交通、垃圾分类、关注独居老人等公益活动。要求党员每年至少参加4小时志愿服务，并对党员的志愿服务采用累计积分的方式进行评比和奖励。确保志愿者队伍的稳定性和志愿服务的持续性。近年来，支部组织党员先后开展“禁烟督导”、“垃圾分类宣传”等志愿者微公益活动，将“党员到社区、人人做公益”落到实处。

抓实效，提升党建工作服务能级。以载体创新、构筑服务发展新空间。为更好地促进楼宇企业健康发展、服务白领民生工作，党支部紧抓两个载体，不断深化和拓展“企业家联谊会”和楼宇立体服务站的服务功能，以需求为导向，以项目为依托，不断深化服务型党组织建设。

一是在提升企业的软实力上下功夫。充分依托组织资源优势，积极开展创建劳动关系和谐企业和文明单位活动，帮助企业积累无形资产。在楼宇党组织的引领下，恒安大厦被评为静安区白领学习型团队，还有6家企业被评为静安区五星级劳动关系和谐企业，9家企业被授予静安区文明单位，3家企业被授予上海市文明单位、1家企业被授予上海市劳动关系和谐企业，并跨入了区纳税50强。

二是在促进企业健康发展上下功夫。恒安大厦企业家联谊会是楼宇“两新”党组织与出资人、管理层沟通协商的重要平台。党支部通过为不同企业定制个性化的服务，助推楼宇企业稳步发展。为企业提供申办知识产权专利等咨询和服务；又如有家公司有感于楼宇党建工作的良好氛围，高层决定将企业注册静安，党支部书记与党建指导员立即帮助协调，当公司老总拿到静安区工商行政分局颁发的《企业法人营业执照》时，为基层党组织服务企业“马上行动”所感动，“有困难找党支部”成为大厦内企业的一句口头禅。

三是在提升楼宇品质上下功夫。以需求为导向，整合资源，不断拓宽服务渠道，提升服务能级。2014 年，建立了“楼宇立体服务站”，有屋顶羽毛球场、白领书苑、故事小屋、爱心妈咪小屋等 17 个服务点，为入驻企业白领员工提供了足不出楼的一站式便民服务。特别是针对白领员工就餐难问题，盘活楼宇周边资源，采用定时送餐与定点就餐的模式，创立了首个“送餐上门”服务站点，全方位、多渠道解决白领就餐难问题。

重引领，提升党建工作影响力。多年来，大厦党支部坚持将楼宇文化与社区文化有机结合，以社会主义核心价值观为引领，倡导爱国敬业、互助友善、志愿服务精神，在楼宇营造积极向上正能量。

一是倡导爱国精神，军民共建齐行动。把爱国主义教育与弘扬志愿服务结合起来，以“军民共建，鱼水情深”为主题，组织党员前往上海警备区第一干休所进行革命传统教育，并与干休所签订了党支部结对共建协议。每年邀请部队老战士讲述战争年代英雄故事，邀请干休所指导员上党课，让党员们在践行志愿精神的同时，提高了党性修养，增强了爱国主义情怀。

二是倡导雷锋精神，奉献社会齐上阵。将学习雷锋精神与践行志愿精神相结合，组织了“捐献一份物品，献上一片爱心”的义卖，很多企业和职工拿出企业的产品或个人的闲置物品出售，并将所得款项捐献给慈善基金会。还定期组织“蓝天下的至爱”、“好心人帮好心人”等慈善募捐活动，不但倡导绿色环保低碳的生活方式，还传递了社会的正能量。因此，大厦 4 次蝉联了静安区党建五星级楼宇称号，实现了楼宇思想凝聚、文化凝聚、发展凝聚。

三是倡导公益精神，助人为乐齐参与。将公益精神融入日常教育管理中，组织党员和职工服务社区、奉献社会，形成“人人做公益，处处显文明”良好局面。依托“两新”白领志愿者先锋队伍，在每年的春节、元旦、儿童节、端午节、敬老节等重要节点，尽己所能为社区居民提供各类文艺表演、帮困助学、公益咨询等。开展了“关爱老人，共享和谐”的志愿活动，党员们利用午休时间到敬老院，为小区老人免费培训计算机等实用知识，让老人们能够共享智慧社区的成果。

恒安大厦党支部以党建为引领，通过机制创新、载体创新，取得了一定的成效，不仅深化了楼宇“两新”党组织与出资人、管理层的沟通协商机制，促进了企业健康发展，也在情感上牵线搭桥，使党组织成为楼宇企业、白领的知心朋友，切实增强了党组织在商务楼宇的影响力、凝聚力与向心力。同时，恒安大厦联合党支部的工作也得到了《劳动报》、《解放日报》、《组织人事报》等各大媒体的多次报道、关注。

恒安大厦联合党支部紧紧围绕“抓好个性、培育特性、发挥个性”的思路，结合支部自身实际，以推进服务型党组织建设为主线，在充分了解楼宇企业和员工需求的基础上，多措并举，使得楼宇党组织在服务企业发展中体现引领性，在提升党员队伍素质上体现实效性，在关怀服务楼宇员工中体现针对性，切实提升了楼宇党建的科学化工作水平。

静安区恒安大厦联合党支部

小支部打造大阵地

上安大厦是浦东新区洋泾街道一幢以中小型企业为主的商务楼宇，现有各类企业 60 多家，上安大厦联合党支部目前共有 16 名党员，分散在 11 个不同的单位。

在 2006 年成立之初，和大多数的“两新”党组织一样面临党员分散、组织薄弱、“巧妇难为无米之炊”的问题。面对困难，党支部结合自身实际，脚踏实地谋发展，开拓进取勇创新，着力破解打造阵地难、凝聚人心难、活动组织难等一系列难题，探索出一条行之有效的“两新”党建新路径。

强化班子建设，做好党建“领头羊”。上安大厦联合党支部班子水平高，素质好，团结好，班子成员都是“老党建”，工作经验丰富，理论基础扎实，具有很强的奉献精神、敬业精神和创新精神。党支部书记方志涛同志党性强，作风正，创新力强，影响力强，带领支部班子扎扎实实开展党建工作，勤勤恳恳奉献智慧和力量。支委都是企业的老总，平时工作繁忙，但是开展党建工作仍然一丝不苟，甚至为了做好支部工作推迟企业的重要会议。在工作强度非常大的情况下，坚持认真备课，给青年党员上理想、信仰党课。因为准备充分，内容精彩，1 小时 45 分钟党课，139 名党员，没有一个提前离场。党支部班子乐于奉献，善于思考，敢于担当，勇于创新，充分发挥了表率作用和核心作用，形成了凝聚力、战斗力、感召力，在党员群众中一呼百应，成为党建工作的领头羊，为党员树立了标杆。

开展楼宇文化建设，实现党建“软着陆”。党支部班子通过走访，了解企业情况，了解员工需求，抓住楼宇白领思想活跃，希望开展活动、增进交流的特点，把企业发动起来，把员工组织起来，开展对他们胃口的文化体育活动。近年来，先后组织了“党在我心中·上安大厦迎‘七一’文艺演出”、“上安大厦迎新春楼宇音乐晚会”、“上安大厦爱美女性服饰展销会”、“‘五四’上安大厦员工相约青春歌友会”、“党史知识有奖竞赛”等活动，让企业“打开门”，员工“离开座”，在活动中增进了解、互相交流，也拉近了企业和员工与党组织的距离。丰富多彩的活动让人心凝聚起来了，也让党建工作落实下去了。党支部改变了传统的硬性灌输式的工作模式，采取柔性的引导式的工作模式，将党的路线、方针、政策的要求融入楼宇文化建设之中，将党的理论、知识教育贯穿于活动之中，顺利实现了党建工作“软着陆”。

建立党员活动中心，打造党建“主阵地”。楼宇企业和员工流动性强，这就需要有“铁打的营盘来接纳、组织、教育培养流水的兵”。上安大厦党支部在洋泾社区党委的支持下，根据阵地建设“六有”标准，设计建设党员活动中心，打造党建“主阵地”。三楼的活动场地配备电教设备、书报阅览架、上安大厦联合党支部的荣誉栏等，成为开展“三会一课”的主要场所，同时还开辟了交流谈心处，作为党支部与党员沟通、了解党员动态的场所。在五楼电梯处设有健身器材，六楼电梯处设有乒乓运动场地，方便党员放松身心。整个阵地建设充分体现了党的红色元素，反映了党员和党组织的精神风貌，做到了有人有物有阵地，有声有色有亮点。为规范管理，制定了《党员活动中心管理制度》，确保党建阵地切实发挥作用。党支部依托党建阵地，积极与企业开展互动，谋求资源共享、思想共育、活动共搞、难题共解、发展共赢。

创新工作方式，探索开展“微党建”。为了增进党员之间的互动，接力互联网、新媒体创新党建工作，党支部建立了党员微信群。支部班子成员由于年纪原因，操作微信都不是十分熟练，却勇于突破，将“微党建”开展得有声有色。微信群不仅仅是简单的发布通知、交流沟通，也不仅仅限于转发文章，而是建立了由“每周一课”微信党课、“每日一读”微信阅读、“每日一议”

微信论坛三个栏目组成的系统性的党建互动模式。“每周一课”微信党课由支部班子成员主讲，内容紧扣时下最热的党建热点；“每日一读”微信阅读发布重要的党建理论知识，方便党员自主学习；“每日一议”微信论坛每天聚焦热点问题，引导党员展开讨论，凝聚共识。“微党建”形式新，内容实，契合党员需求，深受党员欢迎，不仅成为洋泾“两新”党建的亮点，还登上了《人民日报》，成为全国开展“两学一做”的范例。

心系社区群众，开展“爱心管家”服务。除了苦练“内功”，开展好党组织自身建设，上安大厦党支部还注重向社区辐射，心为群众想，脚往社区走，为社区群众提供服务。2014 年，组织大楼内房产咨询企业资源，建立“房管家”爱心为民服务志愿者，设立“房地产为民服务热线”，发放“房地产顾问卡”，以居民群众的“急、难、愁”为切入点，接待房地产方面有困难的居民，为居民家庭解决房产矛盾和纠纷，实现了“两新”组织服务群众长效性、深层次、制度化方面三个转变。2015 年，牵头整合社区内医疗保健、金融理财方面的资源，开展包含“房管家”、“医管家”、“牙管家”、“金管家”四项内容的“爱心管家”为民服务，做到了区域全覆盖，服务零距离，深受居民欢迎和好评。2016 年，进一步优化“爱心管家”为民服务方案，通过精准服务、精确解困，把为民服务的实事做好，好事做实。

经过不懈的努力，上安大厦联合党支部各项工作都走在洋泾“两新”支部的前列，实现了洋泾“两新”党建群建的“七个一”：第一家党支部、第一个进行支部公推直选、第一个建立党建阵地、第一个成立楼宇联合工会、第一个举行楼宇职代会、第一个提出楼宇文化建设理念、组建了第一家楼宇员工俱乐部。

卓有成效的工作获得了认可，赢得了荣誉：上安大厦联合党支部被市社工委评为党建工作创新基地，连续 7 年获评浦东新区一级党支部，获得浦东新区精神文明建设委员会文明大厦证书，被浦东新区区委组织部、区社工委评为先进基层党组织，获得浦东新区总工会先进职工之家荣誉证书，被浦东新区社工委评为党员示范岗。

上安大厦联合党支部一步一个脚印，一点一滴积累，将原来的一个个难点变成了如今的一个个亮点，不仅实现了当年立下的“阵地不失、人心不散、党建不衰”的诺言，并且不断创新发展，打造出了“阵地集聚、人心汇聚、党建凝聚”的生动局面。

上安大厦联合党支部之所以能够形成战斗力和凝聚力，从支部内部的角度讲可以归结为四点：班子团结紧。支部班子成员志同道合，思想上达成共识，行动上形成合力，管理上相互配合。党员素质好。党员积极参与支部活动，在党员中心和微信平台两个主要的党建阵地为支部发展建言献策，贡献力量。管理制度严。制度健全，执行有力，各项工作有章可循，有章必循，以制度促管理，以管理完善制度。创新意识强。不断丰富党建工作的形式，探索党建的新方法，让党建以多彩的形式呈现，以多样的内容展现。从支部的外部建设讲，主要是归结为两点：以区域化党建为依托。积极融入区域化党建格局，配合社区党委各项工作，与区域内"两新"党组织互动交流，获得更有力的支持，获取更丰富的资源；以社区服务为平台。开展联建共建，发掘社区需求，开展社区服务，找准工作的着力点，明确工作的切入点，让支部建设接了地气，添了活力。

即将开始的"两学一做"学习教育提出了做合格党员，坚持知行合一。而上安大厦联合党支部最大的亮点正是党员学习教育和党员公益服务相互结合，"微党建"和"爱心管家"服务相互促进，走出了一条以知促行、以学促做的发展之路。如何更好地将"学"与"做"有机结合，以"学"激发"做"的内在动力，以"做"检验"学"的实际效果，形成党员教育、支部建设的科学化的微理论，常态化的微制度，将是包括上安大厦联合支部在内的每个基层党组织要思考和实践的问题。

浦东新区洋泾街道社区党委

服务白领凝聚人心

古猗商务大厦从2011年7月1日正式使用以来，已经有近40家企业入驻。随着古猗商务大厦内企业的日益集聚，需要更加丰富的活动内容来满足更多企业和党员的需求，2013年8月成立了古猗商务大厦联合党支部，随后陆续成立了古猗商务大厦联合工会以及联合团支部等组织。在大厦内成立联合党支部，使大厦内党员不出楼道通过党支部开展学习、交流活动，实行支部共建、活动共办、资源共享，切实解决商务楼宇内有党员无组织、有组织无阵地、有阵地无活动、有活动无内容的根本问题。

加强思想政治建设，倡导运用专题学，结合实际学，分析案例学，相互交流学，向先进单位学的创新方法，不断提高学习实效。深化导学、助学、自学、督学机制建设，坚持集体学习与自学相结合，传统学习与创新学习相结合，理论学习与工作实践相结合的学习方法，深入开展理论普及和形势任务宣教活动，积极开展远程教育、新媒体微课堂系列学习，进行职工职业道德培训、专业业务知识培训等形式多样、内容丰富的学习实践活动，增加学习能力，提高综合素质。

以大厦优秀青年为主成立了楼宇青年中心，以联系、服务、引导入驻古猗商务大厦的企业与“两新”企业团组织青年为核心开展日常工作，旨在构建和谐青年关系，增加团组织的牵动力，促进团组织稳步发展，塑造全面发展的优质青年。① 志愿服务：组织开展卫生整治、公益宣传、敬老助老等志愿服务。② 文化学习：组织开展读书交流、专题讲座、礼仪培训等学习活动。③ 休闲娱乐：组织开展联谊交流、娱乐游戏等健康向上的互动活动。④ 体育健身：组织开展运动健身、健康讲座、健康咨询等活动。

以“服务白领、促进楼宇和谐”为宗旨，在古猗商务大厦内设立“白领文体驿站”。具体内容为：在底楼大厅设立休闲阅读区，可以阅读各类报刊、杂志等；在 4 楼建立各大大小小的会议室，可进行会议、培训、讲座等；在 8 楼成立一个 E-space 摄影俱乐部，定期开展活动和评比工作；在 14 楼设有乒乓房、桌球房、多功能厅，在功能厅内可开展各类联谊活动，以此丰富白领们的业余生活。

“南翔50创业大赛”是一个集财政扶持、投融资对接、展示宣传、人才支持于一体的高端交流平台，商务大厦从第一届大赛开始就选拔推荐大厦内企业参加，已有多家企业获得丰厚的创业投资，实实在在为企业服务提供了强有力的支撑。

为了切实解决大厦企业员工租房散、费用高、难管理的实际问题，特派专业负责人在翔瑞新苑以及泰翔嘉苑分期分批做好房源的收集和装修，统一格调，统一装修，统筹安排，目前解决107套人才公寓房，给予一定的补贴，尽量使大厦内企业少负担，员工能受益。

培育和践行社会主义核心价值观，以培养“有理想、有道德、有文化、有纪律”的职工队伍为目标，以建设美好家园为载体，开展岗位建功、岗位贡献、创先争优活动。积极参加各类公益事业、社会援助、共建结对等社会性精神文明建设活动，做到家园行动雷打不动，岗位行动建功立业，志愿行动全力投入。

大厦党建创新活力。利用各种形式和载体，深入开展理论普及和形势任务宣教活动，先后组织参观了陈云故居暨青浦革命历史纪念馆，学习收看了“共筑中国梦”系列片，以及参观上海淞沪抗战纪念馆、吴淞炮台湾湿地森林公园，感悟抗日英烈的英勇意志，感受中华民族的浩然正气。结合主题开展教育。认真开展了“守纪律，讲规矩”的主题教育活动；组织参加“明党纪、重践行”党规党纪知识竞赛活动；进行了三次“三严三实”专题学习活动。通过参观学习筑牢思想防线，更好地树立全心全意为人民服务的宗旨理念。

大厦文明素质提升。①“三五”文明集中行动等志愿者服务常抓不懈，全年志愿者服务出勤1 000多人次，平均每人每年12次以上。② 深入开展“党员到社区、人人做公益”志愿行动，所有党员对接村居党组织梳理形成的公益服务项目清单，结合自身优势、专业特长和实际条件积极认领，受到了社区居民的好评。③ 参加镇“共产党员扶贫帮困队”结对帮扶活动，每年冬夏两季为贫困家庭送上物品及抚恤金。重阳节为南翔福利院和永乐敬老院700名老人送上价值两万余元的毛巾、饼干、水果等。

大厦文化丰富多彩。通过文化建设从思想上凝聚人，从行为上规范人，从素质上提高人。在纪念抗战胜利70周年之际，大厦合唱队发扬了团结、拼搏、向上的精神，在“再唱山歌给党听”市民歌唱大赛中一曲《游击队之歌》获得了优秀演唱奖。在“挥洒青春激情 共建小美南翔”为主题的南翔镇“两新”

组织党员运动会上，古猗商务大厦联合党支部获得了“财源滚滚”、篮球、男子乒乓球、男子飞镖、女子踢毽子五项比赛的第一名好成绩。为了丰富注册企业客户及单位员工的业余文化生活，增强团队意识和凝聚力，最近，党支部又成功举办了以“团结 合作 快乐 分享”为主题的“快乐三打一”棋牌比赛，比赛吸引了公司职工、企业客户的踊跃参加，他们高超的竞技水平和良好的精神风貌得到了充分展示，通过比赛让大家更加热爱古猗商务大厦。

在宣传发动方面：充分利用宣传工具，开辟宣传专栏、LED 电子屏、党建荣誉室等，大力宣传创建的重要意义，引导党员立足本职，爱岗敬业，形成团结互助、积极进取、崇尚和争当先锋模范的氛围。建立党建直通车，以多元沟通渠道为平台，积极加强各类政策宣传。有效利用各种方式加强与企业及员工的联系。如对楼宇中的企业，采取定期走访、建立 QQ 群、微信群、将《南翔报》《南翔画报》等报纸刊物送上楼等形式进行。

在组织建设方面：① 以楼宇党建为龙头，带动楼宇其他组织建设，在楼宇联合工会的基础上建立妇联、团委、安防、志愿者服务队等各种组织和队伍，使楼宇组织和工作体系更加完善。② 丰富“白领文体驿站”活动，根据员工兴趣爱好成立摄影协会、乒乓球队、羽毛球队、舞蹈队等。③ 以共产党员示范岗带动人，以实际行动影响人、带动人，真正做到了“保持党性，政治思想好；执行制度，组织纪律好；刻苦钻研，业务技能好；热爱本职，服务客户好；敢于担当，业绩完成好”。

在品牌推进方面积极探索创建“党旗映楼宇”党建工作品牌：① 提高基层党组织组织生活质量，将“5 + 7”组织生活模式拓展到楼宇内。基本做到每月有党员活动，每月有组织生活。② 以优秀党员为引领，积极发挥党员模范带头作用。充分发挥大厦内现有党员作用，做到“一名党员一面旗帜”。③ 注重做好优秀人才的培养、考察，加强政治教育，通过沟通、走访、谈心等活动，积极引导优秀员工向党组织靠拢。

千里之行，始于足下，今后党支部将不断探索新领域党建，不断创新组织生活模式，充分发挥党组织的政治核心和战斗堡垒作用。同时加强新形势下党员管理工作，充分发挥党员的先进模范带头作用，力争为企业和党员提供更加有效的指导和服务，助推经济发展，让党旗在古猗商务大厦高高飘扬。

嘉定区古猗商务大厦联合党支部

打造楼宇党建枢纽 助力楼宇企业发展

位于金山区山阳镇的上海金石湾功能区楼宇总建筑面积约12万平方米，是一个低密度花园式办公园区，现有入驻企业350户，职工约1 500人。为进一步加大党组织在商务楼宇中的影响，上海金石湾功能区以商务楼宇党建工作站为平台，依托区域化党建工作的优势，探索创新楼宇党建方式，通过服务企业、服务群众，实现党的工作全覆盖。

因地制宜，构建组织网络。针对商务楼宇入驻企业多、隐性党员多、传统党建模式难以适应楼宇实际的现实情况，2015年，山阳镇党委按照“统建统管”的思路，建立了金石湾功能区楼宇联合党支部，扫除了党建工作在功能区楼宇企业的工作盲区。为切实加强楼宇党建力度，山阳镇综合工作党委会同金石湾功能区管委会，通过“动员党员找组织，依靠组织找党员”的方式，对入驻金石湾功能区楼宇企业进行了排摸。

目前，金石湾功能区共有党员50人，党小组4个，入党积极分子5人，递交入党申请书40人。同时，镇综合工作党委还通过指派党建指导员（联络员）深入楼宇，帮助指导“两新”组织开展党建工作，引导青年骨干积极向党组织靠拢。

一站多用，创新党建阵地。党建服务工作站作为金石湾功能区楼宇联合党支部的主要党建阵地，同时也作为楼宇职工之家、妇女之家活动基地，为党组织召开会议、党员教育学习提供服务，为楼内企业、员工提供图书期刊借阅、创业帮扶、困难救助等一站式服务。

此外，还根据楼宇白领的工作、生活特点，精心打造了虚实结合的“台、室、网、群”等阵地，即：楼宇“党员沙龙”平台、图书借阅室、远程教育网、党员QQ群，实现楼宇内的企业、党员、员工资源共享、建议共商的互动局面，充分调动党员职工参与活动的积极性，为进一步推进区域化党建工作，搭建沟通桥梁。

搭建平台，延伸党建抓手。以员工需求为导向，整合社区有利资源，努力为楼宇党员提供各种个性化服务。如联合团委等共同举办“YOUNG2青年交友活动”，切实服务非公有制经济组织青年的实际需求。依托“党建服务站"图书室和辖区镇文化体育中心图书馆，向党员、员工发放社区图书借阅卡，实现阅览室与辖区图书馆资源共享，丰富职工业余文化生活。积极组织党员回居住地报到，动员党员主动做好与居住地社区党组织签订一份承诺书、认领一个服务项目、张贴一张共产党员家庭标识的"三个一"活动，接受居住地党组织和群众的监督。此外，通过党员带头，积极发动楼宇人才骨干参加捐款、义务献血等志愿服务活动，推动企业积极参与各类公益事业，回报社会。以楼宇党建为龙头，带动楼宇联合工会、团总支等组织建设，结合工会"金秋助学"活动为楼宇困难员工子女提供资金补助。

有效打开了楼宇党建的切入点。楼宇党建的难点在于找准切入点，在于工作有形化。搭建楼宇党建工作平台是开展楼宇党建的第一步，也是决定性的关键一步。山阳金石湾楼宇党建服务工作站的建立，以及相关工作机制的建立与相关活动的开展，为楼宇党建工作入驻楼宇，入驻楼宇党员和职工的内心，入驻楼宇"两新"组织发展的进程打开了通路，打开了局面。自从党建工作服务站建立以来，金石湾楼宇党建有了推进的平台，有了展示的依托，成为楼宇党建的中心与基地。

有效凝聚了楼宇党员、职工。金石湾功能区楼宇联合党支部依托楼宇党建服务工作站，开展的一系列党建、团建、参与治理等工作平台，为楼宇党员创造了难得的政治生活之家，为楼宇职工创造了宝贵的沟通互助的渠道。在联合党支部的努力下，楼宇内原本分散在不同"两新"组织中的党员、职工能够打破固有的边界走到一起，为楼宇共同发展、为社会共同进步而同呼吸、共命运，引领和凝聚了楼宇内党员、职工，形成了团结、共进的良好氛围。

有效服务了楼宇"两新"组织发展。楼宇"两新"组织在党支部的引领和支持下，依托楼宇党建工作服务站这个平台，逐步形成了各有特色的企业文化，内部向心力、凝聚力进一步增强，企业发展走上了较为平稳和快速的轨道。例如：上海德易检测技术有限公司、上海丽泽广告有限公司，有两名专业技术人员是党员，是企业的骨干，通过楼宇党建平台，一方面很好地拓展了企业的业务，给企业带来了可观的经济效益，另一方面通过各类党建项目，能够很好地团结同事，凝聚了企业的青年，加深了楼宇内企业之间的交流。

楼宇党建的关键点在哪里，切入口在哪里，这是楼宇党建工作首先要解决的问题。山阳镇金石湾楼宇党建的经验可以说明，打造楼宇党建的枢纽中心是楼宇党建的有效途径。建立楼宇党组织，建立有形化的党建服务中心，围绕楼宇“两新”组织和党员、职工的实际需求开展以党建为中心、为引领，群团工作为支撑、为保障的工作，满足楼宇“两新”组织党员的发展需求、政治需求、生活需求，并在此基础上，潜移默化地将分散的党员、职工凝聚在一起，为楼宇党建增添活力，为楼宇内的“两新”组织健康发展提供助力，这是楼宇党建的意义所在，也是楼宇党建的着力点之所在。

金山区社会工作党委

“2+3”式党建促创新 助力科创中心建设

“大众创业、万众创新”、“一带一路”、“互联网+”、“中国制造 2025”等国家战略正在深入实施，核心之一是创新创业生态的营造。经过 25 年的建设，上海浦东见证了我国改革开放的诸多奇迹，浦东有条件而且应当成为“上海建设具有全球影响力的科技创新中心”的先锋，这不仅仅是国家战略的要求，更是自身发展的要求。在此过程中，浦东地区的楼宇党建工作也应适时跟进，顺应全球化创新创业的发展要求。

中共创智空间孵化楼联合总支委员会成立于 2012 年 9 月，共有党员 90 名，党员队伍随着创业团队的发展不断壮大，目前已孵化出 6 个支部。创智空间在 10 年的孵化服务中，始终坚持园区党委“两孵化一服务”的首站式培养精神，做到孵化企业、孵化党组织、服务人才。联合党总支在党的群众路线、“三严三实”和“两学一做”精神的指导下，经过多年的努力，获得了党委肯定和群众的广泛认可，先后被评为“张江园区科技孵化楼党建创新基地”、“互联网+党建工作推进先进基层党组织”、“浦东新区非公有制经济组织、新社会组织先进基层党组织”、“浦东新区非公有制经济组织、新社会组织党员示范窗口(班组)”、“创新服务型党组织党员示范岗”、“浦东新区‘两新’组织团建工作示范点”、“‘双争’竞赛活动党员示范岗”等。

中共创智空间孵化楼联合总支委员会坚持助力浦东建设具有全球影响力的科技创新中心，从国际创新交流合作中心的建设入手，发挥园区内广大党员队伍和积极分子的能动性，积极响应，充分示范，通过三条路径，实现两大目标。

在新的时期，创智空间楼宇党建工作落实“两学一做”，学习党章党规和习近平总书记系列重要讲话精神，教育广大党员做合格建设者，以实现“两个目标为”己任，即提升浦东地区作为科技创新中心的全球影响力、提升浦东地区的创新能力。

加强海外合作，提升国际影响。创智空间孵化楼联合党总支在孵化工作和楼宇党建工作开展中，与全球有影响力的创新机构，如技术研究机构、知名跨国公司、创新服务机构、知名孵化器和知名商学院等合作。在技术成果转让、创新课题研究、教育培训、资本对接和项目合作等方面深度挖掘。2015 年 8 月 25 日，新加坡国立大学商学院访问创智空间，开展创新创业发展研讨会，新国大商学院院长和数位企业高管校友，根据对“大众创业，万众创新”的理解，为创智空间未来发展提出了具体可行的意见。

创新“引进来”，创新“走出去”。一方面是引进海外的、不同区域的、不同背景的创业者与创新机构，在张江地区开展创新活动，另一方面鼓励张江地区的企业到创新创业发达地区设立创新机构。创智空间孵化楼联合党总支积极与上海嘉定先进技术创新与育成中心合作，开展创新创业大赛，引进亚太其他区域的高质量创业项目回国孵化，并协助企业了解本土市场商业惯例与文化，让“引进来”企业在浦东落地生根。同时，创智空间注重开拓国际市场，寻求国际业务合作，努力实现让浦东孵化器企业和待孵化企业打入海外市场。

完善创新环境，整合创新资源。一是借助楼宇党建网络平台，实现“9 + 1”孵化服务。提供政策导航服务、投融资服务、财税服务、法律服务、人才服务、品牌策划、资讯服务、商务服务、物业管理及工程服务和团队服务。在园区党委的支持和指导下，创智空间党总支为待孵化企业申请免税减税，降低企业创新成本。创智空间党建工作平台旨在打造汇聚全球优质资源的创新创业生态圈，快速培育一批在全国乃至全球具有影响力的成功企业。

二是结合楼宇党建文化建设，营造自由、宽容的创新环境。创智空间党总支注重党员文化建设，倡导鼓励创新的文化氛围，营造宽容、另类甚至异类思维的文化环境，包容多元文化，引入具有不同地域背景的文化。创智空间将党建文明融入群众和日常工作中，使创新创业团队在党员文化的激励下不断前行，充满活力。

三是在园区党委的支持和协助下，改善创新创业者的生活环境。创智空间联合党总支为创新创业者申请人才公寓、人才落户，进一步降低创新创业者的生活成本,完善适合创新创业者的配套设施。创智空间党建工作平台为广大创新创业者打造了服务全面、健康向上、成本较低的生活环境,是创新创业团队顺利开展工作的强大后盾。

在上级党委的悉心指导和大力支持下,中共创智空间孵化楼联合总支部委员会在实际党建工作中,已形成规模化党建工作平台,真正实现了"有场所、有制度、有标志、有党旗、有书报、有设施",成为具有代表性的"互联网+党建"孵化器党组织,并搭建了企业家知行协同平台,让党建促发展,党建促创新,在广大党员和群众创新创业团体中形成有利影响。

在各支部党员的积极参与和携手共建下,创智空间联合党总支通过开展党员文化建设工作,激励创新创业人才中的党员和积极分子发挥先锋模范作用,与全球知名商学院或培训机构合作,挖掘企业家背后的资源,迅速扩大了全球影响力。通过支持举办企业家论坛、讲座和研讨会,开展案例研究、投融资洽谈、孵化培训等,建立并优化企业家能力的测试与评估体系,让培养与考核的标准明晰,快速、高质量地培养了越来越多的党员企业家。

在致力于搭建党建工作平台的努力下,创智空间联合党总支初步实现了孵化服务的年轻化、个性化,针对不同项目特点,提供不同周期的孵化和加速服务,筛选优质国际项目,提供资金支持,为年轻企业家提供指导意见和急需的专业知识。同时,党总支还致力于开拓、探索"半创半读"的国际创业教育模式,探索创新人才培养体系。创智空间成立的亚太创新中心将与中新两地的著名高校合作开展创业教育,实现创业教育与创业实践的有机统一,青年企业家在创智空间联合党总支的支持和帮助下,能够边学习边创业。

作为立足于创新创业领域的基层党组织,在前期努力的成果之上,意识到在建设面向全球的科技创新中心时,机遇与挑战并存,创新创业在迈向更远的未来的同时,面临着一些不可回避的问题。

首先是创新创业的环境问题。目前我国创新创业环境与发达国家仍有很大差距,这在全球化浪潮中,束缚了浦东双创产业的发展步伐。其次是创新资源与要素存在配置不充分和流动性不强的问题,部分创新企业面临瓶颈,楼宇党建工作缺乏活力。最后是与国际知名创新机构交流与合作紧密性不强的问题。园区内具有全球影响力的创新企业数量少,在上海至今没有出现 BAT 级别的成功企业。同时,人才规模和科学技术尚且不能紧跟创新创业的实际需求。

因此，在今后的工作中，楼宇党建工作需继续努力坚持“2 + 3”式，并不断完善党员思想建设，理论结合实际打“组合拳”。中共创智空间孵化楼联合总支委员会鼓励理论与实践紧密结合，将党的先进理论应用到创新创业过程中，实现创新生产与技术、资本、企业家有机结合。一是鼓励知识产权服务机构设立，建立知识产权激励机制，为创新创业成果打造知识产权壁垒；二是引入国外的优质资本及创新资源和理念，打造一条甚至多条浦东自己的“沙丘路”，完成资本集聚；三是完善人才引进、培养和激励机制，建立人才素质评估体系和人才培训教育支持体系，吸引国内外创新型人才来浦东创新创业。

浦东新区创智空间孵化楼联合党总支

“白领汇”：楼宇党建新基地

安亭镇汽车俱乐部街区商务楼位于安亭镇新源路与曹安公路交界处，共有世昶生活广场、新源休闲广场、底特律财富广场、嘉正国际大厦、安亭大酒店 5 大项目，建筑面积 11 万平方米，各商务办公楼宇入住率约 50%，入驻的企业包括大型总部型企业、汽车研发、金融、医疗、农业、生物研发等行业。随着商业设施不断完善，周边轨交和商业广场配套的不断投入，餐饮、娱乐、休闲、教育等特色行业也陆续入驻。因此，生活、工作在汽车俱乐部街区的白领青年人数日益增加，需求不断提升。

安亭汽车俱乐部街区联合党支部于 2011 年 3 月正式成立，目前现有党员 25 名，分布在 16 个楼宇企业，联合党支部主要服务于汽车俱乐部街区企业及企业内党员、群众的工作生活。街区联合党支部在镇社会工作党委、世茂公司党总支的关心和支持下，通过整合各项资源，以“白领汇”为工作载体，先后成立了多支志愿者队伍，服务内容涵盖精神文明建设、服务企业、青老结对等，同时，搭建了英语沙龙、街区足球俱乐部、中英文雅言吟诵团等文体平台，经过长时间的发展和壮大，各项活动日趋完善。

做好基础工作，落实制度保障。认真落实“三会一课”制度，结合楼宇企业实际，结合党员的思想状况，除学习上级文件精神外，多采用寓教于乐的形式开展学习教育活动，如分享生活工作感受、交流读书心得、观看正能量短片等，及时掌握党员思想状况，加强对党员的动态管理。同时，通过“党务公开”的形式，及时公布党的方针政策，宣传法律法规知识，逐步增强党员和群众的党建意识。

加强上下沟通，落实经费保障。街区党支部积极与世茂公司沟通，逐步使世茂公司支持和重视街区的楼宇党建工作，除了区、镇社工委的经费支持外，世茂公司每年下拨专项经费维持运作。街区党建活动因地制宜开展活动，依靠入驻企业自发安排场地设施等，大大地减少了经费开支，切实增强了楼宇企业开展党建活动的热情。

用好阵地资源，落实功能保障。依托世茂公司党建服务站，创建“白领汇”楼宇党建基地，定期开展党员活动，进行党员教育管理，加强党的自身建设。同时，利用阅览室的教学资源，加强学习型党组织建设，借助“两新”支部网站、街区俱乐部微信订阅号两大平台，形成线上线下联动的活动模式，加强党员和职工间的联系，增强党群互动。

丰富“白领汇”服务内涵。为入驻企业党员群众搭建一个文体互动的平台；为街区企业提供一个免费的商务服务，包括融资、股权托管、工商、税务等，帮助企业寻求更好的发展。协助参与街区管理，通过发挥党员街区自治和共治，一同参与街区的日常管理，发挥党组织的凝聚力，共创美好和谐街区。

优化“白领汇”服务网络。街区“白领汇”加强与安亭图书馆、众阅读书会、摄影俱乐部、新能源汽车乐游E驾、嘉亭荟等平台同创联建，共享服务资源，架构大型综合服务网络，激发党员和群众关爱社会的责任意识和爱岗敬业的内在动力。

拓展“白领汇”活动平台。市级青年中心的成功设立，进一步增强了入驻企业青年员工的归属感，增强了组织的凝聚力，从而达到走进青年、服务青年、引导青年的目的。目前街区运动联盟已常态开展，每周定时定点开展，效果良好。2016年的单身青年交友俱乐部活动也在进一步的筹划中，各支青年志愿者队也重新整合成为“世茂青年突击队”。

联合餐厅解白领用餐难题。随着街区入驻企业的白领员工越来越多，随之而来的吃饭问题成了他们的一块心病。街区联合党支部通过与上级沟通，多方协调，最终世茂公司决定利用世昶大楼4楼房产，总投入500万元，成立汽车俱乐部街区中心餐厅，为附近的500多位白领解决了早餐、中餐问题，受到了业主和白领的普遍赞誉。贴心到位的服务，使更多的企业在安亭落户。

英语沙龙为白领搭建学习沟通桥梁。英语沙龙每月活动两次，邀请入驻企业的高管或者职员做讲师。英语沙龙活动旨在为白领提供一个轻松快乐的学习载体，为入驻企业搭建一个更广阔的交流平台，让每一个人每一个企业都能从中实现自身的价值需求。

汽车职业女性沙龙提升女性白领凝聚力。来自各行各业的女性精英参与的沙龙，他们来自汽车行业或者与汽车行业紧密相关的行业，聚集一起阐述各自的工作、生活、学习，以及对于经济、金融、汽车等的看法，或者对新问题的探讨，寻求志同道合的伙伴，为各自的商业发展和个人职业生涯发展提供了一个有效的推介平台。

安亭镇汽车俱乐部街区党支部按照区、镇社工委党建工作要求，进一步拓展楼宇党建基地功能，通过创新服务平台，丰富工作内涵，在党建工作开展过程中，紧密结合楼宇企业特点和职工需求实际，以“白领汇”为载体，创建街区党建工作品牌，努力将街区联合党支部打造成为具有“现代性、标志性和文化性”的楼宇党建基地。在不断推动楼宇党建工作的同时，帮助企业促进人才汇集、产业凝聚，使汽车俱乐部街区加快经济发展的脚步，提升税收产出，激发党员群众关爱社会的责任意识，履职尽责的精神，爱岗敬业的美德。

随着嘉定区经济转型不断深入，经济模式不断转换，楼宇党建工作逐渐成为一个新兴党建模式。一幢商务楼，一个党支部，面对的是几十家企业、数百名来自五湖四海的员工。楼宇党建如何融入每一家企业，使得党建的力量不断发挥并辐射整幢商务楼的所有企业？街区联合党支部利用企业文化发展的需求作为切入点开展楼宇党建工作。一个企业可持续发展必然形成该企业的企业文化，因为一个没有企业文化的企业是没有生命力的。街区联合党支部把企业文化作为楼宇党建工作服务企业经营的有效切入点，让楼宇党建工作为企业文化建设提供强大的思想保证。楼宇党建工作与企业文化在概念上有所不同，但在实际工作中却很难区分开来。街区联合党支部利用党建工作的传统优势与企业文化所具有的时代魅力相结合。不断提高党员思想政治工作的针对性、实效性，并且不断增强对广大员工的吸引力、渗透力和影响力。

嘉定区安亭汽车俱乐部街区联合党支部

在探索中不断增强楼宇党建工作有效性

四川北路街道楼宇联合党总支成立于2005年6月，下属7个联合党支部、10个独立党支部，现有党员214人，覆盖10幢楼宇的125家企业，党组织覆盖率达42%。在上级党组织的指导下，楼宇党总支定期开展内容丰富、形式多样的活动，搭建党员发挥特长、锻炼能力的舞台，以多种形式教育凝聚党员。党总支先后被评为市“两新”组织创先争优先进基层党组织、市“两新”组织优秀支部网站示范点和市、区“两新”组织“五好”党组织。

探索创新开放型主题党组织生活形式，不断增强党组织凝聚力。针对楼宇党员队伍人员分散、流动性大的特点，楼宇联合党总支注重抓好党员经常性教育，围绕党建热点及工作重点，定期开展主题活动，寓教于活动之中，确保活动实效性。如：先进性教育期间，组织学习吴大观和杨善洲事迹，召开网上交流讨论会，让先进性成为党员努力方向；深入学习实践科学发展观期间，举办专题知识竞赛，帮助党员领会科学发展观内涵；汶川地震发生后，召开“我们心连心”诗歌朗诵会，使党员身在岗位、心系灾区；世博会期间，开展“我看世博会”PPT作品展评活动，激发党员参加“世博先锋行动”热情；围绕创先争优，开展“党员之星”评选活动，激励党员创先进、争优秀；纪念建党90周年，组织“红色旅游经典线路巡访”活动，教育党员不忘历史、牢记使命。

探索创新联系沟通与党务公开平台，持续推进党建信息化工作。楼宇联合党总支积极打造全方位网上交流互动平台，启用了支部电子邮箱，组建QQ群、飞信群和微信群，建立支部网站，开展网上组织生活，开设微博等，加强党组织与党员即时、有效的沟通。党组织通过“支部动态”、“支部像册”等发布工作要求、工作提示、活动安排等信息。党员通过“留言板”向支部汇报思想动态，反馈意见建议，扩大了党务公开。党总支还在网站上开设了“党的群众路线教育实践活动”、“中国梦，我的梦”、“学习‘十八大’”、“热点关注”、“党务知识”等20个特色栏目，吸引越来越多的白领青年党员，协助孵化建立了壹丰广场联合党支部等党组织。2012年3月，党总支网站被评为“上海‘两新’组织优秀支部网站示范点”，网站已成为楼宇党员网上的互动新家园。

探索创新社团联谊活动内容，服务凝聚楼宇党员与白领青年。针对党员“年轻人多、单身多、外地人多、爱好多”等实际，楼宇党总支定期组织开展迎新联谊晚会活动，为党员们搭建了展现自我、展示才华的平台。从晚会整体策划，到内容编排，再到节目排演，党员全程参与。节目类型越来越多，晚会成了党员展示自我、认识他人的最佳平台。2008 年成立的楼宇青年话剧社，已自编、自排、自演话剧 3 场，导演、演员、舞台设计等全由党员担纲，演出受到了广大楼宇党员的追捧。为给单身党员提供更多交友机会，党总支每年组织外出郊游和文体竞赛活动，增进党员之间的沟通和了解。如今，已有两对青年党员通过支部活动平台相识相知相恋，结为伉俪。

探索创新党员教育引导方式方法，帮助青年成长成才。楼宇中青年党员来自五湖四海，创业就业压力大。楼宇党总支既重视党课教育，也注重与党员谈心教育，引导他们在参与支部活动中发挥特长，锻炼能力，完善自我，成才成长。在支部引导下，有的党员成长为党组织活动的积极分子；有的党员通过参加青年话剧社表演，逐步改变内向性格；有的党员活动策划潜力被发掘，转行干上了广告策划工作；有的党员由普通员工成长为中高层管理人员，挑起了业务工作大梁；有的党员成功创业，由打工者成为创业者，成长为支部书记。党总支结合中国梦的主题，开展“我的中国梦”微论坛活动，激励党员“激扬青春、放飞梦想”。楼宇党总支运用各种教育引导方式，为党员制定和完善人生和职业发展规划提供了帮助，促进了青年的成长成才。

探索创新党员履行社会责任渠道，参与社区生活共同体建设。楼宇党总支注重引导党员积极履行社会责任，加强党性锻炼，开展结对共建活动，组织党员帮困救助，奉献爱心，志愿服务，参与社区生活共同体建设。近年来，先后为汶川、雅安、玉树等灾区捐款 27 011 元；为西部地区儿童捐书 168 册；定期探望虹口福利院和街道“阳光之家”智障儿童；慰问街道敬老院、孤寡老人和困难家庭，资助金额达 14 226 元；到居民区辅导学生英语、清洗社区便民健身器械，免费为居民维修电脑；在地铁 10 号线参与平安志愿者活动等，深受社区群众欢迎。

近年来，通过楼宇联合党支部的组织形式，不仅实现了对“两新”组织的覆盖，也拓展了孵化“两新”组织党组织的功能。至今，党总支已先后接转党员组织关系近 500 人，同步了解党员及所在单位信息，及时掌握每个企业内党员人数和党员身份的变动情况，对具备党组织成立条件的“两新”组织，跟踪指导其建立党组织。目前，联合党总支已先后孵化建立了泛成国际货运、海泰房地产、万升物流、东尚国际旅行社等18个独立的“两新”组织党支部和盛邦国际大厦、壹丰广场、利通广场、森林湾大厦等7个联合党支部，有力推进了社区“两新”组织党建覆盖工作。

虹口区四川北路街道楼宇联合党总支

园区党建篇

上海园区“两新”组织党建基本情况

上海高度重视园区“两新”组织党建工作。按照“全覆盖、凝聚力、组织化”的目标，加强园区“两新”组织党的组织建设和工作覆盖，努力推动“两新”组织党组织发挥“推动发展、服务群众、凝聚人心、促进和谐”的作用，初步形成了具有上海特色的园区“两新”组织党建工作格局。上海现有各类园区 270 余家，其中 41 家国家级和市级工业园区共有非公企业 17 982 家，规模以下企业占企业总数的 82%，共有党员 45 991 名，党组织 2 270 家。

一、因势利导，紧紧扭住党的组织建设的“牛鼻子”

各园区通过落实党建工作责任制，结合园区实际，紧紧扭住党的组织建设的“牛鼻子”，努力探索党组织和工作覆盖的有效途径，基本实现“两新”组织党的组织和工作全覆盖。面对不同园区的不同情况，各园区“两新”组织党建责任主体，积极探索符合园区实际的组织覆盖模式，归纳起来大致有四种模式：① 独立式：凡园区中有3名以上正式党员的非公企业，有合适的支部书记人选，就单独建立党支部。② 联合式：对党员人数在3人以下，暂不具备建立独立党组织的，或已有3名以上党员，暂无合适的支部书记人选的非公企业，园区党建责任主体派出专职党群干部，根据企业资产性质、行业属性或地理位置关联，把这些党员联合起来，建立联合党支部。③ 挂靠式：以园区的片区中党员人数较多、符合单独建立党支部的一家骨干企业为主，吸纳其他企业党员共同组成党组织。④ 注入式：对于仅有两名党员，管理层支持开展党建的非公企业，园区党建责任主体向该企业派驻党建工作指导员或党群工作者，并将其组织关系转入该企业，建立支部，开展党的工作。

二、因地制宜，科学建立健全党建工作体制

目前，上海园区“两新”组织党建工作体制因园区具体情况不同，大致有三种形式：一是成立园区综合党委，负责园区非公企业党建工作。例如，浦东新区的张江、金桥、外高桥、陆家嘴、洋山港5个国家级园区都成立了综合党委，分别承担这5个国家级工业园区的非公企业党建工作。二是由属地综合党委负责园区非公企业党建工作。徐汇区虹梅街道综合党委承担漕河泾开发区的非公企业党建工作，青浦区香花桥街道综合党委承担青浦出口加工区的非公企业党建工作。松江区佘山镇综合党委承担佘山国家旅游度假区非公企业党建工作。三是由园区管理机构党组织负责园区“两新”组织党建工作。虹桥经济技术开发区管委会（具体部门是党群工作部）承担上海虹桥经济技术开发区非公企业党建工作。市化学工业区管委会党委党群工作部负责上海化学工业区非公企业党建工作。市北工业园区成立了隶属于工业园区党工委的工业园区综合党委，承担园区非公企业党建工作。

三、条块结合，充分整合党建工作资源

上海园区“两新”组织党建责任主体围绕推动园区企业科学发展，主动贴近企业经营和生产的需求，坚持条块结合，充分整合园区党建工作资源，建立健全条块结合、整合资源的机制，共同推进园区“两新”组织党建工作。许多园区综合党委领导分别兼任园区管委会相应的职务，许多园区“两新”组织党建工作责任主体积极与社区联手，整合园区与社区的资源，成立由园

区管委会党务部门领导、管理部门行政首长、企业的党组织书记和社区综合党委参加的党建联席会议，共同推进园区非公企业党建工作。在组织建设过程中，面对大量中小微企业规模小、基础弱、生存压力大，许多园区招商部门积极利用其工作人员与入驻园区企业管理层关系密切的优势，由招商部门党员干部作为园区非公企业党建联络员，及时掌握园区企业的情况，确保入驻企业在符合建立党组织的条件时建立党组织。

转变观念 创新实践 打造“金领驿站”楼宇党建工作新模式

陆家嘴金融贸易区作为全国唯一的金融贸易类国家级开发区，中国（上海）自由贸易试验区陆家嘴金融片区 1.7 平方公里的金融核心区域内，集聚了各类金融机构 2 000 余家，从业人员 20 余万人，是中国经济最具活力的地区之一，也是党建工作的重要阵地。陆家嘴金融贸易区综合党委“以一流党建促一流改革”，按照浦东“两新”党建“布点划片”覆盖战略，立足自贸区发展的新特点，积极探索楼宇党建新途径。

“金领驿站”成立以来，已在区域楼宇中启动 20 个“金领驿站”，19 个实体“金领驿站”，1 个虚拟“金领驿站”——微信公众号，第 20 个实体“金领驿站”上海中心旗舰站正在打造之中。一年多来，金领驿站共举办各类活动 600 场，参加活动的白领青年约 5 万人次，覆盖了 200 多个楼宇党组织、8 000 多名党员、200 多个工会组织、3.3 万名工会会员、66 个团组织、1.5 万名共青团员，微信公众号阅读点击量超过 15 万余人次。

陆家嘴金融城员工普遍具有年纪轻、学历高、工作压力大的特征，且处于中外两种甚至多种文化冲突和意识形态融合交汇的前沿，长时间浸润在不同的企业文化和价值观念之中。为此，在金领驿站的打造中，坚持党群工作一起抓的思路，塑造“核心价值引领的平台、党群需求服务的平台、员工成长成才的平台、合法权益维护的平台、休闲交流联谊的平台”，面向企业员工，面向整个楼宇，乃至金融城全体员工开放。不仅把企业党工团凝聚起来，更是把楼宇中的白领、金领和精英都吸引过来，影响过来，团结过来，在服务白领青年的过程中加强党的建设。

陆家嘴的楼宇中，世界 500 强企业和总部型企业多，国际化程度高，市场化特征强，社会影响力大，信息传递速度快，通过金领驿站的一系列活动，使楼宇党建与企业文化建设、团队精神培育紧密结合，做到企业经济发展与党建工作相互促进。同时，主动服务人才战略，以白领需求为导向，广泛征询意见，有针对性地开展活动，让所有的白领青年积极参与其中，让他们感觉到金领驿站就是他们的活动之家、兴趣之家、解决需求问题之家，让他们在这里找到思想和生活的钥匙。

在开展活动的同时，金领驿站组建了一批文化团队，包括人才沙龙、“悦读”沙龙、爱乐者沙龙、摄影爱好者沙龙、棋类爱好者沙龙、瑜伽健身沙龙、羽毛球队、歌咏队、舞蹈队等20多支团队，面向金融城的所有员工。通过把团队组织建立在兴趣点上，使金领驿站的活动由临时性固化为常态化，吸引和招募了一批忠实粉丝，成为党组织凝聚白领青年的一个有效的载体。成立了沙龙临时党支部，把文化团队及沙龙活动置于党的领导之下，同时发挥沙龙社团的吸引、凝聚作用，让文化团队在5个平台上协作共享、互利共赢。

陆家嘴区域租金昂贵，党委的工作经费有限，区域内党群阵地资源缺乏。要跳出过去单纯等待上级组织、依靠财政支持的思维模式，主动争取和发动楼宇内有条件、有社会责任感的企业共同谋划，形成以企业提供场地、综合党委提供服务的模式，先后建起20家金领驿站。企业在参与建设金领驿站的过程中，加强了企业文化建设和员工队伍建设，实现了企业经营发展与楼宇党建的双促进、双丰收。

采取专业化与志愿者相结合的办法建立金领驿站工作人员队伍。由陆家嘴综合党委选派一批党务和工会专职工作人员及企业党组织负责人，兼任金领驿站的站长。同时，以楼宇、企业为主体，建立志愿者队伍，组织党、团员并吸纳部分非党积极分子，利用业余时间开展志愿者活动，如图书借阅、活动登记、场地管理、会务组织等，为金融城广大白领青年服务。

“线下”，指以服务金融城非公企业和员工为重点的各实体“金领驿站”；“线上”则指顺应当代青年社交媒体网络化的新趋势，运用信息化技术和互联网思维开通的“金领驿站”微信公众号。“金领驿站”微信公众号开通当天关注人数就达2 200多人，便捷、高效、互动的微信公众号给楼宇党建宣传开辟了一片新天地。

积极整合各种行政资源和社会资源，集聚“金领驿站”，开启“楼宇列车”，让文化进楼宇、体育进楼宇、健康进楼宇、教育进楼宇、法律进楼宇、艺术进楼宇、关爱进楼宇等，全方位服务党员白领，满足员工需求。

党群联动是在非公企业中开展党建工作的有效途径，其影响力与日俱增。建立了由综合党委、总工会、团工委共同参与、密切配合、多位一体的党群联动工作机制，依据区域特征，按照布点划分的原则，建立了10个党群工作站，内设党总支、工会联合会、团总支，有效整合各方力量和资源，以“金领驿站”为服务载体和平台，实现互联、互补、互动、互赢的工作格局。

按照市委、区委构建区域化大党建要求，立足自贸区发展、金融城建设的新特点，由陆家嘴管委会党组牵头，成立区域党建陆家嘴片区委员会，联合中央、本市、外省市入驻企业及新区委办局、陆家嘴等5个街道党工委，形成条块结合、区域联动的楼宇党建新机制，“金领驿站”与“阳光驿站”、陆家嘴“金色纽带”联手共建，构建楼宇互动共建的新局面。

“交流、服务、凝聚、引领”既是“金领驿站”的功能，也是楼宇党建的发展之本。“交流”是楼宇党建工作的基础。通过楼宇党建资源的交流共享，通过人与人思想和信息的交流，使得陆家嘴金融城非公企业党群组织和白领员工有了一个交流、议事、共建、共享的工作阵地。“交流”不仅有助于提高党员白领的修养，而且有助于党组织传递党的主张、贯彻党的意图和人员信息的交互。

“服务”是楼宇党建工作的宗旨。服务是党的宗旨，也是楼宇党建工作的出发点和落脚点。金领驿站中基本设置了“妈咪小屋”、“心灵驿站”、“爱心公益”、“职工书屋”以及健身器材等设施，为在陆家嘴工作和生活的所有员工服务，已成为白领青年的“减压区”和“加油站”。

“凝聚”是楼宇党建工作的目标。按照“有趣、有益、有活力”的目标组织开展线上线下的活动。“有趣”是为吸引和凝聚白领青年；“有益”是为教育和指导白领青年明辨真假、是非、善恶、美丑，提升社会风气；“有活力”是为提升党组织的活力和影响力，凝聚和激励党团员、白领青年在中华民族伟大复兴的共同理想追求下，为陆家嘴金融城区域建设贡献力量。

“引领”是楼宇党建工作的方向。在楼宇联合党支部党员分散、不在同一企业工作的特定条件下，发挥“金领驿站”平台作用，弘扬社会主义核心价值观，引导楼宇党员关心社会建设、参与社会公益活动，进一步增强楼宇党员的责任感和使命感，引导白领青年围绕中心、服务大局，为金融城的社会稳定和经济发展做贡献。

浦东新区陆家嘴综合党委

坚持党建引领 深化平台化、社会化运作 构建园区社会生态圈

虹梅街道地处徐汇区西南部，是漕河泾新兴技术开发区核心区所在地，

辖区内有各类企业近 3 000 家，员工约 20 万人，居民小区 13 个，常住人口 4 万多。随着“单位人”向“社会人”的转变和“两新”组织从业人员比例的不断扩大，如何做好广大职业群体的价值引领和行为规范，做好面向职业群体的社会治理，已经成为新时期加强党的建设、巩固党的执政基础必须面对的一项极富挑战性的课题。

虹梅街道党工委一直在探索如何将传统的党建工作转化为一个个“发展自我、参与社会”的园区社会工作项目，推动园区共治与自治；如何将社会工作理念与方法植入传统党建工作，形成有效的社会工作方法，夯实园区党群工作基础。对于“党建工作和社会工作相结合”的思考，促使虹梅街道党工委近年来在园区党建和园区共治工作上不断探索和实践，围绕“建设国际化一流科技产业园区”的目标，坚持园区和社区深度融合发展，开展“区域化党建引领、园区企业协同、白领员工参与”的社区共治载体和模式的创新实践。2013 年起，作为主要举措之一，“虹梅庭”公益服务中心应运而生。

通过“虹梅庭”——区域性党群工作社会化平台建设，进一步整合和转化区域内各类各级党群组织和企业单位资源优势，以需求为导向，运用平台化、社会化、市场化模式，建立园区社区化服务体系，为园区企业和员工提供更具公益人文关怀的区域性、公共性、公益性服务产品和项目，精心打造兼具主流价值导向和当下社会潮流的园区公共空间和人文环境，不断推动政府、企业和其他社会力量间的广泛交流与深入合作，持续激发园区企业和员工主体意识和自治、共治活力，为园区多元主体主动、自觉参与社会治理培植认同，释放空间，夯实基础。

如何在虹梅这样一个“园区加社区”的区域里搭建共治和自治的治理框架，厘清各方定位和分工，需要一个相对核心的平台来驱动。2013 年 3 月，“虹梅庭—越界中心”建成并投入运行，同月，街道党工委牵头成立“虹梅庭”理事会。2014 年 12 月，虹梅庭公益服务中心正式注册，现有理事 19 名，由区域内人大代表、政府代表、园区管理者代表、重点企业高管代表、合作社会组织负责人代表、区域党组织负责人代表、社会专家学者代表组成，设有监事 1 名，总干事、副总干事 3 名。其机构功能主要包括：实现资源的整合与配置、社会组织引入与孵化、青年创新和公益文化集聚、企业与社区融合发展展示等四大功能。

“虹梅庭”作为第三方机构（区域性枢纽型社会组织），独立性、社会化的运作充分保障和强化了其理事会在园区公共事务中的决策、监督地位和作用。随着公共议题讨论范围的扩大，对园区公共事务、企业员工多样化需求和企业发展瓶颈等问题不断聚焦，吸引了越来越多的园区企业和组织加入。目前，已发展了企业社会责任联盟、园区楼宇联合会、国字号企业党建沙龙、益席企业文化沙龙、园区第三创新空间、白领兴趣爱好俱乐部、“两新”组织书记午餐会等多个议事平台。

如今的企业在践行社会责任、回馈社会方面有着极大的热情。园区里集合了星巴克中国、腾讯上海、TE 中国、思科中国研发、核工院、质检院等一大批在履行社会责任方面卓有成效的企业。从 2013 年 3 月起，经过一年的培育，从十几家企业参与的“企业公益沙龙”逐步发展成了“企业社会责任联盟”。2014 年 5 月 8 日，“虹梅庭”企业社会责任联盟正式成立，现有成员单位 73 家。两年间，“虹梅庭”发挥平台作用，充分利用企业创新活力助力地方政府，推动联盟成员与 30 余家社会组织和政府部门开展合作，共同合作研发解决社区民生问题的新模式，共孵化了 15 个“社区伙伴”公益品牌项目，举办 800 余场活动，活动参与人次达到 6 万人次，实现了社区公益事业和企业社会责任的良性互动，同时，也通过社区公益人文关怀提升了企业社会责任和员工的价值认同。

发挥“虹梅庭”园区理事单位和区域党组织共建单位作用，通过整合、统筹园区物业和企业资源，以 500 米为最大半径，利用园区公共活动空间、企业员工活动空间、区域内公益性机构和园区商业配套等资源，通过公共投入租赁、空间开放共享、合作服务项目等模式，推动建立基于园区党建工作区块的党员(白领)活动空间。目前，已设立“虹梅庭—越界园区中心”、“虹梅庭—华鑫中心”、“虹梅庭—Cocospace 中心”、“虹梅庭—科产大楼中心”、“虹梅庭—克隆园区中心”、“虹梅庭—腾讯创业基地中心”、“虹梅庭—腾讯上海爱马哥中心”、“虹梅庭—新美美术馆中心”，正在筹备中的有“虹梅庭—普天科技园中心”。

基于移动互联的新媒体和信息化平台一直是“虹梅庭”让更多园区企业和员工参与公共事务和园区各类活动的主媒介，也是“虹梅庭”收集、掌握和解决企业、员工诉求和需求的快渠道。如，在微信公众号第一时间发布园区便民信息，同时在微信平台上收集到的白领意见和建议及时反馈相关职能部门。又如，利用新媒体开展线上和线下相结合的园区白领文体、公益活动，取得了比较高的关注度：Green 低碳健身节活动相关内容共被浏览 17 317 次；“虹学院”60%以上生活艺能类课程从内容选择、师资来源、学员报名、学员管理、课件分享、社团成立到社团活动都在 QQ 群实现在线运作。再如，用“互联网思维”和“O2O 理念”设计的虹梅街道党群网和手机 APP，为企业和员工搭建开放式的互动平台，实现线上资讯与线下服务的无缝衔接，让园区成员更直接、更便捷地对接需求，分享交流，共享资源。目前，正在推进开发区智慧园区项目，推动建立一张覆盖园区公共空间的无线网络服务平台。

园区企业、白领是这里最活跃的成员，多元化特征也很明显。园区内非公企业占到 65%，白领群体呈现年轻化、高学历、思维活跃、价值取向多样化等特点，因此，“虹梅庭”尝试运用社会工作方式，摸索出一些能够把核心价值观有效嵌入企业文化，把主流价值观正确引导白领的工作方法。

把核心价值观用具象化方式植入企业文化。2013 年 9 月，“虹梅庭”首次把星巴克中国带进了它所在的社区，星巴克公益文化的理念是“绿色社区”，包含园艺、垃圾处理、环保课堂、节能节水、社区关怀等 5 个方向，“虹梅庭”把核心价值观中的“和谐”与“友善”作为“社区关怀”的主题，为星巴克员工设计了墙面彩绘活动，让员工用画笔绘出心中充满和谐、友善氛围的美好社区。同时，号召其他企业加入星巴克社区服务项目，该项目在园区已持续开展两年，活动参与人数达到两千余人。

让员工在参与活动中体验核心价值观内涵。2013 年 12 月 5 日，“虹梅庭”在各大园区、楼宇推出旨在倡导友善人际关系的首季“抱抱团”活动，鼓励每个参与者带着代表“微笑”的彩色手环，在活动当天给与身边的家人、同事、领导或是遇到的陌生人一个善意的拥抱和微笑，活动开始两个小时，3 000个手环就被全部认领。2014 年的 12 月 5 日第二次“抱抱团”活动，融入更多当下流行形式，比如分享自制烘焙蛋糕，图框摆拍微信分享拥抱照片等，再一次得到热烈响应。

用“文化+公益”、“体育+公益”等更多“公益+”的跨界合作形式，引导企业白领参与社区服务，提升社区归属。比如，“虹学院”生活艺能课鼓励白领带着兴趣“艺兑益”，通过课程让白领学会才艺，通过公益活动激发白领积极性，让他们展现学会的才艺。白领在学院学会了唱歌，便去敬老院为老人送节目；在学院学会了画画，便去居民区和老年人书画班一起写写画画；学会了手工饰品制作，就带着你的作品参加社区每月一次的爱心义卖；学会了体育健身知识，就来参加一场健康跑或健康骑行，用你的活力去告诉更多人怎么样的生活更健康。该项目为社区培养了一批会才艺、爱公益、对生活有热情、对社区有认可的专业志愿者。

开发区里大小园区有 20 多个，3 000 家企业分散其中，要让“虹梅庭”理事会在园区、社区治理中持续常态、长效地发挥作用，就需要实现“小园区自治”和“大园区共治”共同发展，这就需要借助区域内各类社团类、社会性组织的“内部生长”，把企业、员工组织化，释放主体活力。因此，“虹梅庭”探索建立一套“发现—跟踪—发展—凝聚”区域组织培育机制，用“陪伴式成长”工作模式，不断夯实基层，激发区域活力，为园区自治、共治腾出空间。

2014 年 5 月，“虹梅庭”在走访梅特勒—托利多公司时，了解到企业希望举办一次可以和其他企业交流、在区域有一定影响力的员工健身活动，便根据其企业文化及主营业务策划了集“绿色环保理念+低碳健身活动”、“微信秀选手”、“企业节能环保分享会”等于一身的“园区员工绿色低碳健身节”，并邀请梅特勒公司参加“企业员工健康促进沙龙”活动，梅特勒的想法得到了捷普、腾讯、思科、贺利氏古莎、大计、通标、天祥等 7 家知名外企和民企的响应。活动过程中，推动这 8 家企业成立员工俱乐部联盟，把原先企业内部的兴趣类俱乐部在联盟中开放，目前这几家企业在摄影、骑行、健身等方面形成了跨企业的白领社团。2015 年 6 月，这 8 家企业将以主要发起者组织开展“GREEN”园区员工绿色低碳健身节第二季活动。

2015 年，进一步突出社会主义核心价值观的引领，继续整合区域内各类资源，开展适合“两新”组织党员和白领的各类活动，特别是公益活动和志愿活动，在潜移默化中加强教育，把区域内一支支志愿者队伍加以整合，分四季开展各具风格的复合型公益系列活动。加大与企业、社会组织和其他政府部门间的合作，孵化和培育更多体现“三社联动”的公益项目，创造共享价值。2 月 6 日，召开主题为“开放融合 共治共赢”的社区治理暨企业圆桌大会，共有来自区域内 120 家大院、大所，知名国企、外企、民企的党委书记、企业高官和企业代表参加。会上启动了 2015 年街道第一个党建共建、社区共治项目，即社区困难青少年助学和智障人士社会融入计划，市电力公司为虹梅社区发展基金捐赠 10 万元。同时现场还进行了公益接力，启动了其他 4 个项目，企业参与热情高涨，最后百事通、天祥、通标、腾讯通过竞争方式认领合作项目。3 月 6 日，开启公益接力第二棒——“益玫瑰”，园区 20 个点由白领志愿者派发 3 800 支红玫瑰进行爱心传递。3 月 14 日，500 名“雷锋跑男”认领“社区服务 1 小时”项目，用变装健康跑形式开始公益接力第三棒，以此重温螺丝钉精神。4 月 2 日，腾讯上海公司的 500 多名员工用“蓝丝带行动”接力公益第四棒。

2015 年，“虹梅庭”利用漕开发、交大两大国家级人才创新创业基地优势，携手 TED TO CHINA、腾讯开放平台、腾讯上海创业基地、交大创业俱乐部、Toastmasters 俱乐部等社会组织和机构，把“虹学院”升级成为知识分享的平台，将创新型企业大佬更多地引入园区，引导园区内不同专业背景的白领员工在分享沙龙上汇聚智慧，协同创新，沟通交流，分享各自的问题、建议和见解，共同孵化“社区大学”，培植创新文化。目前已启动白领创客计划，计划 3 年内在漕河泾开发区企业白领内，为园区和社区发掘并培养 100 名致力于社会创新、具备青年社团领袖潜质的企业人才。

徐汇区虹梅街道党工委

创新“5F”工作方法 助推企业科学发展

张江高科技园区成立于 1992 年。特别是 1999 年市委市府实施“聚焦张江”战略以来，在国家相关部委、市区各级党政的关心指导下，以科学发展观为引领，以一流党建凝聚一流人才，以一流人才促进一流开发，在促进园区自主创新、科学发展的同时，实现了园区发展和党建工作有机结合、同步推进和良性互动：至2009年底，累计注册公司6 495家，外商投资2 392家，入驻企业1 680家，其中留学生企业就有400多家，注册资本215.87亿元，合同外资122.46亿美元。2009年有两大突破：园区总收入突破千亿大关1 021.05亿元，增幅21.6%；在金融济危机中，生物医药产值（工业制造）达到106.55亿元，增幅28.8%。张江正在向世界一流的高科技园区迈进。

在党建工作服务经济建设，引导科学发展，推进企业创新发展过程中，张江园区综合党委认真贯彻落实习近平总书记对张江园区“两新”党建的重要批示精神，扎扎实实地为推进高新非公企业科技进步和整体发展服务，形成了提升服务园区非公企业水平的“5F”工作方法，并在服务和促进中赢得非公企业业主的认同，受到园区高新非公企业创业群体的欢迎。

“孵”：为高新非公企业孵化、壮大提供服务。园区综合党委专门成立了高新技术企业家联合会，作为跨行业、跨领域的新社会组织，汇聚了高新技术企业家、归国留学人员、创业人才及风险投资家、资产评估师、律师等，着重为园区中小高新非公企业提供政策咨询、产业导向、行业交流和创办高新企业等服务。先后召开中小型高新非公企业家座谈会、企业创业创新交流会，组织他们参加“中国沿海非公企业文化论坛”及学习考察长三角经济开发区、与长三角地区开发区开展项目交流合作等。大雄软件（上海）有限公司是一家由归国留学生创办的有较强发展潜力的高科技企业，园区综合党委领导几次登门调研了解情况，协助企业发展方向的策划，与新区有关职能部门联系，协调经营范围的拓展，组织他们考察长三角经济区、进行业务交流和项目合作，接待、商洽、搭建与日本企业的交流平台等，增强了企业发展和企业升级的后劲。

“抚”：在高新非公企业发展关键时刻给予及时的支持和帮助。上海国宝企业发展中心在北冬虫夏草工厂化培育的关键技术和质量标准等方面走在全国同行的前列，成功申报国家高新技术研究发展计划（即863项目）。园区综合党委在国宝企业发展中心申报“863”项目过程中给予大力支持。上海岱诺是园区一家留学生企业，公司总经理李明东是张江海外科技园党支部的支部书记。上海岱诺的T500MID被选为上海2010年世博会的特许商品，公司急需上千万产品量产流动资金。园区综合党委常务副书记葛龙官多次把上海岱诺推荐给民生银行上海分行和张江小额贷款公司的领导面谈，目前张江小贷公司和民生银行跟上海岱诺已经初步达成了第一期贷款500万的合作意向。

"辅"：对高新非公企业进行治企理念的辅助。管理出效率、文化蕴活力，园区综合党委十分注重高新非公企业在提高经济实力的同时，加快软环境建设，提高企业的核心竞争力，并以企业文化建设为突破点，以培育具有高新非公企业个性特征的治企精神为切入点，推动企业文化建设。上海开拓者化学管理有限公司董事长惠新热心社会公益事业，积极参加慈善活动，园区综合党委大力支持他们的义举，联手组建了园区新经济组织慈爱公益服务社，开展各种形式的志愿者活动，志愿者队伍被新区评为"十佳志愿者队伍"之一。上海新生源生物医药有限公司在企业迅速扩张的关键时刻，园区综合党委积极支持和培育他们以"铸魂"为主题的企业精神，参与授课、拓展交流等，受到企业业主、党员、员工的热烈欢迎。

"服"：园区综合党委十分注重发挥自身优势、整合资源，为园区高新非公企业提供软性服务。如中国金融业的对外开放、中国金融市场的国际化，都将带来中国金融业的高速发展，也产生了对金融信息服务的巨大需求。园区综合党委选择了"万得信息"和"大智慧软件"两家领先的金融信息服务代表企业，协助它们落实政府有关优惠政策，向他们推荐张江园区内合适的办公场所，帮助联系中国社科院金融所理财产品创新试验室等合作机构，为它们成长为中国的"路透社"和"Bloomberg"创造条件。

"富"：引导和帮助园区高新非公企业出科技成果，出经济效益。每当园区一些非公企业在发展、科技攻关的关键时刻，园区综合党委领导都给予关注和大力支持，中芯国际在第二期工程中遇到电力、海关、人际、配额"双减"等制约因素时，上海睿星基因技术有限公司在引进外资的相关路径"短路"时，综合党委领导都及时出面与市、区有关部门领导沟通、协调，及时帮助解决，在关键时刻发挥关键作用。据统计，在市"科教兴市"重大产业科技攻关48个项目中，企业实施的14项绝大部分集中在张江园区。在园区18家高新非公企业申报科技部"百个第一"的20个产品中，有6项居世界第一，14项居国家第一。

园区党建工作紧紧抓住"提高企业市场竞争力"这个根本，努力找准新经济组织生产与党建工作的结合点，畅通向企业高管建言献策渠道，使党建工作开展得有深度、有力度，形成了党建工作和企业发展双赢共建的态势。党委经常指导基层党组织负责人主动、定期和企业高管互通情况、交流工作，并结合参与管理层会议、高管列席党组织会议等方法，拓宽党组织与企业决策层、管理层的沟通渠道。

园区第三新经济组织党总支建制于外资企业，党总支书记担任公司技术总监，在列席公司的一些重要会议上，他从党的工作服务于公司主营业务的角度，通报党建工作，采取有效作为，争取企业主理解和支持。在公司发展规模扩大、新进大批员工时，党总支及时组织党员博士协助公司人力资源部门推行以老带新的"党员博士导师"制，使新进员工在较短时间内适应公司的环境和工作节奏，尽快融入公司的科研项目中。花旗软件技术服务（上海）有限公司党支部针对如何有效管理急剧增长的本土员工问题，及时在党员群众中开展调查，并就调查结果与管理层进行积极沟通，提出了合理化建议：呼吁高管层加强本土基层干部的培养，以改革海外经理的"遥控"管理的工作现状，得到管理层的采纳和应用。

园区各基层"两新"党组织的党员找准党建服务企业发展的立足点，有作为才有地位。在服务企业创新发展的积极作为中发挥党员的先锋模范作用，树立党员形象，提升党组织地位，提高党支部凝聚力和向心力。上海通用电气药业有限公司党组织带领党员向企业高管为降本增效提合理化建议，共采纳员工建议 126 条，节约成本 45.1 万美元。党支部书记动员部门员工精简缩短配料生产周期 20%，通过改革生产线加水工艺的建议节省成本 50 万元。党员王剑雄带头开展贴签机改造，节约生产成本 7 万元。

园区综合党委积极开展以"党员示范岗"为载体的岗位建功活动，通过"一名党员一面旗"、党员承诺制、挂牌上岗、创技术标兵等多种形式的个性化创先争优活动，引导党员增强先锋意识，当好"经济人"，成为业务骨干、岗位能手。增强了投资者和员工对党员的了解和认同。新经济第十二联合党支部确立了一名党员一项专利的攻关目标，从整个支部只有两个专利申请两个发明人次发展到现在具有 96 项专利申请、125 个发明人次的创新成绩，被《解放日报》、《凝聚》杂志等媒体赞誉为"创专利党支部"。

在高端产业和高端人才集聚、多种所有制并存、多种文化交汇、不同价值观碰撞的高科技园区，如何针对"两新"组织新特点，有效突破传统的方法，以新的党建思路、新的服务理念、新的工作手段，把党的工作有效渗透到新经济组织，使他们自觉按照党中央所确定的方针、路线，实现科学发展、和谐发展，是园区综合党委一直探索的课题。尤其是在学实活动中，按照中共中央政治局常委、中央学习实践活动领导小组组长习近平同志在中央学习实践活动领导小组编发的关于张江园区综合党委学习实践活动的简报上作的重要批示，更加贴近“两新”组织各主体对象的实际，通过促进“两新”组织健康发展、职工普遍受益，来增强他们对党的感情，对党员的认同，扩大党的群众基础，提高党的社会影响力。不断充实、完善园区综合党委服务，助推园区科学发展的“5F”工作方法，并构筑服务企业科学发展的长效机制。

浦东新区张江园区综合党委

围绕科技创新中心建设
构建园区“两新”开放式党建新格局

作为上海建设具有全球影响力的科技创新核心载体，张江高科技园区正全力推进“国家自主创新示范区与上海自贸试验区”深度联动，重点围绕实现开放式创新程度最高、运用型创新要素最集聚、改革试验举措最丰富、主导产业成果转化率最高、“四新经济”代表性企业最集中、科技金融活力最显著、创新创业者最向往的发展目标，加快推进科技创新中心建设进程。当前加快科技创新中心建设，正成为园区各级“两新”党组织和广大党员的共识和使命自觉，成为园区广大科技人员共同的心愿和历史担当，吹响了集结的进军号。

大力加强基层服务型党组织建设，以服务为党组织的核心任务，推进园区开放式党建升级，以标准化、品牌化为抓手，落实“三服务”：以建设科技创新中心为目标，从上而下总结修订完善服务型党组织建设工作责任制和工作规划及“两新”党建工作标准化建设和量化考核细则，进一步提高园区“两新”党建科学化水平。

着力扩大开放式创新型党建的影响力，推进园区党建升级，打造“两大”平台，助推科创中心建设。

激励和促进各类人才创新智慧竞相迸发的平台。大力宣传“人才成就张江园、人才圆梦张江园”，关注新一代创客的崛起。坚持以问题为导向，定期召开园区“两新”组织各界人士、创业者“中国梦、我的梦”演讲交流和献计献策活动，特别要以问题为导向，针对科创中心、自贸区扩区建设，广泛听取企业和人才的意见，归纳梳理，为开发区和区委区府提供决策参考。大力培育创业创新文化氛围，营造适应科创中心发展的文化支撑条件、制度支撑条件、舆论支撑条件等软环境。

优化和培育党员创新创业主体作用的平台。助推科创中心建设重在谋机制、谋产业，更在谋人才，让万千党员、人才在园区如鱼得水，成就创业创新。在“大众创业、万众创新”中建功立业为主题活动，开展“双争”竞赛活动，即“党员争做技术攻关、创专利排头兵，争做创客实践带头人”，把创新理念转变为创业现实，积极培育和举办各类创客创业活动，营造创业苗圃，开展技术、股权、产权交流的场所，技术积累的场所，创新实践及技术交易、成果转化的场所及创新扶持政策体系。

着力开放式党建新格局的探索实践，夯实和整固基层基础工作，推进园区开放式党建升级，强化“两新”开放式党建“三个新”。

以强化区域化党建为动力的组织覆盖、工作覆盖的新格局。紧紧抓住科创中心建设带来的新机遇，深化布点划片的管理体系，打造“总支”工程，不断创新组织覆盖，着力重点领域和规模以下“两新”组织建党，抓着“四个重点”积极推进组织覆盖。以上海科技创新中心建设和自贸区扩区为重点，深化“两新”党的组织覆盖和工作覆盖，提出“双自”联动区域化党建工作方案，积极梳理高科技园区综合党委工作机制和协调关系，探索推进区域化党建新机制。以园区各产业基地为基础，整合资源，组建片区联合党总支，着眼规模以下非公企业党组织设置及工作活力再造。以世界500强企业及大型企业为工作对象，选择条件成熟的扩建基层党委。以科研楼宇、产业区、行业组织为平台，创建特色党组织，总结完善市、区、园区党建示范点规范化建设和目标管理、达标考核各项工作。

以强化党建责任制为基础的从严治党管党的新常态。建立展示开放式“两新”党建工作有效性和活力的量化考核责任标准，从党的工作有效性和活力、基础工作、特色工作三大方面细化第一责任人的工作标杆和量化指标。建立推进服务型党组织建设的工作责任制。注重党员管理方式的改进完善，严格党内纪律，深入开展“学党章、亮身份、守规矩”系列活动，巩固民主评议党员成果，试行党统管理系统下沉试点，加强流动党员教育管理。要从严规范党员发展工作，落实推优制、公示制、预审制、票决制、报告制，通过公开民主程序把好党员入口关。开展党内组织生活创新案例评选，以典型示范为鲜活样板，认真落实“三会一课”制度，督促党员自觉参加组织生活，保持党组织生活的政治性，确保组织生活有主题、有讨论、有共识、有行动，防止组织活动娱乐化倾向。从严抓好党内组织生活，提高党内组织生活参与率和活动质量。

以强化网络党建为主要载体的基层党组织功能定位、工作方式、活动载体的新路径。要整合园区网络党建的优势，推动党建工作从实体平台向虚拟平台延伸，由封闭式向开放式转变。注重发挥网络平台引领、学习、服务“三个作用”，使微信公共号等网络平台成为党组织生活的伙伴、党员关注的信息源、开放式的大讲坛和提升素质的知识库、开展工作的小词典。

推进科创中心建设，必然要求园区“两新”党建围绕“四大”特征，以全新的视角配置党建资源，以创新的工作理念开展党建工作，形成园区“两新”党建的新常态。当前，在党的工作指导思想上增强了“三种思维”：

增强互联网思维。面对创业群体、创新企业、科创人才，面对园区迅速成长起来的互联网一代党员群体，通过互联网+党建智能互联网远距离、实时、多媒体传播党的声音。充分运用互联网+的强大功能，创新党建的各个元素，提升党建工作水平，以此促进党的各项工作更鲜活、更有效、更扎实。

增强法制思维。坚持以法治国、以法治党，将法制思维贯穿于党建工作的全过程；坚持制度建党，从严管党治党，为创新驱动、创新创业创造良好的外部环境。

增强开放式“大党建”思维。紧紧围绕党的执政能力建设和先进性建设这条主线，以强化服务意识，增强责任意识，改革组织活动方式，加强制度建设，增强基层党组织活力为重点，着力创新实施开放式“大党建”工程，把党的思想、组织、作风、制度和反腐倡廉“五大建设”作为一个整体纳入开放式“大党建”的范畴，实施开放式“大党建”系统工程，建立开放式“大党建”工作体制，着力构建服务科技创新中心建设的统一领导、职责明晰、有机协调、齐抓共管的开放式“大党建”格局。

大力实施创新驱动发展战略。加快建设科技创新中心建设，必然要求园区“两新”党的建设始终站在服务国家战略、推进改革发展的高度，深刻认识园区“两新”党的建设、基层党建工作面临的新情况、新挑战：

挑战之一：推进科技创新中心建设，人才是第一要素。怎样加快实施人才优先发展战略，积极营造创新创业者向往的良好发展环境，提升青年人才专业知识和技能；鼓励领军人才创新创业，带动产业发展；营造人才成长的生态系统，护佑鼓励创新创业、集聚创新人才的良好软环境，实现“资本”和“智本”的集约化等，对党的人才培养、发展的体制机制提出了新挑战。

挑战之二：推进科技创新中心建设，就是站在世界科技发展最前沿。怎样通过互联网+、工业4.0等信息革命、工业革命，充分利用大数据信息系统，释放企业活力，大力提升重点产业发展能级，形成重点产业国际核心竞争力，建设张江园区国际创新中心，打造国内创新型孵化基地单体量最大的区域。怎样适应网络的强大功能，使党建工作在发挥政治优势、应对意识形态、各种社会舆论的挑战中立于不败之地，对党建工作强化政治引领、服务新型企业的要求更高了。

挑战之三：推进科技创新中心建设，必须以改革为最大推动力，以改革为红利。怎样加快推进中国（上海）自贸区扩区建设，针对管理职能转变以及实施“负面清单”出现的管理问题、能力问题，构建“高效、诚信、服务、和谐”的软环境；怎样确保各项改革举措落地扎根，不断提升公共服务质量，实现自贸区扩区与自主创新示范区的深度联动，对党组织的和党员队伍的素质、能力和党组织的号召力、影响力提出了挑战。

挑战之四：推进科技创新中心建设，要以“开放式”党建作引领、助推。怎样坚持思想建党与制度建党相结合，认真贯彻从严党治管党方针，紧紧围绕建设科技创新中心国家战略，以一流党建促一流开发作为组织保障、精神支撑，强化各级党建责任制，既着力“两新”党建的基础性、经常性工作，又注重工作创新、总结、提炼，形成固定载体、固定项目和有影响的党建工作品牌，形成制度保障，推动功能转型，探索形成以区域化、创新型、服务型的开放式党建工作新格局。党组织任重道远。

浦东新区张江园区综合党委

实践创新“三个出来”
“三圈同心”聚力园区发展

市北高新园区是上海市中心城区最大的以现代服务业产业为主导的高新技术产业集群园区，也是非公企业集聚地之一，被市委、市政府列为“创新

驱动、转型发展"成功案例。

2007 年 4 月，园区成立了市北高新园区综合党委，负责园区内非公企业党组织的领导、组织、协调工作。为使园区党建工作有力有序有效运行，实行党群一体化工作模式，配备了 7 名党群工作人员，建设了 600 平方米多功能的党员服务中心，建立了 4 个责任区，分块指导、服务基层党建工作，园区每年拿出 150 万元，给园区党建工作有力的支撑。

8 年来，党委首创了"让党员把身份亮出来，让周围群众看出来，把身边骨干带出来"的"三个出来"园区党建品牌，通过在实践中创新，在创新中发展，探索出了一条党员个体与组织群体共同发展，园区党建与群建同频共振，园区经济与党的建设同步提升的成功路径。截至 2014 年 6 月，园区非公企业的基层党组织已从当初的 27 个上升到 74 个，党员人数从 325 名增加到 725 名，党组织逐年壮大。园区先后获得了上海世博会创先争优先进基层党组织、上海市先进基层党组织等荣誉称号。

让党员把身份亮出来是"三个出来"的重要前提。针对园区非公企业党组织中企业类型多、流动党员多、隐性党员多、开展活动难的特点，党委全力打造园区党组织核心圈。

一方面充分发挥招商团队党员力量，发挥好企业党建的"孵化器"的功能，在第一时间掌握引进企业党员信息，将党的基层党组织建在转型发展的最前沿。另一方面发挥好联合党支部"蓄水池"的功能，将不具备建立独立党组织的企业党员组建联合党支部管理，第一时间在条件成熟的企业建立党支部。基本实现了党组织“应建尽建”的全覆盖。

重点抓好书记队伍建设。不定期举行“书记论坛”、“书记党课”，每年举办书记培训班，组织书记到井冈山等革命圣地参观学习和案例教学，激发书记们从事党的工作激情，提高书记的能力水平。其次积极抓好党员队伍学习教育，通过三年一届党员轮训，每季度一次专题组织生活会，每年四场大型专题报告会，以及联组学习、“身边党课”、“身边红故事”等多种形式生动活泼的教育，党员参与热情高、反响好。同时，还以党员承诺为抓手，亮党员承诺台卡和展版接受群众监督，得到群众好评。

抓规范化建设，增强基层自转力。近年来，党委着重把前几年已经形成的好做法、好经验进行规范化推进、精细化操作、制度化提升、科学化发展，着力提升园区基层党组织自转力。编制了《园区非公有制企业党组织规范化建设指导工作手册》，对园区基层党组织功能定位、组织设置、基础工作、评级考核等作了具体操作规范；赠与了一个“基层党组织工具箱”，配备党旗、党员读本、活动影集；下发了支部工作年度手册，让基层党组织活动有记录、考核有依据、学习有材料，形成了比学赶超的良好氛围。

由于做实了“亮出来”，筑牢了园区党组织的核心圈，使园区基层党组织和党员队伍像“滚雪球”一样不断壮大。目前，园区非公企业的基层党组织已从当初的 27 个上升到 74 个，党员人数从 325 名增加到 723 名。

“看”字出彩对接园区发展，引领园区企业中间圈。让周围群众看出来是“三个出来”的重中之重，也是政治引领企业发展的重要举措。在这方面，注重在“四个对接”上着力：一是党建与企业发展目标对接。经常召开园区党组织书记与园区企业家交流互动座谈会，书记与企业老总之间互通党建工作和企业经营的目标思路，互通工作重点任务和难点，通过交流找到了发展共同点、工作对接点、相互支持点。与此同时，组织基层党组织开展“我为市北做贡献，市北有我更精彩”——献计献策金点子活动，收到党员提交的金点子 800 多份，有些建议也得到了企业主的高度重视，充分体现了党员的智慧和才智。二是党建与企业发展重点对接。积极开展以“在转型中亮剑，在发展中出彩”为主题的立功竞赛活动，吸引了园区 50 多家企业近万名员工参与。在企业发展遇到困境和攻坚任务时，总是党员首先站出来做表率，充当先锋，为企业排忧解难。三是党建与企业人才发展对接。充分利用园区商会、园区华侨联谊会、园区人力资源经理联谊会等平台，每年举行大型人才招聘会，为园区企业引进了大批高端经营管理人才和高素质技术专业人才。还建立了人才工作站，热情为园区的领军人才提供推荐申报、居住证办理、子女入学等全方位服务，使园区广大人才专心工作，展示才华。四是党建与园区文明创建对接。党委把文明创建作为党建重要工作，提出了"园区发展，文明先行"的创建思路，专门建立了园区精神文明建设指导协调小组，每年召开园区精神文明建设推进会，还组织力量深入基层一线指导协调文明单位创建，有效吸引了园区 100 多家中外知名企业积极开展文明单位创建活动，使园区形成了一大批全国、市级、区级文明单位的群体，进一步放大了园区文明效应。

这些工作不仅有力推进园区和企业发展，而且推动了园区党建工作，出现了企业老总关心支持党建工作的氛围，涌现出一大批"党建之友"。

"带"字为重服务园区群众，凝聚广大员工外弧圈。把身边骨干带出来是"三个出来"的力量所在，党委坚持以人为本，在提高人、关心人上花力气，为园区广大员工办实事、做好事，主要突出"四大服务"，集聚"市北情结"：一是文化服务，提升素质。自编了《爱满家园》的园区之歌，激励广大员工践行"团队，精品，卓越"的园区核心价值。每年举行"百万税收答谢会"，展示园区企业品牌形象，激发园区企业"携手并进，共同发展"的情怀。连续举办了 8 届园区体育运动会和青年交友会，开设拉丁舞、民族舞、肚皮舞、瑜伽、乐器等"菜单式"文化服务课程，成立摄影俱乐部，丰富广大员工业余文化生活，进一步增强了园区员工的归属感。二是维权服务，促进和谐。为加强园区和谐劳动关系建设，根据园区内企业的不同规模，建立独立工会、楼宇工会和联合工会，目前园区已建工会组织 135 家，覆盖企业 336 家。同时，构建和谐劳动关系责任网，第一时间深入基层解决处理劳动纠纷，维护了园区稳定和谐。三是身心服务，快乐工作。每年开设心理健康讲座，建立了心理知音室，为员工进行心理疏导，使广大员工在快乐中工作，会同警企共建单位市消防医院，连续 5 年为近 5 000 多名女职工免费体检和邀请名医专家咨询坐诊。四是志愿服务，奉献社会。为了让园区广大员工在社会服务实践中体现自身的价值，组织了党员为骨干的志愿者服务队，他们经常到地铁、交通路口宣传文明出行、遵守交通法规，到社区敬老院、"阳光之家"为孤老和智障人士热情服务，到社区、小区开展大型学雷锋为民服务。还在园区内积极宣传推广垃圾分类、绿色环保工作，弘扬了服务他人、奉献社会的志愿者精神，展现了市北人服务社会的良好形象。建立了"爱心基金"，先后有 80 多家企业参加，筹资达60多万元，主要为西藏、新疆两地35名品学兼优的贫困中小学生助学，其中西藏助学的15名高中生，2015年全都以优异的成绩考上了全国知名的重点大学，圆了大学梦。当四川汶川和青海玉树发生大地震后，园区上下纷纷开展守望相助募捐救灾活动，个人捐款达数百万元。尤其是园区一名企业老总，先后第一时间赶赴汶川和玉树，以志愿者的身份，参加救灾工作。他的感人事迹体现了市北人大爱无疆、无私奉献的高尚境界。

上海市市北高新技术服务业园区综合党委

党建领航开思路 科技创新展新貌

2016年是“十三五”规划开局之年，也是中国共产党成立95周年。上海杨浦科技创业中心作为创业创新战线上的“国家队”，成立近20年来，一直坚持思想领衔、思想建设为先，始终发挥党的优势，用党的方针政策引领企业发展方向；以创新驱动，创建学习型、服务型、创新型党组织为目标，有力地推动实现了战略规划目标并成功转型发展，更为杨浦成为上海科技创新中心重要功能区和承载区作出了贡献。

在“大众创业、万众创新”的新形势下，科学技术的重要性愈来愈凸显。杨浦创业中心是老牌科技服务类企业，2013年被认定为第上海市楼宇党建工作创新基地。在“双创”发展中，可谓机遇与挑战并存，如何有效发挥党组织的政治核心和政治引领作用，真正把组织资源转化成为推动企业科学发展的核心竞争力，深化园区党建工作，助推园区和园区企业发展，是杨创党总支首要考虑的问题。在新形势下，杨浦科技创业中心顺应了大众创业万众创新的潮流趋势，凝聚人心，强化感召力，在坚持不断深化服务理念、创新服务形式、拓展服务内涵、助推产业升级的同时，也聚焦国家战略，把加强党的基层组织建设作为根基，创造性地把“杨浦模式”引入党建工作，开展具有“双创”特色的党建工作，形成了创新服务与党建工作共进共赢的良好局面。无论是在大学周边建孵化器，还是三次体制机制改革，抑或是科技金融、技术转移的服务创新，让自身的服务能力日趋完善。

面对矛盾和困难纷呈的形势，面对客观与现实的迫切需求，杨浦创业中心党组织以“创新融合”为出发点，提出强化机制、落实责任、创新思路、树立品牌等“四步走”。

强化机制——与管理创新同步，优化人才培育工程。杨浦科技创业中心党总支通过创新管理方式、打造创新机制管理、树立典型，不断推动集团创业创新模式的发展。科技创新事业发展越快，党建工作任务也就越繁重，越要发挥党组织的融入、结合、服务、保障的作用，这已然成为杨创各级党组织的共识。

为将集团体制改革及党员自我价值融为一体，杨创实施了中层干部公开竞聘的管理机制，创造机会，搭建平台，持续优化集团人才培养和发展机制，让创新梦想集聚、创意思路绽放、创造能力迸发，推进杨创永续发展。此外，杨创党总支和各支部除了做好每月组织生活、入党积极分子和入党申请人队伍状况的记录及分析外，还定期召开专题扩大会议，汇报工作打算，讨论创新组织生活课题，并根据实际情况及时调整工作。完善党组织建设，加强人才培养，将党建工作落到实处，着力发挥党组织在杨浦创业中心转型发展及“一体两翼”（技术转移、科技金融、孵化服务）战略部署下的粘合作用，发挥党、团、工会组织在现代企业管理中的文化引领作用，保证集团可持续健康发展。

落实责任——加强岗位承诺，推进集团建设。落实责任，把握根本点推进党群对标。实践中，杨浦创业中心党组既注重指标的对比，更注重管理手段、方法和流程的对比。一是对指标，明确工作责任。将党建工作的主要任务转化为可以量化、对比的指标，使各级党组织对“要做什么”一目了然，明明白白；同时，将指标分解细化到牵头部门和协助部门，构建责任明确、领导有力、运转有序、保障到位的工作机制，确保工作责任落实到位。二是对过程，规范工作流程。在指标体系中详细写明了每项指标的“评分依据”、“加减分说明”以及“查验方法”，以此指导基层党组织明确工作流程，解决了“怎么做”的问题。三是对结果，找准工作差距。坚持指标审核、结果通报和经验交流制度，通过横向对比、归段、年终总评等，促使党支部找准工作差距，找对标杆方向。

除了将各支部责任落到实处外，杨创党总支还结合创新驱动，将服务创新创业作为每个党员岗位承诺的主要内容，并在杨创总部湾谷科技园开辟党员岗位承诺展示墙，以工作岗位为平台，通过推行“党员责任区”、“党员示范岗”等，在党员责任区内开展“佩党徽、树形象、作表率”党员亮身份活动，为职工搭建起了成长成才的平台，进一步提升技能素质，深化创先争优活动常态化，打造技术过硬的金牌科技服务者。

创新思路——激活区域党建工作载体，推进文明共建共享。杨创正处于转型发展的重要阶段，党总支针对转型发展任务艰巨、促进区域党建突破发展等情况，与社区街道、青年企业家协会及众创空间促进会之间秉承着“优势互补、共同发展”的原则，提出并实施在共创学习型组织中，逐步摸索创新机制、丰富内容、激活载体“三链接”（企业、园区、社区）的新思路。紧紧抓住“大众创业、万众创新”新机遇，充分发挥各自的区域优势、组织优势、资源优势等，开展共创共建活动。杨创党组织与国权居委会开展社区、园区联谊活动、困难党员慰问活动、园区学雷锋志愿服务日活动；定期联合举办导师俱乐部活动、青年俱乐部活动、杰出青年社区活动、导师巡诊等活动，为优秀青年脱颖而出搭建平台。构建区域化党建工作体系，坚持组织共建、资源共享，把党建工作与企业文化、学习型企业活动及创新创业服务结合起来，激活了区域党建工作的载体，促进党建工作与企业发展优势互补，也推动了企业发展与党建工作的互促共赢，有效推动了区域党建工作“一体化”发展。

树立品牌——建示范，固阵地，发挥党组织引领示范作用。创建党建示范点是创新思路的延伸也是强化机制和落实责任结果的具体体现。建示范，融群众，有效发挥党组织的引领示范作用。通过示范点建设，树立企业党建样板，打造带有科技服务行业特色的党建标志性工作，以创促建，以点促面，也使得党组织建有标准，学有榜样。

在“建”字上用心，规范活动阵地功能，提升党建创新含量，规范党建活动内容，发挥党建阵地作用。一方面落实党组织办公活动场所，从党建宣传专栏的拟定和制作，到设立党务动态及党员公示栏，随时接受监督。另一方面突出服务功能。杨创党总支每月会给党员们发送学习材料，召开支部专题组织会议并有计划地开展理论知识和业务、岗位技能培训，提高党务工作者和党员队伍素质。

在“融”字上聚心，营造多元文化氛围。始终把职工文化建设作为推动党建示范点建设的重要手段，狠抓基层文化的培育和建设，着力提升示范点创建成效。不断深化特色企业文化，点燃创业创新奉献精神，演绎提升组织能量。多年来，杨浦创业中心注重以党建实践服务大局、以文体活动陶冶人、以企业文化铸塑魂，每年都会整合区域特色文化资源并开展文体活动不少于两次，开展形势任务教育和党群主题实践不少于1次。通过举办不同形式的文体活动，形成良好的企业氛围，在增进与职工交流和沟通的同时，也增强了企业的凝聚力和向心力。例如2016年就开展了摄影比赛、征文比赛、学雷锋公益、羽毛球棋牌活动等职工文化活动，在党员干部职工中掀起了学文化、谈艺术、讲健康的热潮，着力打造具有特色的区域先进文化品牌。

在“带”字上凝心，体现示范引领作用。党总支作为企业的党组织，是党的工作和战斗力的基础，是党组织联系职工群众的桥梁纽带；党员干部队伍在各自的岗位上身体力行，充分发挥先锋模范作用，是企业文化发展的骨干力量。杨创的“火”文化能否深入人心、落地开花，关键就在于各级党组织和党员能否充分发挥战斗堡垒和先锋模范作用，推动企业文化的繁荣与发展。此外，还要凝心聚力，激发活力，促进公司干部队伍建设，发挥“领头雁”作用。在实践中，杨创党总支十分重视提升高层领导干部开拓创新和推动科学发展能力，着力提升各级领导干部应对复杂局面的能力，增强运用科学理论指导实践、结合公司实际创造性开展工作的能力。

杨浦科技创业中心党总支通过“创新融合五步走”战略取得了巨大的服务成效和行业贡献。公司倡导的“火文化”：“创新、传递、引领、追求”，不仅是企业成功的遗传基因，更是党建文化的精髓。现阶段，杨浦科技创业中心的党建工作得到了加强，党风廉政建设和主体责任落实富有成效。领导干部肩负责任，勇于担当，带头履行好各自的职责，带领着整个团队乘风破浪，携手共进。现阶段，杨浦孵化基地党总支共有340名党员，分散在多个不同的单位，大家都表示在实行“工作责任制”后，感觉责任更重，压力更大，干劲更足。在与企业共同成长的同时，全体员工也达成了共识，收获了信心，一如既往地支持党建工作，融入中心，服务创新。党员们定期会自觉参与指尖课堂，通过“互联网+党建平台”，如党建网站、QQ群、微信群发等，积极主动地开展“两学一做”教育活动，整个集团学习氛围极其浓厚。杨创党总支还在原有的基础上进行了创新，开设“每月党课”“每周一读”“每日一看”“每季总结”等活动，在提高党员必要性认识的同时更增强了大家的责任感和紧迫感。党建文化墙更是美化了工作环境又开辟了新的宣传阵地，为广大党员树了一面镜子，引导大家立足本职工作岗位率先垂范，切实把精力集中在“想干事”、“能干事”、“干好事”上，争做一名合格党员，为党旗添光增彩。

发挥党的思想政治理论优势，是推动企业正确发展的关键。杨创20年来之所以能不断发展壮大，根本上缘于集团党总支不管领导体制、经营机制如何改革，始终毫不动摇坚持党的领导，始终坚定不移加强党的建设，始终做到党建工作不放松、党务机构和人员不减少；缘于集团党总支始终坚持实事求是的思想路线，在企业成长发展的不同历史阶段，紧紧围绕企业中心任务，始终把思想理论建设放在党建工作首位，不断强化理论武装，增进思想共识，凝聚发展力量。

发挥党的组织资源优势，是引领企业改革发展的根本保证。企业党组织和党员队伍是集团公司改革发展稳定的中坚力量，是集团执行力的重要来源。发挥党组织的战斗堡垒作用，就要把解决改革发展中的难点作为党组织活动的重点，把促进科技创业服务的成效作为重要检验标准，通过党员责任区、党员先锋岗、党员品牌工程、党员攻关项目等有效载体，为党员发挥作用搭建平台。

发挥党的制度建设优势，是提升企业管控能力的重要途径。企业党总支认真分析党的建设和现代企业制度各自优势，充分运用党的制度优势提升企业管理科学化水平，切实把党的民主集中制运用到企业重大问题决策之中，将党的制度优势和推进企业法人治理结合起来，使科学的制度体系成为规范企业运作的重要路线图。坚持从严教育、从严管理、从严监督，将党风廉政建设纳入到企业战略发展的总体布局中，融入到企业生产经营管理过程中，坚持任人唯贤、制度选人，把党内考核评价机制引入到企业人力资源管理，营造公平公正的选人用人环境。以完善制度和强化制度执行力为基础，以效能监察为平台，紧紧围绕企业运营全过程、全方位开展监督，促进企业健康运行，和谐发展。

发挥党的群众工作优势，是汇聚企业和谐发展的力量源泉。党最大的政治优势就是密切联系群众。集团党总支始终践行群众路线，党员干部始终坚持让利于民，这不仅提升了职工群众的幸福感和归属感，还增强了企业凝聚力和向心力。发挥党的群众工作优势，就要积极践行党的群众路线，把党的群众工作贯穿于企业的科学发展，着力解决企业发展“为了谁、依靠谁”的问题。着力整合杨浦资源优势，围绕打造产业完整、链条齐全、效益突出的品牌科技服务企业集团的目标，切实承担起科技服务战线上“国家队”的使命，着力提高职工群众的幸福指数，促进和谐稳定，科学发展。

上海高科技企业杨浦孵化基地党总支

党建搭平台 凝心聚力促发展

多年来，桃浦镇新杨工业园区始终致力于“以服务凝聚民心”这个主题，积极开展各类基层党建活动。经过前期的积极摸索，园区正式成立了“白领俱乐部”，这为广大白领们提供了一个“强身健体，沟通交流，学习互助，展示自我”的综合平台，进一步扩大了园区党建在“两新”组织中的影响力和渗透率，为促进园区的健康发展提供支撑和保障。

白领是园区转型发展的关键群体。近年来，园区转型发展，由原来劳动密集型企业逐步被商贸企业、高新技术企业替代，随着劳动用工状态的改变，一个数量与日俱增的职业群体——白领，分布在“两新”企业中，已然成为产业结构调整的主力军。根据实际，园区在重点企业对200余名白领进行问卷调查，调查中发现：一方面，快节奏的生活方式下，白领们普遍存在亚健康问题；另一方面，越来越激烈的市场竞争，不少白领具有紧张感和焦虑感等。因此重视白领亚健康问题成为园区服务企业刻不容缓的课题。基于该背景，园区建立了一个全方位的平台——白领俱乐部，以满足白领群体不同的爱好和需求，这对园区的长远发展具有十分重要意义。

白领俱乐部成立切实增强了党组织的凝聚力。白领这一群体松散性、流动性较强，因而主动参与党组织活动的意愿相对比较薄弱，如何将这个群体凝聚到党组织周围至关重要，因此白领俱乐部的成立既增强了党组织的凝聚力，又丰富了他们的文化生活。

党的“十八大”作出“创新基层党建工作”的重大部署，提出要“创新基层党建工作，加大非公有制经济组织、社会组织党建工作的力度，服务群众，做群众工作为主要任务，加强基层服务型党组织建设”。这是党中央从战略高度对新形势下加强基层党组织建设做出的全面部署，也是对基层党建工作创新的更高要求。

在经济转型的新形势新常态下，对于如何引导好、服务好、凝聚好白领这一群体，园区党委始终予以高度关注，并在实践中不断探索前进。

园区经过资源整合，以“一平台、两中心、三项目、多活动”的形式开展一系列活动。所谓“一平台”，即白领俱乐部，广泛吸收白领成为会员，通过该平台，在线上和线下沟通交流，自发组织会员旅游、摄影、聚餐，参加公益。“两中心”即园区健身中心和企业健身分中心，园区健身中心占地近300平方米。近年来，园区陆续投入资金对健身中心进行装潢、软硬件设施完善，健身中心布置温馨，成为白领健身交流的一方天地。为了服务企业白领健身需求，园区聘请专业老师定期上门授课，不少企业成立健身分中心。目前绿新健身中心是一个比较成功的案例，“绿新”在抓经济的同时注重抓党建工作，并取得了实效。他们连续多年成功创建上海市文明单位，2015年还被命名为上海第二轮党建阵地建设示范窗口。“三项目”即瑜伽、武术、舞蹈，根据白领的不同需求和喜好，每周提供两次专业培训。瑜伽是起步较早的项目，经过6年的努力，取得了一定的成效，多次在园区文化活动和区镇活动平台演出，得到广泛关注。在此基础上，瑜伽队建立“新杨小美妞”微信群，交流瑜伽理论、养生心得、穿衣打扮，一起淘宝、团购，定期开展户外瑜伽活动。“多活动”，即广泛开展群众性文体活动，丝巾讲座、健康沙龙、西点制作、美妆展示等活动的开展，有效丰富了白领们的精神生活。

白领俱乐部自建立以来，秉着“快乐工作，健康生活”的宗旨，已取得一定的成效，俱乐部成员中75%以上的成员都是企业青年职工，其中许多活动骨干均为党员，在团队中，党员亮明身份，发挥了良好的表率作用。

为企业生产建设、文化建设提供保障，进一步增强企业凝聚力。参与俱乐部健身等活动，白领们身体素质得到锻炼，以积极饱满的精神面貌投入工作，工作效率显著提高，不少白领党员逐步成长为企业的生产骨干，成为生产经营的中流砥柱；不少白领党员逐步成长为文化活动骨干，活跃于企业年会。俱乐部传播正能量，使得白领们牢固团队意识，企业凝聚力自然也随之增强。

提高党员对园区的认同感、归属感，党组织凝聚力进一步增强。园区党委始终坚持以党建引领经济文化建设，充分发挥党员的带头作用。思想上，加强宣传教育，使企业真正明白开展党建工作是协助企业进行生产经营管理的重要方式；行动上，为企业党建活动开展出谋划策，提供平台。园区转型初期，各汽车品牌4S企业党员零星分布在各街道，或挂靠在其他支部，通过沟通交流，了解这些党员过组织生活存在诸多不便，以至于脱离组织。了解这部分党员的实际需求后，园区成立了汽车商贸联合党支部。后来，又成立宝翔党支部、祥羚党支部，使零星党员有了归属感。目前，园区有300余名党员，13个党支部，标志着园区党建工作进入新常态。经过多年努力，为“两新”企业党员建立“幸福家园”，增强了党组织凝聚力。

通过白领俱乐部组织聚会等一系列常态化活动，形成区域内党建活动线上线下联动工作格局，园区内党建资源得到整合，由于活动形式多样化，有助于调动白领积极性，增强基层党建工作的有效性。随着党建活动不断深入，越来越多“两新”企业主动参与到园区党建工作。例如，企业与园区共建，提供文化创建资金援助；主动参与交通大整治；提供场地、人员开展新杨志愿者服务；支持桃浦教育联合体下新杨工业体验教育基地的发展，为学生提供实践基地。

园区党委以白领俱乐部为突破口，坚持“以党建带群建、以群建促党建”，目前，群团工作取得了阶段性成效：工青妇组织先后获评桃浦镇示范工会、上海市“特色团组织”、上海市示范“妇女之家”等荣誉称号；园区努力营造“健康生活、快乐工作”的文化氛围，成立青年中心。同时出台《新杨园区文化团队活动管理办法》，支持文化多元发展；举办纳凉晚会、企业家联谊会、职工文化展演等群众性文体活动，丰富群众精神文化生活，新杨江南丝竹队、和雅艺术团、心意拳武术队和瑜伽队等文艺团队经常走出新杨参加交流演出，这些文艺团队已成为园区群众文化的一张张名片，使新杨园区文化品牌影响力不断扩大。

白领俱乐部是“两新”组织党建工作下的一种新探索，是对原党建模式的拓展与创新，具体表现在党的工作理念、工作范围和工作方式三方面。

一是在党的工作理念上，新杨园区党委跳出“就党建抓党建”的旧思路，提出了“关注需求，以服务凝聚人心”的新思路。从健身中心的瑜伽、武术、舞蹈，白领俱乐部的每个活动，一方面满足白领强身健体的需求，另一方面满足白领的精神需求，促进沟通交流，增进了学习互助的意愿，提供了展示自我的舞台。从需求出发，以服务为手段的新理念提高党建工作的针对性和实效性。

二是在党的工作范围上，由普通党员和党组织向白领党员乃至全体白领拓展，增强了党在社会不同领域的覆盖率和渗透力。白领群体具有高流动性，组织管理上存在难点，而白领俱乐部作为一个完全开放的平台，给了广大白领党员们一个亮出自己党员身份的舞台，给了他们发挥党员示范作用的机会，吸引了越来越多的普通白领参与其中，增强了党在白领中的凝聚力。

三是在党的工作方式上，彻底摒弃“机关化、行政化、贵族化、娱乐化”的工作模式，以“去四化”为宗旨确立以白领为本的工作方式，由指令式、任务式向吸引式、自发式转变。这种新型的工作方式很好地激发了白领群体的自主管理意识和社会责任意识。如今，通过白领俱乐部这一平台，越来越多的白领们不再满足于单单作为活动的参与者，他们更倾向于成为活动的发起者、组织者，积极主动地开展公益活动，实现自我价值的同时反哺园区，反哺社会。

白领俱乐部是新杨园区党委响应党的号召，在“两新”组织党建工作上的新探索，进一步增强了基层党组织的凝聚力，为新形势下开展党建工作提供了新理念、新思路、新举措。在各级领导和园区党委的关心和支持下，白领俱乐部会不断完善和改进，让更多的“两新”组织成员主动参与到园区的建设中来，紧密团结在党的周围。

普陀区桃浦镇新杨工业园区

让党旗在自由贸易区高高飘扬

上海金桥经济技术开发区是1990年经国务院批准设立的国家级经济技术开发区，规划面积27.38平方公里（包括18.48平方公里的北区和8.9平方公里南区两部分）。2015年4月17日，上海自贸区扩展区域正式揭牌，其中金桥20.48平方公里成为上海自贸区扩展区。

作为浦东开发开放主力军的上海金桥经济技术开发区的党建工作，更早、更充分地面临着新情况、新问题、新挑战。

上海金桥经济技术开发区综合党委成立于2000年，根据中央、市委和浦东新区区委指示精神，十多年来，金桥综合党委在浦东“一流党建促一流开发”的旗帜下，在金桥这方充满希望和活力的热土上，着力创新党的组织设置，扩大党的组织覆盖，努力贴近各类主体，服务凝聚各类人群，积极探索党建工作机制，创新党建工作方法，有效增强了党组织在非公企业的渗透力、影响力。

根据党章对非公经济组织中党的基层党组织“贯彻党的方针政策，引导和监督企业遵守国家的法律法规，领导工会、共青团等群众组织，团结凝聚职工群众，维护各方的合法权益，促进企业健康发展”的要求，结合开发区非公企业的实际，金桥综合党委对开发区党建工作进行了准确定位：整合资源，建立大党建格局；创建机制，长效规范化运作；党群联动，拓展党建工作领域。

整合资源，建立大党建格局。金桥综合党委根据金桥开发区非公企业的特点，围绕非公企业职工群众的实际需求，坚持创新党建工作机制，通过整合区域内政府各职能部门和群团、人大、科协、统战等各种资源，形成合力，促进开发区经济社会的发展，逐渐形成了以党委为核心、党员全体参与、各类资源互联、互补、互动的区域性大党建工作格局，充分体现出综合性、社会化的工作特色。

创建机制，长效规范化运作。在金桥开发区党建工作的探索实践中，金桥综合党委创新思路，破解难题，总结提炼，创建了金桥开发区党建工作十大机制和“吴慧芳工作法”，为开发区党建工作有效性和长效性奠定了基础。

党群联动，拓展党建工作领域。金桥综合党委不断创新党建工作思路，在基层党群组织中实行党群同步运作、人员交叉任职的“党群联动”工作机制。该机制由金桥综合党委牵头，综合党委工作人员与园区总工会工作人员“一岗双责”，基层的党支部书记兼任企业工会主席，按照“机构同步设置、人员交叉任职、组织全面覆盖、工作同步开展”的要求，建立起党群同步运作的工作模式，双向促进企业党组织和工会组织的建设，为党委通过这一平台在非公企业中发挥政治核心和政治引领作用奠定了组织基础。

多年来，金桥综合党委根据金桥开发区非公企业的特点，以基层需求为导向，秉持“吴慧芳工作法”竭诚服务的核心理念，在做好组织覆盖、工作覆盖、制度覆盖的同时，把做好为基层党组织服务、为党员服务、为开发区广大职工群众服务作为党建工作的重要内容，体现了党的根本宗旨，彰显了开发区党建工作的有效性。

依法处置群体性劳资纠纷，为维护企业职工合法权益、构建和谐劳资关系服务。金桥开发区是先进制造业基地，产业工人密集，受金融危机等影响，劳资矛盾呈现常态化趋势。金桥综合党委依托“党群联动”工作机制，联手成立各部门参与的劳资矛盾处置小组，探索建立了一整套防范和化解劳资矛盾的工作机制，始终坚持劳资双方通过有序协商解决问题，妥善处置了各类群体性劳资纠纷，将劳资纠纷纳入到长效管理当中。统计显示，金融危机以来，共处置各类群体性劳资纠纷 182 起（包括 16 家世界 500 强跨国公司），涉及职工 17 088 人。在此过程中，没有一起因处置不当而将矛盾扩大至区域以外，维护了劳资双方的合法权益，维护了浦东经济社会的健康稳定。

科技创新培养高技能人才，为员工提升职业技能、企业持续健康发展服务。一是组织科技创新项目申报，为职工科技创新建立长效机制。二是定期举办开发区内员工职业技能比武活动，为职工技能提升搭建平台。三是开展“高师带徒”活动，创建“高师带徒”基地，为企业发展储备人才。

打造各类品牌活动，为丰富员工的精神文化需求服务。金桥综合党委根据区域特点，持续组织开展了“金桥碧云国际社区中外家庭闹元宵”、“金桥碧云国际社区主题长跑”、“现代企业职业精神论坛”、“纪念世界环境日暨金桥生态文化节”、“金桥开发区职工文化艺术节”等大型活动。建立了微信公众号“金桥心灵驿站”，公众号内设“金桥讯息”、“心灵关爱”和“服务职工”三大板块，每个工作日推送三条信息，实时传递开发区党群活动信息，向开发区职工提供心理疏导、婚恋交友和法律维权在线咨询服务。

组织策划各类活动，为男女白领青年交友择偶需求服务。金桥综合党委以服务青年、凝聚青年、引领青年为目的，开展“金桥烛光晚会”白领青年交友系列活动，系列活动吸引了园区内众多白领青年的踊跃参与，已经成为他们心中可信、可盼、可参与的品牌活动。

注重人文关怀和心理疏导，为舒缓开发区员工精神压力服务。面对开发区企业员工面临竞争压力大、工作负担重、福利待遇低等诸多生活和精神压力，金桥综合党委启动了“服务职工，满足员工心理疏导需求”活动，聘请了常年心理咨询顾问，开办了金桥开发区企业心理咨询师培训班，帮助企业党组织书记和工会主席掌握心理学知识，做好对企业员工的心理疏导、减缓精神压力的工作，编辑出版了《阳光心态，幸福之源——职工心理健康手册》口袋书，下发到开发区党员职工的手中，为舒缓心理压力、打造阳光心态提供帮助和指导。2013 年 4 月，上海市思想政治工作研究会授牌金桥综合党委“上海市人文关怀心理疏导示范点”。

2013 年 6 月 6 日，中国政研会（中宣部政研所）调研一部主任范希春等莅临金桥开发区，围绕“加强和改进新形势下党的群众工作”主题开展调研，对金桥开发区开展党群工作所取得的成绩给予了高度肯定，从特殊性、代表性、创新性和示范性四个方面概括了金桥开发区开展党群工作的特点和亮点，并希望金桥开发区进一步把非公企业党的群众工作做好，同时也要把经验总结好，做好宣传和推广。同年8月7日，由中国政研会秘书长、中宣部政研所所长王学勤带领的“全国地方国有大中型企业党委负责人研修班”学员100人赴金桥开发区进行思想政治工作的现场教学，邀请金桥开发区综合党委领导作专题报告，学习金桥综合党委开展企业政治思想工作的做法和先进经验，金桥综合党委非公党建工作取得的成果受到与会者的高度赞扬，反响热烈。2015年3月18日，中央组织部组织二局领导莅临金桥综合党委调研开发区非公党建工作，对金桥综合党委党建工作所取得的丰硕成果给予了高度肯定。

从2013年至今，金桥综合党委作为浦东区委党校现场教学示范点，共接待了来自全国各省、市、自治区的组工干部培训班学员2 000多人次，进行了数十场现场教学活动，并向培训班学员赠送了吴慧芳带领团队编辑出版的《充满活力的热土：金桥开发区党建创新研究》、《人文金桥：上海金桥经济技术开发区文化创新的实践与探索》、《走向和谐：上海金桥开发区构建和谐劳动关系实践与探索》、《阳光心态 幸福之源——职工心理健康手册》四本书以及综合党委编纂的《吴慧芳工作法》，以展示金桥开发区十多年来的党建成果。

金桥综合党委原专职副书记、金桥开发园区总工会主席吴慧芳曾荣获全国优秀工会积极分子、上海市优秀党务工作者、上海市劳动模范等称号，2013年9月，吴慧芳获得第三届“光荣与力量——感动上海年度十大人物”提名奖，同年10月，吴慧芳获得全国“最美基层干部”称号。

非公经济党建工作的着力点要从党的自身组织建设、组织覆盖向党的群众工作、工作覆盖转变，群众在哪，党的工作就跟到哪；从体制内的小循环到体制外的大循环、从体制内部的权威到体制外部的整合，成为整体的合力，为开发区经济发展、社会和谐提供开放式、社会化服务，扩大党的影响力和渗透力，体现有效性。

协调利益是党组织最基本的政治功能。由于非公经济存在资本与劳动的矛盾，因而利益矛盾比较突出。要实现非公经济的健康发展，需要党组织协调劳资双方的利益关系。因此，非公经济党建工作的方式要向更加注重发挥利益代表组织作用的转变，重心向利益协调和利益维护转变。要让群团组织充分代表和维护群众利益，妥善处置各类群体性劳资矛盾，形成规范有序、公正合理、互利共赢、和谐稳定的社会主义新型劳动关系，实现职工得实惠、企业得效益、经济得发展、社会得稳定的共进局面，这是开发区非公经济组织和新社会组织党建工作的重要内容之一。

非公经济组织党组织要以服务为重要职能，把党的领导寓于服务之中，这是市场经济和社会主义民主政治的必然反映。随着经济体制和政治体制的改革，很多基层党组织作为“政治核心”并不拥有实际的强制性权力。科学发展、民主法制、公平正义已经成为社会生活的重要原则。对于社会层面来讲，党组织更多的不是依靠强制性权力去实现自己的领导，而是通过自己政策得人心，通过为社会、为群众服务来获得影响力，从而获得领导力，最终获得人民群众的认同而拥有执政的合法性。对于基层党组织来讲，服务是其基本功能之一，又是实现党的领导的基本方式之一。尤其是在非公经济组织中，不服务的党组织是没有凝聚力的。

开发区无行政权力依托的基层党组织如何发挥影响力、凝聚力、战斗力？这是新形势下党的基层组织面临的新课题。无行政权力依托的党组织要发挥作用，根本在于发挥非权力影响。党组织的非权力因素是靠党的政治动员力、文化的吸引力和党性的感召力，体现的是软实力。无行政权力依托党组织只有发挥非权力影响，才能发挥政治影响力，才能找准“有作为”的位置。因此，基层党组织的活动要“贴近中心、服务大局，贴近生产、促进发展，贴近群众、排忧解难”，力求做到党建工作为企业发展所需要，为投资者所理解，为党员所欢迎，才能增强基层党建工作的有效性。

浦东新区金桥镇综合党委

探索党建新格局 开创党建新局面

上海市政府1995年8月批准成立市级工业区——莘庄工业区以来，弹指一挥20年，这里无论外部面貌还是内在产业，都发生了翻天覆地的变化。这里不仅成长为拥有51家世界500强企业的综合性产业园区，而且在当前社会整体经济形势面临下行压力的情况下仍然保持逆势上扬。这些优异的成绩和良好的局面，既是对每一位园区人付出努力和汗水的回报，也是莘庄工业区党工委一直以来把党建工作和经济建设紧密结合起来，坚持党建工作与经济发展互促进、共发展，探索形成“明确一个中心、开创两大项目、筑牢三座桥、推进四高行动”为框架的党建工作新格局指导下所取得成就的见证。

2014 年 10 月 23 日，莘庄工业区党工委参加上海市社会工作党委组织开展的“党建工作创新基地”评选活动。活动共有全市 20 家园区参加，以打擂台的方式进行比试，在经过一个下午的激烈角逐，根据各项基层党建工作目标考评，经 35 位领导和党建专家的客观评选后，最终莘庄工业区以 93.31 的优异成绩在 20 家园区中名列第二，并因此获得上海市“党建工作创新基地十佳园区”的光荣称号。

伴随新形势新要求，基于园区现有落户实体型企业 800 多家，社区居委会 10 个，基层党组织 161 个(其中“两新”党组织 102 个)，居民区党组织 30 个的现实情况，工业区党工委应势而动，不断创新载体，优化方法，将“围绕中心抓党建，抓好党建促发展”作为园区党建的中心任务，并以此为引导，促进园区共融共赢，精进创新。

完成中心任务，党建创新项目是驱动力。2013 年以来，工业区党工委按照区社建委的部署和要求，结合园区实际，积极开展党建创新项目实践。

项目一：架联动之桥，做共赢文章。针对园区内“两新”企业聚集，企业、居民区交错分布的特点，工业区党工委在 2013 年推出党建工作创新项目“架联动之桥，做共赢文章”，也即“企业社区双结对”——以联建共建为抓手，实现企居互动。为做好这篇文章，工业区党工委对入选企业设定“三条标准”和规定“三不原则”。“三条标准”为：① 党建基础好，“五好”支部优先；② 注重企业文化，社会形象佳；③ 维护员工权益，劳动关系和谐。“三不原则”为：① 不指定，结对完全自主；② 不包办，活动互商共办；③ 不定量，关注联动效果。在“三条标准”和“三不原则”的指导下，联建共建在园区蔚然成风。目前，这一项目代表性成果有“园区工业文化周”、“企业社会开放日”、“社区文化节”、“企业公益项目义拍”等。通过架设联动之桥，在园区内形成了党组织聚人心、居民得实惠、企业享美誉、园区创和谐的多赢格局，促进了园区党建和社会建设的新发展。

项目二：双 C 之约，“两新”相长。如果说“架联动之桥，做共赢文章”强调的是企业与社区之间的联建共建，那么“双 C 之约，‘两新’相长”强调的则是企业与企业之间的联建共建。

根据园区现有“两新”党组织 102 个，涉及企业 93 家，各“两新”党组织所属企业规模、党建基础、党员人数等情况各异的现实情况，同时为进一步整合党建资源，实现“两新”共融互进，2014 年工业区党工委推出党建创新项目“双 C 之约，‘两新’相长”。

“双 C 之约”是“茶”中文拼音第一个字母和“咖啡”英文拼音第一个字母的组合，寓意为：在园区党建大命题下，通过两种饮品、两类文化的融合与碰撞，激发出新的思想火花。

具体做法是把 102 个“两新”党组织划分为四个片组，通过自定主题，自主策划，分区域开展党建活动，在自由沟通中实现资源共享，优势互补。活动中，通过倡导“两新”结对，开展结对仪式，即新成立的党组织和优秀党组织结对，新上任的书记和经验丰富的书记结对，以达到促进交流、相互借鉴、携手共进的目的。目前，已有 8 家党组织成为结对共建单位；三个子项目孵化成功，它们分别是，以“两新”党支部书记为主要对象的“亨特讲坛”，以党建优秀人才为主体的“高端论坛”，以园区党员为主体的“春光驿站”。

以构筑“三座桥”为抓手，指导“两新”党组织提升党建品质。第一座桥是在党组织与企业行政方之间架设“同心桥”，通过党政互动，帮助企业破解发展难题；第二座桥是在党组织和员工之间铺就“连心桥”，通过权益维护，缔造企业和谐劳动关系；第三座桥是在企业和社会之间构建“爱心桥”，通过融入社会建设，推动企业践行社会责任。

“三座桥”党建模式推行以来，对内，整个园区涌现出一批影响力大、特色鲜明的典型代表，其中保力马、亨特道格拉斯、朗仕等党支部是践行“三座桥”精神的典范，起到了旗帜作用；对外，“三座桥”就像种子一样，在闵行区很多地方落地生根、开花结果，并受到社会的广泛认同和众多“两新”党组织的青睐。

经济要发展，党建要有力，人才是关键。为此，工业区党工委从人文关怀角度出发，以“四高行动”为抓手，积极探索为各级党组织、各类高端人才服务路径，推动党组织开展活力建设。主要做法为：

高效服务：以菜单形式列出 10 个服务项目，根据企业要求随时上门，提供贴心服务。高雅赏析：党组织书记欣赏高雅艺术，进一步丰富园区党务工作者精神文化生活。高尚行动：组织开展“社会民生项目”义拍活动，帮助企业党组织实现公益理想。高新引领：搭建平台，引导党组织传播先进理念，分享精彩故事，帮助更多党组织实现组织和个人成长。

2015 年，为进一步落实市委一号课题，推动园区社会治理工作迈上新台阶，工业区在总结吸收具有区域特质和个性特点的以“一二三四”为主要内容的传统做法基础上，以平台搭建为支撑，项目培育为抓手，制度建设为保障，积极构建“三三制六板块”工作法，通过“建机制、抓阵地、推项目”三步路径，构建“党建、群策、共治”三个联盟，激活“区域党建、‘两新’党建和居民区党建”三块阵地，推动“区域党建联建、社区治理联抓、文化文明联创、公共服务联做、干部人才联育”六大板块工作内容，进一步打造区域化党建升级版，依托党建引领，统筹各类资源向社会治理和群众服务汇聚，实现社会治理创新和基层党建加强的目标任务。

闵行区莘庄工业区综合党工委

以“实”保安促进园区企业的发展

上海真如铁三角科技园现有入驻企业120多家，企业员工近3 000人，近年来园区党支部针对园区非公有制企业迅速集聚和量多体小的实际，坚持区域化党建为引领，以服务园区企业为核心，加强园区党支部管委会与园区各企业的联系。园区党支部通过“三严三实”专题教育，以实事为先，认真做好为园区为企业的安全生产工作服务，促进园区内企业的经济发展，实现园区内企业发展和党建工作的良好互动。

园区的安全工作是保障民生、促进企业发展的重要工作。2015年园区党支部以深入开展“三严三实”教育为契机，不断深化“明实情，办实事，求实效”的活动内涵，在工作中，以“实”为主体在服务上做文章，做到办实事，重实效，认真做好每一项安全生产工作，把园区企业的经济发展放在心里。

园区党支部与园区管委会、业主代表、物业公司成立园区安委会，分别派人员参加，并积极开展工作，制订了相关制度、岗位职责、工作台账，同时在摸清园区各企业的安全生产工作意识薄弱、设施设备老化的情况下制定专项整改方案，明确园区内各部门的任务，并自加压力，提出在3个月内完成整改任务的要求。园区党支部和园区管委会、业主代表，负责做好园区内入驻企业负责人的思想工作，根据相关调查情况对企业负责人加强“安全第一”的思想教育，并联系区安监局、消防监督局、特种设备检验局、派出所和街道安全办，采取联合检查，为整改工作提供整改依据，确保整改有序开展，并对园区内消防安全、消防设施设备和消防通道提出不足意见和安全隐患限期整改。

安委会成立后便立即开展工作，园区有100多家企业，经营范围企业规模各不相同，各企业负责人对安全生产的重要性的理解也不同，党支部认为做为党员在园区内的模范带头作用一定要有体现，首先召开园区支部大会，使园区内企业的党员负责人和党员职工加强安全生产重要性的认识，统一思想，把安全生产工作作为当务之急，首先做好各自企业的安全工作。支部协同安委会人员，多次召开园区各企业的安全会议，学习落实市区上级部门布置的安全管理工作的各项内容。通过学习和检查，统一思想提高认识，明确责任，督促落实，切实把园区安全生产各项任务分解，按要求和标准不同，落实到园区企业单位中，并提出企业负责人就是企业第一安全责任人，把企业安全工作落实到人，企业根据规模成立专项或兼职安全干部，负责企业安全工作。对有抵触情绪和不重视的企业，党支部协同安委会及业主代表上门和企业负责人沟通，通过晓之以理、动之以情的谈话，把国家与上海市的各项法律法规和安全生产法进行一系列宣传，使这部分企业认识到安全的重要性，它与企业的经济发展密不可分，使得园区内安委会与各企业安全承诺书签约达100%。联系区安全生产促进会为各企业负责人与安全干部进行安全生产培训，做到持证上岗。目前各企业负责人和安全干部持证率在98%以上，支部与安全委员会专职安全干部上门协助30%以上企业做好企业安全台账，使企业安全制度明确，安全生产职责有据可依，安全生产检查内容全面。支部和园区管委会加大安全生产宣传工作，张贴安全生产宣传画、横幅，通过园区电子显示屏进行宣传。对园区内职工发放安全生产倡议书，组织各企业职工观看安全生产警示片、警示展览，组织20多家企业进行消防演练和安全生产知识竞赛。提高企业员工的安全防范意识和消防的"四个"能力，增加企业员工自我保护能力。

同时党支部督促物业公司对园区内各种设施、设备进行检修，对检修发现的问题落实到人，协同管委会、安委会，把维修资金落实到账，以保证发现隐患立即排除，发现问题即时查处。在2015年5月节假日就对园区总配电站进行停电维保工作，检查配电站的电压设施设备的老损情况，并及时进行调换维修。在高温季节，根据园区的用电负荷大的时间段，组织安排企业进行轮休让电，错时上班，以保障园区内企业都能正常有序用电，促进园区企业的经济发展。

经过3个月的努力，园区安全生产工作有很大的提高，企业负责人和员工的安全生产认识有很大提升。现在园区企业主动找园区安委会对新进企业的员工进行安全培训。请安委会专职安全干部到企业检查企业安全台账和企业内的安全生产状况，还有些职工到安委会打听园区内企业的安全生产的重视度，以便调换企业。通过对园区内各种设施设备的检修，保障了园区企业的安全生产，杜绝了隐患。这几年园区管委会年年受到区安监局颁发的安全生产先进单位的表彰。

在"三严三实"专题教育中，园区党员干部把"明实情，办实事，求实效"活动深化贯穿在园区的安全生产工作全过程。把发现问题解决问题为工作出发点和落脚台，结合党支部工作实际，协助园区管委会开展园区企业安全生产工作，促进园区安委会的成立，健全安委会的各项制度，建立建全安委会对园区各企业长效管理机制，为同心家园建设，为建设平安普陀做出应有的贡献。

普陀区铁三角科技园党支部

一流党建打造一流园区

松江经济技术开发区前身为松江工业区，成立于1992年，是经上海市人民政府批准设立的市郊第一家市级工业区。2013年3月，经国务院批准，松江工业区升级为国家级开发区——松江经济技术开发区，总规划面积5 777公顷。截至2013年底，松江开发区落户企业468家，从业人员18万人，总投资102亿美元，注册资本45.4亿美元，合同外资43.1亿美元，出口创汇330亿美元，其中世界500强企业40多家。完成工业总产值2 232亿元，工业增加值232亿元，销售收入2 250亿元，利润总额42亿元，完成税收43.6亿元。经过近年来的产业结构调整和产能升级，松江开发区基本形成以电子信息、现代装备、精细化工、传统食品、传统服装等为主导的产业体系，成为松江区乃至上海市主要的先进制造业基地。

在松江经济技术开发区蓬勃发展之时，为切实加强园区党建工作，2006年3月松江经济技术开发区成立综合党委，主要负责对园区内"两新"党组织开展党建工作的日常指导、工作督促、业务培训、党员管理等工作。近年来，开发区综合党委在党建工作实践中，逐步形成以网格化为基础、信息化为方法、制度化为保障、标准化为方向、常态化为目标的“五化”工作法，从组织建设和工作方法上，确保园区“两新”党建工作有效开展。

网格化，即针对开发区地处松江“一城两翼”，东与闵行、西与青浦交界，地理位置跨度大，园区党建具有分布广、人员散、规模小的特点，将开发区划分为东部、中部、西部和出口加工区等四个网格，综合党委4名专职党群工作者担任联络员，块上党员行政干部担任党建指导员，通过每月召开一次块组长例会、每季度召开一次支部书记分片例会，及时推进部署党建工作。

信息化，即抓好“一网一平台”建设，建立开发区综合党委网站，开辟党建动态、党务指南、政策导航、工作研究等板块，目前已发布工作公告220多条、动态信息1 400余条，论坛发帖4 000多篇，成为开发区综合党委联系服务基层党组织和党员群众的重要窗口；依托“两新”互动网平台，建立“两新”组织支部网站50个，实现综合党委网站与基层支部网站互联互通。

标准化，即积极推进党员活动室“有场所、有设施、有标志、有党旗、有书报、有制度”“六有”标准化建设，先后投入资金45万元，建立标准化党员活动室22个，抓好区域内邻近党组织资源共享，为园区内大多数党组织落实了活动场地。

制度化，即坚持以制度管事管人，制定“两新”党支部的成立及基本职责、加强“两新”党支部自身建设若干规定、“两新”组织党组织书记主要职责等一系列规范性制度文件，汇编成册供基层党组织使用。

常态化，即围绕落实松江区社会工作党委“7 + X”工作内容，细化分解发展党员、组织关系转接、党费收缴等党建基础性工作和创先争优、党的群众路线教育实践活动等年度重点工作，对“两新”党建工作形成常态化的考核评价体系。

目前，松江区经济技术开发区已建立党组织101家，其中外资企业党组织80家，民营企业党组织21家，在册党员1 833名。广达电脑、台积电、富士康等一批世界500强知名企业相继成立党组织，对尚不具备组建条件的非公企业，通过成立联合党支部、指派党建工作指导员等方式，实现党的组织覆盖和工作覆盖。开发区综合党委通过“体内建制，体外冠名”的创新方式破解在大型台资企业组建党组织的难题，得到上级党组织的充分肯定。也正是在党建工作的坚实基础上，广达电脑、富士康等大型企业先后成立工会组织，覆盖职工数大幅增加7万多人，有力促进了企业健康有序和谐发展。

随着园区党建工作不断深入，非公企业党建工作的生命力逐渐彰显。在创先争优活动中，通过设立党员公示墙、岗位责任牌等形式，开展党员责任区、党员示范岗、党员金点子、党员社区报到等主题活动，引导了一批党员在工作和生活中亮身份，推动了一批党组织在促进企业转型发展中显作用，凝聚了一批职工群众在服务企业和谐中发挥正能量。2014年以来，开发区综合党委结合党的群众路线教育实践活动，在园区内全面开展“关爱职工，回报社会；传递正能量，公益伴我行”党建特色活动，引领“两新”党组织服务企业发展，引导企业回报社会，传递正能量，助推园区内“两新”组织健康发展。2014年，松江经济技术开发区综合党委被市社会工作党委评为上海市园区党建工作创新基地。

在非公企业党组织要有地位，就要有所作为；而只有赢得地位，才能更好地作为。开发区综合党委在增强园区党建工作的有效性、活跃性和创新性方面取得一定成效，逐步树立了四个工作理念。

一是坚持以指导加强领导，在每个网格配备党建工作指导组，充分发挥块上行政资源的作用，定期听取企业发展、党建工作开展情况，对企业反映的创新驱动、转型发展、安全生产、和谐稳定等问题进行“追踪式”服务，在工作一线指导、协调、解决问题。

二是坚持以活动带动转动，在园区层面定期举办各类主题活动，如庆“七一”系列活动、党建知识竞赛、帮困送温暖、奉献服务月、劳动技能竞赛等，送文化进企业、送政策给业主、送温暖给党员，先后提供150多万元帮助基层支部开展活动，有效促进了支部转动，提高了党组织在企业和职工中的号召力和影响力，也极大增强了广大党员的责任感和荣誉感。

三是坚持以培养提高素养，每年定期举办“两新”组织党组织书记培训，不断提升支部书记的能力素质。抓住开发区转型升级的有利契机，实施人才战略，在党建人才中引领和凝聚一批懂技术、熟业务、善管理的高端人才，积极参与企业技术创新，为企业转型发展出谋划策，党组织和党员为企业赢得发展的同时也为自身赢得了尊重和赞许。

四是坚持以关怀融洽关系，积极推动党群一体化建设，充分整合工会、团委、妇联等部门力量，服务企业各方，开展帮困助学、结对共建、夏送清凉、关爱妇女等公益活动，切实把党组织与党员、业主、职工更加紧密地凝聚起来。

沧海横流，方显英雄本色。二十多年的奋斗铸就有目共睹的辉煌，如今，昔日的上海市郊首家市级工业区正以国家级经济技术开发区的新身份，站上创新转型的新起点，踏上改革发展的新征程。有理由相信，在市、区两级社会工作党委的大力指导下，在园区广大基层党组织和党员的共同努力下，以创建上海市园区党建工作创新基地为契机，松江经济技术开发区的党建工作将再次翻开崭新的一页。

松江区社会工作党委

党建三同　共济助推

同济科技园成立于2001年，紧邻同济大学，杨浦主园区建筑面积15.8万平方米，是国家级大学科技园、科技企业孵化器和全国大学生创业示范园区。园区注册企业超过1 200家，集聚创新创业人员近10 000人，是杨浦五大功能区之一的“环同济知识经济圈”的重要载体。同济科技园党总支成立于2004年，隶属于杨浦区科技党工委。在园区跨越式发展过程中，总支认真落实区委的要求，在区委组织部、区社工委和区科委的关心和指导下，始终坚持党建三同，共济助推，围绕创新创业和产业集聚，创新工作方法，党建引领同行业，党建发展同关注，党建服务同心力，为推进创业企业和创业群体的自主创业和创新发展，为服务环同济知识经济圈建设提供了强有力的组织保证和人才支持。

1. 党建引领同行业

一是党建工作全覆盖。针对园区“两新”组织企业不具备建立党组织条件、党建工作开展难的问题，总支在组织覆盖上探索“4 + X”模式，“4”是四个产业联合支部，“X”指若干企业，对党员人数少、不具备组建党组织的企业，其党建纳入若干个联合党支部；对具备组建党组织的企业，帮助其成立独立支部，消除党建工作空白点。目前总支共有4个联合支部、13个独立支部，在短短12年的时间里，园区党员数量达到380多名，基本实现园区党组织的全覆盖。

二是组建产业联合支部。为了破解联合支部党员分散、相互不熟悉、组

554

11

1399

织生活难以有效开展这一难题，针对园区内建筑规划设计类企业超过40%、环保新材料企业超过16%、大学生创业企业超过15%的特点，总支在原有联合支部的基础上，大力创新党建模式，按企业的类别、产业关联度组建产业联合支部，成立大学生创业企业、环保新材料产业、建筑设计产业联合支部等，实现了党组织设置与企业产品研发、市场拓展、品牌推广以及上下游产业的联动，同一产业行业的党员聚集在一起交流互动，发挥产业集聚和党员凝聚作用，增强了党对园区企业和创业群体的渗透力和影响力。

三是建立党建工作服务平台。加强对园区党员的管理和服务，设立党建工作服务平台，将党建元素植入创业型孵化服务全过程之中，与各孵化服务平台融为整体服务体系，总支党建案例《将党建元素植入创业型企业孵化中》在2012年4月25日《解放日报·“两新”天地》刊登。平台有专职党群工作者负责，总支和各支部设有党员服务中心、党建活动室，设有党建展示窗口。

2. 党建发展同关注

一是党员管理规范有序，重点抓好两支队伍：① 支部书记队伍。建立书记例会制度，制定下发党建工作手册，规范党费收缴、党员发展、换届选举等基础工作。② 党员队伍。通过建立完善“三会一课”制度、党务公开制度确保党员的参与率和知晓率；通过建立支部网站、QQ群、微信群等信息化手段，线上线下及时互动，宣传党的政策，架起总支与支部、与党员之间的沟通桥梁。

二是支部生活各具特色。总支开展革命教育、企业现场咨询、体育比赛等有影响力的活动，还与四平路街道总工会举办职工文体系列活动；各支部结合自己行业特点开展活动，大学生创业企业联合支部结合同济大学分基金、同济大学科技创业联合会、同济大学创业就业服务协会、同济大学创业谷等，开展创业分享、政策培训、金融服务对接等主题活动，党员企业家反哺学校和社会，成立互助基金，设立精英辅导团，实现以大带小、以老带新。环保新材料产业联合支部联合同济环保产业联盟，环保新材料产业企业党员互动交流，开展上下游产业项目合作对接、产学研合作、“环保产业铸就绿色中国梦”等活动，助推环保新材料产业企业共同发展。建筑设计产业联合支部联合上海设计中心沙龙、同济绿色建筑学会，搭建柔性设计服务平台，帮助设计师党员对接业务，提升业务水平，推动设计师和设计企业共同发展。

三是“两新”企业大力支持。园区“两新”企业理解和大力支持党建，企业党员尤其是党员经营者主动承担党务工作，积极配合党组织各类工作。大学生创业企业联合支部书记张维勇自愿无偿将其公司的会议室装修布置作为大学生创业企业党员活动室，并多次将其公司的产品节水龙头赞助作为党员活动用品；涌现了一批优秀党员和业主，如市“三八”红旗手、环保新材料产业联合支部书记、同化公司董事长张楠；市“两新”组织党建之友、同岩公司总经理刘学增；区“两新”组织党建之友，禾木公司总经理陈河江等。

3. 党建服务同心力

一是党建与企业发展同心力。总支紧贴企业发展的需要，深入开展推进各类政策、政府服务、先进文化进园区活动。助推企业申报市“三八”红旗手、市劳动模范、杨浦工匠、最美劳动者、立功竞赛先进集体和个人、鼎元基金等，帮助企业申请知识产权千余件，指导百余家企业项目获得政府科技专项资助，推动约60家企业获得资质荣誉认定，扶持4家新三板上市企业和1家股权托管企业。

二是党建与区域化发展同心力。党建融入区域化党建联盟，总支作为第一批成员单位，主动参与杨浦区区域化党建联盟科技专委会，积极参与区科委、社工委的各类活动，总支书记徐欢成为区“两新”组织逐梦舟沙龙成员。总支与四平路街道党工委建立良好关系，共同成立环同济创新创业俱乐部，举办“环同济青年与大师面对面”活动，开展创新“源”分享沙龙活动，搭建企业交流互动平台，张维勇、孔令川等受聘为环同济青年创新创业指导志愿者。

三是党建与群团工作同心力。形成了以总支为核心，行政、工会等党群一体化工作机制。总支和行政、工会联手开展系列文体比赛，组织参加各类比赛。总支情系社会责任，与杨浦区血液管理中心、区科委共同合作，连续两年组织共产党员和青年参加无偿献血。支部书记张楠所在的企业，创建上海市“五一”巾帼创新工作室，接受女性创业者、女大学生的见习、实习。建筑设计产业联合支部与上海图书馆读者服务中心党支部联合主办“设计改变生活——设计师党员为您的家装出谋划策”活动。

园区党总支围绕创新创业和产业集聚，党建引领同行业，党建发展同关注，党建服务同心力，大力推进产业联合党支部建设，发挥产业聚集和党员凝聚作用，实现了党组织设置与企业产品研发、市场拓展、品牌推广以及上下游产业联动的深度融合。总支分别于 2012 年 6 月获得杨浦区创先争优先进基层党组织，2015 年 6 月获得上海楼宇党建工作创新基地入围单位等荣誉称号。

党建三同，共济助推。党建引领助推园区取得不断发展，园区连续 6 年荣膺上海市科技孵化器考评“优秀”单位，同时获得全国 A 类国家大学科技园称号，是全国仅有的 5 家同时获得双 A 的园区之一，2015 年园区完成上缴区级税收 5 192 万元，为环同济知识经济圈的发展做出了积极贡献。目前，环同济知识经济圈产业年产值以 20% 的年增长率快速发展，经济总产值达 300 亿元，成为体制机制创新推动经济发展的范例。

同济科技园党总支勇于探索党建三同模式，找准党建工作契合点，共济助推党员和园区企业发展。下一步，党总支将紧紧围绕区委和园区中心工作，围绕落实市委要求，积极推进“两新”党建工作，党建引领同行业，党建发展同关注，党建服务同心力，以党建工作服务平台为抓手，深化产业联合支部的特色品牌工作，发挥产业聚集和党员凝聚作用，为科创中心重要承载区建设贡献自己的力量。

上海同济科技园孵化器有限公司党支部

建队伍 搭平台 强机制 扎实推进园区党建“三进入”工作

上海金山工业区是上海市 9 大工业园区之一，成立于 2003 年，区域面积 58 平方公里，现有企业 321 家，“两新”党组织 105 家，其中独立组建党组织 91 家，联合党组织 14 家。其中大多为非公企业，聚集着大量高素质人才，成为“两新”党建的肥沃热土。

作为金山经济发展的主战场、主阵地的金山工业区，扎实推进“生物医药、食品加工”等六大产业的集聚发展，必须构建“产业发展、人才集聚、政策透明、文化浓厚”的具有园区特色的投资环境，就必须整合各部门职能，主动介入，服务企业，传递党的声音，引领诚信经营，实现企业在组织建设、规范管理和职工队伍建设的飞跃，为企业发展注入活力。

金山工业区党工委对非公企业党建和经济发展工作做到同部署、共推进，面对复杂多变的经济形势，让企业党组织在关键时刻承担职责，发挥党员带头作用，与企业共患难；开展创先争优活动，攻坚克难。

密切联系企业是“两新”党建的前提条件，而面对党组织建设缺经验缺人手的现状，综合工作党委大胆创新，从源头介入到加强组织建设，采取专人直线负责的方法，从组建到党建进行全面联系、指导和检查，形成了独具特色的“两新”党建“直线负责工作法”。一是建强“两新”党建成员单位队伍。招商部以及党群部门等16个单位作为党建成员单位，召开联席会议，研究“两新”党建存在问题，落实部门责任。从源头介入到加强组织建设，采取有专人直线负责的方法，从组建到党建进行全面联系、指导和检查，让党员找到党组织，让职工知道党组织。二是建强“两新”党建专职指导员队伍。聘请6名党建专职指导员，6个片区采取网格化管理，形成“一张网”、“一套表”、“一盘棋”管理方法。实行纵向招商、项目服务部门党建指导员跟踪联系，横向生产服务、片区专职党建指导员划块分组联系的“一张网”，建立了《企业登记表》、《党员信息表》和《企业入党申请人信息表》等“一套表”，落实了生产服务、社会事业、党群工作服务的“一盘棋”管理的组团式服务企业的机制。同时，建立职工公寓管理中心服务机构，在8小时以外组织丰富多彩的员工活动。开展党员亮身份活动，实现党员管理、关爱员工延伸到8小时以外。三是建强“两新”党建志愿者（联络员）队伍。充分发挥企业党员干部、村居党务干部和青年后备干部等党建志愿者的作用，依托企村（居）结对党建联建平台，发挥“一带十，十带百”的辐射效应，使党组织周围凝聚更多优秀骨干，依托党建活力推动工作成效。

工业区综合工作党委紧紧抓住“服务”这一关键词，形成多种形式、多个层面的服务企业工作机制，密切了企业联系，为开展党建工作铺平了道路。一是建好公共服务联络平台。除了在工业区企业服务中心外，各部门通过各种平台公布服务企业职能、负责人姓名、联系电话，印制企业服务卡发放到企业，并设立企业服务热线电话。建立由生产服务、党群工作等部门组成的服务团队，做到企业信息在第一时间传递，企业困难在第一时间掌握。二是建好企业与企业交流合作平台。2010年开始，相继成立了企业人才沙龙、企业家周末下午茶沙龙、女带头人联谊会等，进行政治引导。并按照行业特点，组织行业沙龙活动，通过相互交流、相互学习，取长补短。三是建好关怀机制服务平台。举办人力资源、劳动合同等培训，为企业提供上门医疗服务、职业防护咨询，并开展文体活动，不断凝聚职工、凝聚人才。专门开设金山区人才市场金山工业区分场，帮助企业解决人才需求问题；专门成立“两新”人才培养培训机构，开展青年人才培训和岗位专业人才培训等；专门成立专项贷款基金，给予企业金融、科技、管理上的政策服务。

综合工作党委在对“两新”组织党组织实行严格把关的前提下，通过分层次管理，确保“两新”组织党组织成立一家、巩固一家、完善一家，形成了独具特色的“层次递进工作法”。一是建立党群一体化联动机制。近年来，工业区党群部门联合开展“书记讲堂”、“班（组）长讲堂”、“员工讲堂”，弘扬“同心”思想、感恩文化，将“园区梦文化”传递到每一位企业员工身边，形成非公企业教育的长效机制。开展“先进文化进企业”活动，深入挖掘企业文化底蕴。通过开展“十佳班组长”、“十佳新园区人”、“十佳员工”评选活动，进一步传播好声音，传递正能量，唱响正气歌。二是建立综治管理进企业机制。建立治安防控进企业、人民调解进企业等“五进入”工作机制。督促企业落实“人防、技防、物防”等各项防范措施；在企业中成立企业调委会；推行“法制小课堂”系列法制讲座，推出“法制短信”新型法宣形式；依托综治平台资源，在企业中宣传禁毒、反邪教等。三是建立品牌培育工作机制。坚持“重点企业重点关注”原则，由联席会议办公室列出园区内产值税收高、新增企业、高新技术企业及专精特新和重点培育企业等需经常关注的重点企业，每季组织重点企业进行现场办公。按照“1＋2＋3”创建工作目标，大力打造职工公寓、新益公司、沃迪公司、融氏企业等一批企业党建特色，并大力宣传，扩大示范引领效应。

通过整合园区部门和“两新”组织资源，在促进业主认同的同时，推进企业经营发展，夯实党建工作基础。

推进了党组织有效覆盖，实现了党的声音全覆盖。执行直线负责制，建立金山工业区“两新”党建信息平台，通过网格化管理，划块分组联系，建立金山工业区“两新”党建网和“两新”党建QQ群，做到动态掌握信息沟通，掌握政治引领主动权，扩大党组织覆盖面。做到“哪里有职工，哪里就有党组织声音；哪里有党员，哪里就有党组织管理”，党组织从有形覆盖转向有效覆盖，形成了“两新”党建工作机制化、长效化、常态化。

强化了党组织特色创建，提高了党的工作影响力。面对复杂多变经济形式，发动企业党组织通过参与企业决策，依靠园区财税和科技扶持政策，帮助企业争取资金、技术、项目等方面的优惠，积极为企业有效应对复杂经济形势出谋划策，着眼发挥党组织功能优势和党员的内在潜能。

整合了党组织工作资源，扩大了党的活动感召力。金山工业区党工委不但想方设法加强非公企业党组织建设，重视各层次人员的政治引领，特别是有影响力企业家、民主党派、少数民族侨胞等。同时，依托群团力量，形成组团式联系服务企业机制，听取企业意见建议，联合举办多种形式的青年职工联谊活动、体育比赛。依托商会平台，成立企业家周末下午茶沙龙、人才沙龙、女带头人联谊会，设立女职工周末学校、职工培训基地，开展“共担社会责任、共创美好家园”论坛以及劳动纠纷辩论专场等，为企业提供“一门式”服务。

随着金山工业区的发展，“两新”组织创造的社会财富比重越来越大，接纳的从业人员也逐年增多，日益成为金山经济发展的重要力量。作为金山经济发展的主阵地，金山工业区必须要积极探索非公企业党建工作的新途径、新方法，坚持从政治高度来看待，从客观实际来解题，从现实途径来凝聚，使提升工作有效性实现同步推进、彼此促进。

强化思想引领，谋求各方共识。开展“两新”党建，形成思想共识是基础。在开展“两新”组织党建工作过程中，要围绕企业实际，立足企业发展，紧紧依托区域化党建工作加强与共建单位的交流与融合，谋求工作共识，推进协调合作，追求与企业的和谐共赢。

探索方法创新，注重工作实效。“两新”组织党建工作追求的是有效的工作方法，促进企业经济发展的“两新”党建才有生命力和感召力，才能得到业主的支持和企业员工的欢迎。因此，要举办围绕信仰、事业、责任等开展一系列的有针对性的教育活动，针对企业实际，积极搭建为青年员工成长成才的舞台；加强管理上的中高层队伍、业务上的精英队伍、员工中的尖子队伍的建设，为“两新”组织党建工作提供源源不断的内在动力；要选配好有影响力的党组织负责人，培育好有热情的党员骨干队伍，凝聚好追求进步的骨干员工，增强“两新”党建的活力。

整合工作资源，建好党建平台。“两新”党建组织是党建工作的新领域，要自觉站在全局的高度，充分运用组织资源、人才资源，积极主动地为“两新”党组织提供指导和帮助，通过结对共建、党群工作一体化等方式，实现社区与“两新”党建的互补与互动，通过社区文化与企业文化的优势互补，实现“两新”组织文化的优化和补充。

上海金山工业区综合工作党委

依托“江海亦家” 协同推进园区党建

江海经济园区党总支成立于2004年，现有下属支部35个，其中1个直属支部、1个企业联合支部、33个企业支部，共有在册党员近200名，流动党员约50名。园区始终坚持经党建工作带动园区经济发展，实现同步提速的发展模式。

园区党总支探索出一条特色的工作模式，坚持“引领助推发展，服务联结职工，凝聚融汇一家”的党建工作理念，着力打造“江海亦家”党群服务中心平台，积极开展“四牵手”活动，不断加强“四型”党组织建设，努力打造园区党建工作特色。

针对园区企业规模小、分布散等客观情况，为了加强对非公企业党建工作指导和对党员、职工的服务引导，自2013年下半年开始，园区党总支着力建设融党建研讨、党员活动、职工服务为一体的“江海亦家”党群服务中心，不断推进园区服务型党组织建设。

完善服务设施，拓展服务功能。一是完善党建服务设施。整合资源设立党群共有的会议场所3个，建成120平方米的远程教育点1个，为园区企

业党组织开展党建交流研讨、党员职工教育培训、各类主题活动提供场所支持。二是完善职工服务设施，在“江海亦家”中心建立职工教学点，添置了各类书籍200多册、报刊杂志30余种，丰富职工的业余生活。三是健全网络服务设施。设立党建工作室，配备专职党建指导员、工会指导员各1名。在企业相对集中的四个区域设立服务分站，充分整合现有企业活动场所，实现资源共享。每个分站落实联络责任人，形成“1 + 4”总、分站结合的服务网络，延伸服务功能，满足企业党员职工就近活动需求。

健全服务机制，丰富服务内容。目前，“江海亦家”服务平台设定8大类服务功能，即转接党员组织关系、政策咨询、求助热线服务、代理承办服务、党团员志愿者服务、为企业开展各类活动提供场所、接受入党申请、组织企业支部开展党建工作。其中，两条服务热线在工作日全天候开通，接受各类咨询和求助；每月设定一天为党群志愿日，组织志愿者服务；各个活动场所根据企业需求，接受预约，无偿提供使用。此外，还健全了6项服务制度，即首问责任制度、情况报告制度、信息沟通交流制度、会议制度、活动制度、党员发展对象培养教育制度，做到制度上墙，活动有记录，处理有结果，使服务更规范、更实效。

加强党建指导，培育党建特色。园区党总支按企业地理位置和自身特点，将辖区企业分成4个块区，每个块区选取一家党建先进企业作为“江海亦家”党群服务分站，结合每个块区企业特点，分类组建文化型、学习型、活动型、管理型的党建团队，依托“江海亦家”平台开展活动，创建党建特色。一是园区统筹协调，引导“四型”党组织特色活动。每年，园区党总支根据全年党建工作计划，结合4个分站党建工作特色，将全年园区党建活动统筹安排到4个党建团队。比如，结合“五四”青年节，由文化型党建团队承办“共建杯”青年歌唱赛；由学习型党建团队承办“七一”系列活动，开展一次红色经典专场演出、进行一次走访困难党员、举办一次流动党员座谈会；由管理型党建团队承办“我为企业谋发展，我为发展献一计”金点子征集大赛；由活动型党建团队承办球类项目联谊赛等。二是团队自主创新，展现“四型”党组织工作亮点。各党建团队，除了承办园区统筹的活动外，还结合各自团队的实际，举办各具特色和亮点的活动。如文化型团队定期开展青年人才沙龙活动；管理型团队定期开展企业发展经验交流活动；学习型团队开展第一届钢笔字比赛；四个党建团队还联合举办了职工技能比武等，进一步展现了团队党建工作活力。

推进“四个牵手”，促进辖区企业党建协同并进。① 先进支部牵手普通支部，提升党建工作活力。一是增强普通支部的党建意识。在先进企业支部带动下，企业书记会议的出席率由原来50%上升到90%以上，党报党刊征订、慈善捐赠等工作也从消极被动转为积极主动。二是促进普通支部的党建开展。在森勤公司支部带动下，原来党员少、活动不正常的9个企业支部也能够定期组织学习、开展职工文化、支部研讨等活动，党建工作日趋正常化。三是进一步规范了企业党建。在上科支部影响下，其优秀的党建管理和企业管理经验也被牵手的其他企业支部学习借鉴，支部工作的计划性、制度化有了较大的改善。② 党组织牵手企业，提升服务企业能力。以已建党组织的企业为核心，由党组织牵手服务3—4个一般企业，通过联络走访、联组学习、联手活动等方式，将党的政策、扶持企业发展的政策、人才科技优惠政策等宣传到各个企业，实现信息共享。③ 党组织牵手党员，提升党组织凝聚力。一是开展党员大讲坛巡回党课、支部书记上党课、专题培训等，做好党员教育工作。年内，已组织党员大讲坛巡回党课进企业一次、园区党总支书记为企业党员上党课一次，都取得了较好效果。二是建立了党员结对带教制度，促进党员共同成长。双木公司支部为一名新工作大学生党员安排骨干党员结对带教，不仅带领他参与企业的专利项目研发，还为其解决个人问题提供有益的指导和帮助。三是开展党员志愿活动和党员联谊活动。通过开展青年党员沙龙、外来流动党员座谈会、党员志愿者活动日等形式，有效凝聚企业党员。④ 党员牵手职工，提升党组织向心力。一是建立党员牵手职工的联络制度，党员定期与联系职工谈心交心，帮助解决实际困难。二是依托“江海亦家”服务平台，积极开展灵活多样的党员职工联谊活动。

园区党总支在联络和走访过程中，将各企业在发展过程中遇到的瓶颈问题进行汇总，并反馈到园区和上级部门研究解决。目前，园区党总支已协调解决了企业停车场问题、职工就医问题，并与区级职能部门协调解决了多个企业的实际困难。对于园区不能解决的历史遗留土地问题、环境治理问题，及时反映到镇党委政府，由镇层面与相关部门沟通协调，争取及早解决。

非公企业积极履行社会责任。如上科集团一名职工家庭发生车祸，牵手党员第一时间发起倡议，广大党员职工纷纷响应，共为其募集两万多元的捐款。越来越多的企业在追求自身发展，实现良好经济效益的同时，认真践行社会责任。

良好的经济发展状况是非公企业党建得以持续、健康发展的必要条件，企业党建必须为企业经济发展添动力、做贡献，各企业党组织要以“政治引领有方、推动发展有为、维权服务有心、凝聚思想有力”为目标，使党的工作融入企业生产、经营、管理的全过程。

发挥“导航塔”作用。非公有制企业党支部在企业中要充分发挥政治引导作用，旗帜鲜明地宣传党的路线方针政策和国家法律法规，在保证党的路线方针政策贯彻落实、促进企业健康发展上有新作为，成为企业方向的“导航塔”。

发挥“连心桥”作用。非公有制企业党组织要充分发挥引导、沟通、协调作用，积极发挥善于组织引导和沟通协调的优势，维护员工的合法权益，协调各方关系，有效化解各类矛盾，引导企业和企业主重视员工福利，改善员工的工作生活环境，充分发挥自身连接企业和政府、社会及其他社会主体的桥梁作用。

发挥“吸铁石”作用。企业党组织要根据企业实际情况，认真组织开展形式多样的文娱活动，不断丰富企业职工业余文化生活，增添企业活力，激发企业员工“以企为家”的归属感，努力营造健康向上、团结奋进的企业氛围。

奉贤区南桥镇江海经济园区党总支

市场党建篇

上海市场“两新”组织党建基本情况

专业市场(商业街城)是“两新”组织重要的集聚区,是“两新”组织党建工作的重要领域。近年来,上海专业市场(商业街城)党建工作以诚信建设为重点,以完善市场秩序为抓手,以党建工作促进各类专业市场(商业街城)的完善和发展。

一、根据不同情况进行组织覆盖,推进专业市场(商业街城)“两新”组织党建工作

因地制宜建立党组织要采用不同的模式。一是,依托国有企业来组建党组织。国有企业党组织非常健全,新经济组织在其中租赁摊位后,其中的流动党员可以依靠国有企业党组织开展工作。二是,依托管理机构。如管委会、物业公司等机构,获得他们对专业市场(商业街城)“两新”组织党建工作的支持,提供党建资源,配

合做好入驻的非公企业党组织的组建工作。三是，依托招商企业。商业街(城)的开发公司在招商过程中不仅要在工商登记、税收征管、后勤保障上提供优质服务，还要主动关心入驻非公企业的党建工作，建立联合支部等，为组建党组织创造良好的氛围。

二、紧紧围绕经济工作中心，突出“商”的特点

专业市场(商业街城)“两新”组织党建工作的定位主要是围绕发展专业市场(商业街城)经济，树立专业市场(商业街城)的形象，做到诚实守信、不卖假货、礼貌待客、热情服务。鼓励党员挂牌上岗，形成党员示范效益，做到党建与经济互相促进、良性循环，充分发挥四大作用：一是凝聚作用。通过党建工作把分散经营、无上级主管的企业和从业人员团结凝聚起来，与党同心同德，齐心协力建设和谐社会。二是培育作用。通过党建工作的培育作用，使各自为政、互相竞争的企业和经营人员形成共同的诚信经营理念，创造有利于专业市场(商业街城)健康发展的良好氛围。三是协调作用。切实维护消费者权益，调节各方合法利益，畅通利益诉求渠道，化解人民内部矛盾。四是示范作用。要发挥好党员经营者的先锋模范作用，通过先进性建设长效机制，引领广大从业人员共同树立专业市场(商业街城)良好形象。

三、商业街(城)“两新”组织党建有机融入社区党建大格局之中

专业市场(商业街城)“两新”组织党建工作需要整合各种资源，调动各方力量，形成整体合力。专业市场(商业街城)具有鲜明的地域特点，以块为主的党建体制是必然的选择。实现专业市场(商业街城)“两新”组织党建和社区党建工作的互动，充分利用好社区各种资源，鼓励、引导专业市场(商业街城)内的企业和从业人员积极为社区服务、履行社会责任。充分利用社区党建全覆盖的工作机制，拓展专业市场(商业街城)“两新”组织党建工作的空间和范围，形成全社会广泛认同、共同参与的专业市场(商业街城)“两新”组织党建工作体系。

四、提高专业市场(商业街城)“两新”组织党建工作的有效性

各地区、各部门积极探索社会化工作方法，创新工作手段，提高党建工作的渗透力和影响力，加强专业市场(商业街城)相关政府部门的联系沟通和协调，发挥好协管、城管、物管、工商、公安、税务“三管三所”的作用。争取

政府管理部门的参与和支持，共同做好专业市场（商业街城）“两新”组织党建工作。加大对专业市场（商业街城）党建工作经费、人力、资源等方面的保障支撑。通过举办各种层次的培训班、定期提供教育资源、开展工作交流等方法，培育一支既懂“两新”组织党建，又懂专业市场（商业街城）管理的高素质的党建工作者队伍。

九星个性化党建 拉近党群间距离

九星市场党委是上海市首家专业市场党委，为积极深化“两学一做”学习教育，发挥非公有制经济组织党建的政治引领作用，市场立足“以块为主、条块结合”的管理模式，秉承合作共赢发展的理念，坚持在服务质量上下功夫，在服务快捷上谋突破，实现以党建带工建、带团建、带妇建，积极推进以“组织对接、目标同向、活动联办、资源共享”为原则的互促互助、优势互补党群一体化工作机制，不断探索实践市场党建工作新方法、新途径，助推九星“规划落地、转型升级”新格局。

2007 年 10 月 18 日，九星市场党委正式揭牌成立，汲取“把支部建在连上”的经验，按照属地化管理原则，市场党委把支部建在管理区上，充分发挥基层党组织和党员的战斗堡垒和先锋模范作用，成立了 8 个党支部，形成了 1 个党委下设 8 个党支部，即“1 + 8”的组织架构，使市场党建工作覆盖面达到 100%。目前共有来自浙江、福建、江苏等 19 个省市的党员 257 名，其中经营户党员 179 名，务工党员 78 名，转入组织关系的党员有 196 名。九星市场党委不断探索“两新”党建工作发展新路，先后被授予上海市“两新”组织

“五好”党组织、上海市“两新”组织党建工作示范点、上海市“两新”组织党建创新示范基地、上海专业市场(商业街城)党建工作创新基地。同时,九星市场随着党建与经济的跨越式发展,还相继荣获了全国文明村、全国“五一”劳动奖状、全国诚信示范市场、中国品牌市场、全国百强品牌市场、上海市示范市场等50多项国家级和100多项市级荣誉。

创新党群管理,激发党组织活力。一是建立“一二三”党群管理新模式。即“一个主题,二个统一,三个联动”。一个主题:九星市场每年都按照“紧跟形势、围绕发展、立足实际、贴近群众”的原则,确定一个特色主题,两个党委、各支部和工、青、妇群团组织均围绕这个特色主题开展各类工作和活动。二个统一(即统一组织部署,统一协调落实):九星村党委和市场党委不断探索区域党建工作的新途径、新方法,整合资源,发挥集聚效应和联动作用,有针对性地召开九星市场党委联合扩大会议,共同制定相关文件,联合开展主题教育,在各项活动的开展中坚持统一组织部署,统一协调落实,不断加强协调配合,强化措施落实,提升工作效率。三个联动(即群团组织的联动,经商务工人员的联动,村民职工的联动):在平时的工作和各项活动的开展中,党委号召新老九星人积极参与,不断加强群团组织、工商所联络点与市场、经商务工人员、村民职工之间的联动、互动,加强了党与群团组织之间、党员与群众之间、干部与职工之间的沟通与交流,密切了党群关系,凝聚了各方力量,使党员联系反馈制度得到了有效落实。

二是强化“四有”保障。九星市场为确保市场党建活动深入开展,加强保障力度,做到市场党的建设工作“有场所、有经费、有活动、有成效”。一是有场所:市场公司想方设法置换合适的房屋,先后对各党支部办公地点及党员活动室进行装修、配置和布置,确保了充足的党建专用场所。还聘请具有多年党务工作经验的老同志担任党委顾问,为各党支部配备党务联络员,加强党务工作者队伍建设。二是有经费:设立了党建专项资金,实行专款专用(对外省市转入组织关系的党员每人补贴来回车费2 000元,每年每位党员1 000元的活动经费,配发支部统一支配)。三是有活动:党委每年组织党员外出考察、红色之旅、党建专题讲座、职业技能培训等各类活动,引导他们提升素质、转变观念,激发党员的内在潜力和先锋模范作用。四是有成效:在确保场所、经费的基础上,各项活动顺利开展,加强了党员之间的交流互动,融洽了党员和群众之间的关系,特别是群众路线教育和红色之旅,让广大党员深受教育,在党性修养和觉悟上得到进一步提高。

创新服务载体，主动服务群众。“两学一做”学习教育，关键要“学”。因此，针对市场内商户特点与需求，通过搭建教育学习、网络辅导、客户服务等三个保障平台，加强党员经营户的党性修养，保证“两学一做”学习教育质量。

一是构建教育学习平台。市场党委长期坚持以学习型党组织建设为抓手，充分发挥九星文化教育活动中心和九星市场服务中心的“两中心”作用，设立了工商非公党建联络点，并筹建了“九星学堂”和区级“道德讲堂”，定期邀请相关部门领导及模范党员干部开展各类讲座学习班，切实抓好“两学一做”教育。

充分利用现有资源，集中组织党员干部上大课、看视频、听讲座。2016年，党委邀请中共上海市委党校张忆军教授，围绕十八届五中全会公报的基本内容、“十三五”规划建设框架、“十三五”时期我国发展的指导思想等问题进行了深入浅出的讲解，让党员对党的十八届五中全会有了更深入的了解。

二是重视网上辅导平台。九星市场利用九星网、微信、微博、LED显示屏、宣传栏、横幅等宣传载体，全天候24小时滚动宣传各类政策、法律、法规及与商户密切相关宣传正能量的信息报道，积极营造和谐融洽的市场氛围。另外先后将7万份《新民晚报社区版·今日九星》报分发至10 000家商户；1万册新消保法的学习手册，2万份《企业信用信息公示系统操作指南》，分发到每家商户和每位管理员手中。特别是九星网商品导购平台的开通，为商户们创造了信息推广平台，并对商户开展网络销售指导培训，扩大商户们的销售业绩，实现“有形做强、无形做大”的目标。

2014年企业信用信息公示制度实施以来，在工商所通过建立QQ和微信，定期开展企业信用信息公示指导，九星市场的企业和个体工商户年报率不断提高。至今，九星市场2015年度经营户有近9 000户，已报6 000多户，年报率82.5%。

九星网商品导购平台建立以来，市场商户就通过网络店铺的图文和线上交流，在线下签订了上千万的订单，让不少商户尝到了网上销售的甜头。

三是搭建商户服务平台。九星市场通过启用九星市场服务中心，对场内现有的管理资源进行整合，设立“物业、外口、招商、证照、投诉、法律”六大服务窗口，将水电维修、缴费、居住证办理等17项服务项目内容整合至一个平台，解决了“市场经营户为了办理证照、水电、居住证等要跑多个地方，很不方便”的问题。同时，还邀请专家、学者开办质量管理主题讲座和品牌建设论坛，组织商户赴德国参加“科隆国际五金展”，到马来西亚、越南进行商品展销、市场推广等活动，搭上了“一带一路”的顺风车，打开了国际市场。

倡导率先引领，凸显示范作用。为提升市场党建的内生动力，积极倡导“三品”建设，即做好人品、卖好商品、建好场品，要求党员经营户从我做起，努力做到“三亮”，即亮身份、亮职责、亮承诺。让党员在诚信经营、规范管理、文明创建、品牌建设等工作中注重引导和帮助其他经营户，不断提升党员的党性意识，形成“党员率先垂范、密切联系群众”的良好氛围。

一是开展金点子征集活动。为不断扩大市场影响，积极应对竞争危机，九星市场党委让广大党员群众参与到共渡难关的献计献策活动中，共同出谋划策，迎接挑战。此次征集活动中，牛头浜管理区党支部面向辖区经营户发放了239份征询意见建议卡，收回226份，收回率达到94.6%，通过加强交流与沟通，既提升了市场形象，更好地服务经营户，又密切了党群关系，为闵行区“两新”组织党建工作有效性建设起到了示范引领作用。

二是开展“三亮”促诚信活动。在工商部门的指导下，为切实提升九星市场质量诚信建设水平，及时制定了九星市场文明经营积分制度，坚持在通过ISO 9001：2008论证的基础上，不断提高商品和服务质量。同时，市场还为党员商户颁发“党员经营户”铜牌，要求党员经营户充分发挥带头引领作用，鼓励和带动其他经营户有效落实“三品”建设，踊跃参与“信得过经营户”和“全国文明商户”评选活动，实现以规范促制度，以制度促诚信，以诚信促成效的目的。

党员经营户、上海申帅传动设备有限公司总经理王富荣连续多年评为“信得过经营户”，他率先亮明党员身份，并把“党员经营户”的铜牌挂在门店醒目位置。有一位客户到公司来洽谈购买一批风机，因为双方第一次合作，客户对申帅公司的产品质量和售后服务不是很清楚，也不太放心，谈了几个小时，客户始终犹豫不决。就在这时，客户无意中看到“党员经营户”的铜牌，他马上对王富荣说：“就冲你这个‘党员经营户’招牌，以及店内张贴的经营户规范管理职责要求和质量承诺书，今天的合同我们就签了。”后来，他们还建立了长期合作关系。

九星市场党委的各项工作充分激发了各党支部争先进位的动力和广大党员干部为民服务的热情，进一步推动“学党章党规、学系列讲话，做合格党员”成为市场党委主动服务群众、争当合格党员的主流价值取向和共同追求目标，形成了党建创新、服务群众和品牌建设相互促进、相得益彰的“九星特色”，并为九星市场“规划落地、转型升级”提供了强大动力。

闵行区九星市场党委

一切为了祖国的未来

上海大不同天山茶城成立于 2002 年 3 月，是一家拥有 400 多个商铺 1 000 多名从业人员，集茶叶交易、鉴赏、表演为一体的茶叶贸易专业市场，先后荣获“全国重点茶市”、“中国茶叶百强企业”、“AAA 级中国茶叶信用企业”、“中国商业名牌企业”等荣誉，在全国茶叶市场行业有相当的影响力和示范效应。董事长苏锦平先生是国家高级评茶师、福建省政协委员、长宁区人大代表、首届中国茶叶十大经济人物。

上海大不同天山茶城党支部成立于 2007 年 4 月，目前有 16 名党员，来自市场管理方和商铺从业人员。支部通过以党建带工建，凝聚党员群众，团结业主董事，力推诚信经营，弘扬公益精神，党支部于 2013 年被长宁区社工委评为区“两新”组织“五星级”党组织。

天山茶城的大多数商铺业主来自全国各地，业主们的小孩也一起来到上海，由于许多业主忙于经营，无暇顾及和关心下一代。针对这一情况，党支部沈至诚书记专门组织召开支部专题会议，明确指出天山茶城 100 多位未成年小朋友的教育问题不仅仅是家长们的责任，党组织也应承担起看护的义务，让下一代的花朵能够得到党组织的关爱，能够感受到社会的温暖，帮助他们端正学习态度，从小树立正确的价值观，让商铺业主们能够安心经商，为他们解决后顾之忧。

结合小朋友们需求和茶城实际情况，茶城党支部在 2013 年的暑假举行了“第一届天山茶城少年儿童嘉年华”试点活动，至今已成功举办了六届。为确保每一届嘉年华活动的圆满成功，茶城党支部的党员们在繁忙工作之余，抽出时间做好筹划准备工作，茶城商铺业主们也积极出力献策。如今，嘉年华已是小朋友们在寒暑假翘首以盼的活动。在活动中党支部不仅精心准备了丰富的节目，包括青少年安全知识讲座、文明礼仪教育、传统文化宣传等，也为小朋友们搭建展现才艺的舞台，有水彩画、毛笔字作品展示，有跳舞、唱歌、古诗词朗诵等等，对于有特色、有质量的表演节目党组织准备了奖品和奖状给予鼓励，同时安排摄影师为所有参加活动的小朋友拍摄照片留作纪念。

儿童嘉年华通过寓教于乐的活动形式，使许多小朋友们潜移默化地改正了自身的陋习，举止更加文明，读书更加勤奋，并且树立了自信心和良好的价值观。茶城内有一位小女孩由于读书成绩不理想，在学校里同学看不起她，在家里也被家长指责，久而久之使得她信心不足，学习成绩难以改善，党组织通过活动了解情况后，立即对她进行帮助。首先通过谈心的方式了解小朋友的心理状况，然后邀请专业的教师为她进行补课，端正她的学习态度，掌握正确的学习方法让她逐步跟上了班级的学习进程，读书成绩有了明显的提高，得到了学校老师的表扬，同时也改变了班级同学对她的看法，使她重拾了信心，自身变得开朗活泼。天山茶城内有一家来自云南的企业，在商铺里专门设立了帮助贫困山区学生捐款箱，党组织向商铺了解情况后在嘉年华活动中向小朋友们宣传动员，许多小朋友相约来到这家企业拿出了父母给的零花钱和珍爱的学习用品，郑重投进捐款箱。虽然钱不多，学习用品价格也并不贵，但体现出的是一片真诚的爱心。天山茶城作为大型商场有多部自动扶梯，经常有商场业主的小孩在电梯上玩耍，存在安全隐患。这一情况引起了茶城党支部的重视，经过邀请商铺业主共同讨论商议对策，决定与其被动管理不如发挥青少年的主动积极性，让小朋友们学会自觉遵守纪律，注意安全保护自己。通过儿童嘉年华活动，党支部积极发动小朋友们参加天山茶城青少年志愿者执勤队，由党支部党员负责带头在平时的双休日、暑假、寒假、节假日维护茶城秩序，充分调动了青少年的积极性，经过一段时间实践，显著改善了小朋友们在茶城内玩耍打闹的情况，得到了商铺业主们的一致好评。

为进一步加强对茶城青少年的教育指导，在天山路街道关工委的支持和协助下，党支部成立了“天山路街道社区天山茶城关心下一代工作委员会”，使党支部关爱茶城青少年的工作制度化、常态化、规范化，在前进的道路上能够得到上级领导的有力支撑。在关心下一代的工作进程中扩展了党支部工作的内涵，同时让生活在异乡的青少年们能够同样感受到党组织的关爱，让小朋友们从小树立起爱祖国、爱人民、讲文明、做善事的社会主义核心价值观。关心茶城青少年已经是党支部党建工作的重要一环，支部将努力坚持下去，齐心协力为祖国的未来尽一份力。

上海大不同天山茶城党支部

党群工作一体化
助力商业街（城）繁荣发展

近年来，赵巷镇抓住虹桥商务区建设和轨交17号线开工建设等机遇，着力推进赵巷商业商务区服务业综合改革试点，全面推进赵巷商业商务区发展，至今已形成奥特莱斯、吉盛伟邦、米格天地、元祖梦世界等一批在上海乃至全国有一定影响力的商业项目，成为赵巷经济持续健康发展的新增长点。同步开展了商业商务区党建工作，自2007年12月第一家党支部成立以来，商业商务区已先后成立4家“两新”党组织，在商圈管理、党员教育、社会治理等方面发挥了积极的作用。然而，商圈内虽然入驻商铺多、从业人员多，但也存在党员人数少、商铺作息时间不一等情况，造成了党组织开展活动难，党组织整体合力不够强等问题。为此，赵巷镇党委以上海奥特莱斯品牌直销广场有限公司（以下简称奥莱广场）为突破口，创新工作机制，确立实施“党群工作一体化”的工作措施，即以党组织为核心，以工、青、妇组织为载体，努力实现党建工作与群众工作的优势互补、共建互促，实现党的建设、群团建设和企业发展的多赢。

据统计，奥莱广场现有商铺400余家，从业人员2 000多名，其中工作在一线岗位的青年占员工总数的85%，而党员仅有4人，占比不到1%。针对奥特莱斯联合支部党员人数少、青年团员多的特点，推进青年中心建设。通过确立“以党为领导，核心在团，组织在青年中心，支撑在社会，重心在社团，落实在活动”的工作方向，以“以团建助党建”，实现“一个中心、十个社团、百名骨干、千人参与、万人关注”的青年成才模式，不断培育党的新鲜血液，让党的组织更壮大，党的声音更响亮，党的作用更明显。抓好青年工作这一载体，通过带动优秀青年在岗位创业成才，调动团员青年在各项活动中的积极性。

一是结合有效服务青年，为培育党建后备力量奠定基础。搭建教育培训平台，注重塑造学习型青年。通过举办专题讲座、开设青年创业论坛、编印奥莱广场党建简报、创建党组织网站、制作专题片等手段，及时传递党的路线、方针、政策。成立党的知识学习小组，积极培养入党积极分子；开设职业导航、技能竞赛等活动，努力使奥莱广场成为青年人才高地。二是结合推动经济发展，为提升党建工作实效提供条件。广泛开展“党员责任区”、“党员示范岗”、“党员挂牌经营”、“诚信商铺创评”等有针对性的主题实践活动，充分发挥党组织和党员的战斗堡垒作用和先锋模范作用，带动群众为广场生产经营的繁荣兴旺作贡献。三是结合参与社会服务，为拓展党建工作领域搭建平台。成立青年志愿者服务队，积极推进志愿服务、帮困助残活动，让员工参与和谐社会建设。开展村企结对，积极融入区域化党建，引导奥莱党员群众在服务大局、服务社会中健康成长，有所作为。

搭建联席会议平台。由镇社会党委牵头召集，镇党群办、社区党建服务中心、总工会、团委、妇联、商投公司、品牌公司，以及工商、税务等部门共同参与，通过定期召开会议等方式，帮助商圈内的党员、群众解决企业注册登记、政治教育、业务培训、医疗健康等与生产、生活密切相关的问题，从而实现资源共享，服务共建。打造党建工作联盟。在镇社会党委牵头下，依托镇商投公司联系协调商圈内4家党组织和两个在建项目单位共同参与，组建商业商务区党建联盟。联盟建立每季度工作例会制度和轮值会长制度，由各党组织负责人轮流担任会议召集人，设计会议主题，丰富活动形式，组织商圈内企业全体党员一起参与，切实解决各支部因党员人数少、组织生活不规范的问题，不断提高组织生活有效性。

构建了“党群一体化”工作机制。建立了一套活动互融、工作互促、整体推进的“三同”工作机制。一是资源同享。在选派党群组织负责人时，实行交叉任职，实现了党群信息合一流转、党群会议一起召开、党群活动互相渗透、党群工作相依相存，扩大了党群工作的影响力。二是目标同向。按照提升党群工作水平、促进企业发展的工作目标，建立党群一体化联席会议制度，每季度至少召开一次联席会议，围绕公司中心任务，通报情况，协调关系，制订工作方案，使党群一体化成为维护各方合法权益、履行各自职能的载体。三是工作同步。党组织有活动、任务时，群团组织一起参与；员工有困难有问题时，党群组织一起协调解决。党、工、青、妇根据各自不同特点，开展特色活动，使党群组织真正成为党员之家、职工之家、青年之家和妇女之家。

企业文化得到了深入持久的推进。奥莱广场把党群组织的核心作用融于企业的文化建设之中，抓住企业文化这根主线，党群互动，“虚功实做”。通过创办支部网站、办好宣传专栏、建立阅览室等，形成了党群组织对职工的凝聚力、吸引力。围绕奥莱广场广大青年“增强职业技能、丰富文化生活、提高自身学力、建设幸福家庭”等四大迫切需求，组织职工开展形式多样、内容丰富的文化娱乐和体育健身活动。如由联合党支部牵头，工青妇群团组织响应配合，每年组织开展奥莱广场职工运动会。

促进了企业发展，实现了企业、职工和党群组织的“多赢”。在党支部的统揽指挥下，联合工会、联合团支部等，各部门既相互协作，又各显神通，充分发挥“地位和作用”。2015 年，奥莱广场实现销售收入 41 亿元，上缴税金 1.5 亿元，为赵巷的经济发展作出了突出的贡献。青年中心手拉手社团发起的“红枫”志愿者小组，默默奉献，主动投入到对奥莱广场购物环境的整治和维护工作，倡导“奥莱家感觉”，被团市委表彰为优秀志愿者团队。

通过奥莱广场“两新”组织党建工作实践，我们对做好商业街（城）“两新”组织党建工作进行了思考，初步总结了这一领域“两新”组织党建工作的四点启示。

商业街（城）是“两新”组织党建工作的重要领域之一，是做好“两新”组织党建工作的有效载体。从奥莱广场“两新”组织党建的实践表明，类似奥莱广场的商业街（城）具有规模大、品种全、层次多等特点，集聚了数以百计的商铺，吸纳了数以千计的“两新”组织从业人员。目前，这种商业街（城）的经营方式往往是租赁方式。管理方仅仅提供物业和整体管理等服务，不介入商铺的具体经营。而这些商铺及其从业人员必须纳入“两新”组织党建工作视野，并将其作为工作的重点领域。做好商业街（城）党建必须有积极主动的意识，把商业街（城）党建工作作为“两新”党建的重要方面，实现党的组织覆盖和工作覆盖。将党的工作渗透到商业街（城）中的每个商铺，走进每个员工。

商业街（城）“两新”组织党建工作必须坚持开放性原则，探索社会化工作模式。商业街（城）中“两新”组织众多，从业人员情况复杂，商铺之间既有共同利益，又是竞争对手，且商业门类不同，相互之间差异性较大。因此，对商业街（城）“两新”组织党建工作不能沿用非公企业党建一般做法，要围绕打造区域化大党建格局，充分发挥商业机构投资方、管理方、所在社区党组织、商铺业主和从业人员等各方面的作用，围绕改善购物环境、树立消费品牌、塑造商业文化等共同利益，推进商业机构健康持续发展。

商业街(城)“两新”组织党建要坚持党建群建联动发展,必要时以群众工作铺路,为党建工作开路。商业街(城)的商业特点和从业人员的特殊性决定了这一领域党员比例非常低,且往往是一线员工,难以凸显先锋模范作用。因此,党建工作不能仅仅思考党务工作,就党建抓党建,而要充分重视党的群众工作。以奥莱广场为例,针对商业街(城)青年人居多且部分优秀青年是商铺骨干的特点,把青年工作作为党建工作重点。通过建立青年组织、完善工作机制、拓展工作内容,把青年工作做得有声有色,将青年吸引到党组织的周围,为党建工作奠定了良好的基础。

商业街(城)“两新”组织党建工作要突出服务,适应商业服务行业特点。了解、满足和整合群众利益诉求,扩大党的群众基础,增强党的执政能力是“两新”组织党建工作的重要内容。商业行业具有显著的服务性特点,通过以人为本、全方位、差别化服务理念、手段和环境,创造社会价值。因此,商业街(城)“两新”组织党建工作一定要主动深入商铺一线,了解广大从业人员的真正需求,创造条件,提供平台,建立共同语言,完善协调机制,增强沟通能力,解决实际困难,这样商业街(城)“两新”组织党建才能有蓬勃生机和不竭活力。

青浦区赵巷镇社会党委

鲜红党旗引领企业健康发展

中共上海南方国际购物中心(集团)有限公司委员会,更名前为中共上海南方经济发展(集团)有限公司委员会,成立于 1997 年 7 月,隶属奉贤区社会工作党委。党委班子由 6 位成员组成,集团董事会主席、总裁(市人大十三、十四届代表)江为民任党委书记。党委下设 1 个党总支、6 个党支部,现有党员 62 名。党委先后荣获上海市先进基层党组织、上海市“两新”组织党建工作示范点、上海市“两新”组织廉洁文化示范点、奉贤区先进基层党组织标兵等荣誉称号。

近年来,集团党委组织全体党员干部,认真学习贯彻中共中央《关于加强和改进非公有制企业党的建设工作的意见(试行)》,始终高举鲜红党旗,

以加强党建工作为纽带，紧紧围绕奉贤“三化两建设”和南桥新城建设中心，着力推进上海市20个现代服务业集聚区之一——“南桥中小企业总部商务区”核心项目建设，鼎力打造南上海城市综合体——南方国际广场，通过“强化思想引领、融合主题活动、助力重大工程”，积极探索“两新”领域开展党建工作的有效途径，唱响南方集团企业品牌。

强化思想引领。集团党委充分发挥党组织的政治思想工作优势，围绕企业经济建设中心，利用企业文化宣传阵地——南方国际大讲堂，开展“怎样成为合格南方人”大讨论，通过“讲身边优秀人，说身边闪光事”、“事业在南方，奉献在岗位”等系列主题活动，在《南方国际》报开辟“闪光一线”、“岗位先锋”、“创先争优”等专栏，以多种形式发挥企业党组织的政治引领作用，使全体党员、干部和员工，始终铭记“南方人”的奋斗目标和肩负的社会责任，并把“让奉贤的老百姓享受与市中心居民一样购物、餐饮、娱乐、休闲环境”作为梦想追求，引领企业持续健康发展。

不断拓展党建外延。党委每年指导基层支部开展与村居、部队党建结对活动，开创了“资源互补、活动联办、成果共享、合作共赢”的党建工作新局面。当国际金融危机来袭之际，集团党委率先在全区承诺“不裁员、不减薪，不把矛盾交给政府、不把问题推向社会”，成为全体员工不泄气、不放弃、共同努力、共渡难关的主心骨和精神支柱。几年来，员工工资每年以8%以上幅度递增，福利待遇持续改善，集团党委凝聚力、号召力不断增强，政治核心地位进一步凸显。

融合主题活动。作为奉贤区率先试行“公推直选”的基层“两新”党组织，在顺利选出新一届党委会班子后，主动自我加压，提出集团新三年发展规划，即2013年“安全管理年”、2014年“提升执行年”、2015年“经济效益年”，全面发动下属企业党组织开展“比业绩、比技能、比奉献”主题系列活动。根据活动总体安排，所属南方市场、南方国际、南方招商中心、南方集团国际钢材物流中心等四个党支部，联合发出创新驱动、转型发展倡议书，号召全体党员以实际行动，投身南上海城市综合体——南方国际广场建设大业，鼎力支持企业健康发展；奉贤客运、浦南房产、汽运公司等党支部把企业发展的难点作为党员发挥作用的重点，积极开展争创“党员先锋岗”、“党员示范岗”、“集体红旗岗”等系列活动，进一步发挥基层党支部的战斗堡垒作用，树立党员的良好形象；钢材物流中心党支部发动党员为企业发展献计献策，努力提高企业经营管理、安全生产水平。所有单位紧紧围绕新三年规划提出的阶段性奋斗目标，针对性地制定各自发展战略，在所处领域中充分发挥自身优势，彰显行业“小巨人”地位。

助力重大工程。南方集团始终秉承“笃志为民、诚信超越”企业精神，信守“南方是我家、荣辱共担当”岗位理念，始终服从、服务于奉贤“三化两建设”和南桥新城建设大局，鼎力打造南上海城市综合体——“南方国际广场”。2008年1月，南方国际广场一期工程即“百联南桥购物中心(东方商厦奉贤店)”隆重开业，营业额屡创新高，每年以35%以上的增速，成为百联集团旗下成长性最快的购物中心，安置就业人员3 000多名，一举成为奉贤及周边地区广大消费者购物、餐饮、休闲、娱乐的首选之地。2010年9月，规模更大、业态更全、档次更高的南方国际广场二期工程即百联南桥购物中心二期升级开业，再次创下上海商业建设史上多项“之最”，新增就业岗位6 000多个，全面实现了南方集团向区委、区政府作出的“让奉贤老百姓享受到与市中心居民一样的购物、休闲、餐饮、娱乐及教育、社区服务等优越环境”的郑重承诺。南方国际广场一、二期工程的顺利建成，离不开集团党委、基层党支部和广大党员职工的共同努力。

南方国际(集团)以党建为抓手，各党支部、全体党员始终以企业经济发展为己任，立足本职、岗位奉献，充分发挥党委政治核心、支部战斗堡垒和党员先锋模范作用，不断深化主题实践活动内涵，促进企业物质文明、政治文明、精神文明、社会文明和生态文明建设齐头并进，集团呈现健康发展良好态势。

2015年11月，南方国际广场三期工程即南方国际中心大厦圆满落成，成功引进工商银行、建设银行、交通银行、浙商银行奉贤总部以及方正证券等大型金融机构入驻，加之二期工程南方国际大厦引进的农业银行、东北证券、中国人保、友邦保险、新华保险、大地保险等二十多家金融服务机构，集团着力打造南上海金融服务中心的奋斗目标基本实现。

经过近十五年的改革创新，南方集团逐步形成包括商业地产（房地产）开发、现代仓储物流、大型专业市场经营管理、汽车客运、家具广场、物业租赁等众多产业在内，齐头并进、迅猛发展的良好格局。近年来，集团主营业务收入年均超过 55 亿元，创税保持在 2.2 亿元以上，总资产规模达到百亿元，综合实力稳居奉贤区非公有制企业前列。集团先后荣获上海市“五一”劳动奖状、上海市抗震救灾先进集体（杰出贡献银奖）、上海市平安示范单位、奉贤区“明星企业”以及奉贤区财富百强企业等多项荣誉称号。

2016 年，是国家“十三五”规划的开局之年，南方国际（集团）党委顺应经济发展新常态，结合企业创新驱动、转型发展实际，及时制定集团第二个三年行动计划。继续以中共中央《关于加强和改进非公有制企业党的建设工作的意见（试行）》精神为指引，认真贯彻落实“党要管党、从严治党”方针，紧密结合企业党员队伍实际，组织发动下属党总支、党支部和全体党员，开展以“学党章党规，学系列讲话，做合格党员”为主要内容的“两学一做”主题活动，教育引导全体党员增强看齐意识、党性意识、纪律意识，提升思想定力、行动定力和政治定力。在实际工作中比党性、提升政治素养，比境界、提升目标定位，比能力、提升业务水平，比作风、提升整体形象，充分发挥集团党委政治优势、组织优势、宣传优势和品牌优势，加强党委班子成员思想建设、作风建设和能力建设，加强所属党总支、各党支部组织建设和党员队伍建设，提振精气神，拧成一股劲，为集团持续健康发展提供坚强思想政治保证。

上海南方国际购物中心（集团）有限公司党委

党建引领增活力 凝聚人心促发展

上海宏伊置业有限公司是一家以房地产开发为核心的中外合资民营企业。2001 年成立，自开业至今约有 60 家大中型企业入驻，从业人员达 1 200

余人。企业积极向上的文化、社会声誉、优质的服务，吸引了浪琴、盖璞、哈根达斯、悦诗风吟企业等先后在广场开设旗舰店，荷皇天地（TNT）、商船三井、达飞物流在内的多家全球500强企业入驻办公，进一步促进了企业的发展壮大。回顾公司十多年由小到大，从模仿到创新，再到逐渐探索走自主创新的发展道路，宏伊公司董事会和经营决策层深刻认识到党的政策是企业能够不断发展壮大的机遇，外资企业党建则是促进其发展的重要力量。为此，公司将“党建工作融入企业工作，党建工作促进企业工作”为目标，围绕“创新驱动、转型发展”的主题，不断巩固实践科学发展成果，积极参加社区组团式服务，探索外企党建工作的新方法，克服了“两新”党建工作存在的组织机构难设置、党员身份难掌握、党建活动难开展、活动效果难体现、积极分子难培养的普遍问题，在党建工作成为企业和谐发展有力推手的同时，使企业经济取得了新的业绩。

为了进一步加强党员的归属感和凝聚力，充分发挥党员在工作中的表率作用，公司对单位的员工进行排摸，掌握党员身份。2012年，在上级党委的指导下顺利完成了换届选举，产生了新一届的支部书记和委员。支部书记余炜作为第一责任人承担起企业党建工作的重任，制定了年度工作计划和重点措施，安排好支部内人员的分工，按时间节点落实安排计划。

建设一支优秀的团队是企业实现发展目标的关键因素，也是企业凝聚力、战斗力的充分体现。党建工作在企业中具有政治思想工作、群众工作、组织工作等优势，这是促进企业文化落地扎根、形成团队建设的强大推动力。为此，党支部主要从三方面切实做好党建基础工作。一是认真落实“三会一课”制度，通过培训、外出参观、民主评议等方式，加强党员党性修养。二是认真落实党务公开制度，支部始终坚持“围绕中心抓党建、抓好党建促发展”的方针，根据党章和党内法规，通过一定形式将有关党内事务真实、及时向党员和职工公开。三是认真做好发展党员工作。强化对入党积极分子的培养和教育，结合新形势、新任务和工作实际进行正面引导，关心非党积极分子的工作、学习以及生活，创造有利于其健康成长的良好环境，经过考察和培养成功发展一名党员。

党支部以“争先创优”活动为抓手，积极动员企业党员、积极分子开展各项志愿活动，体现了党员表率作用，增强了党员的责任感和凝聚力，提升了企业对社会的贡献和影响力。一是积极参与“世博先锋行动”。党支部牵头组织了一支由公司行政领导带队，党员、积极分子、普通员工共同参与的志愿者队伍，承担起南京东路地铁站三号口的志愿者服务责任；此外，支部积极响应世博局的要求，外派骨干员工前往世博停车场支援现场管理工作。出色的工作被授予“模范标兵”称号。支部党员的表率作用也影响了企业的员工，多名职工提交了入党申请。二是切实解决用餐难题。鉴于公司的地理位置，卫生可靠、经济实惠的用餐场所是公司员工以及商场其他企业员工多年的期盼。党支部急群众所急，多年来积极呼吁，经努力最终员工餐厅在大厦B2层正式营业，取得了员工的一致好评。三是积极搭建文化平台。2012年结合“黄浦区文化建设年”的主题，街道党群工作者与公司党支部就建立楼宇流动书吧进行了沟通协调，并达成一致共识。在街道党工委和团委的支持下，4月23日，宏伊广场青年文化驿站流动书吧正式揭牌，当天吸引了80多人借阅书籍。至今5年间，每月固定20日左右，流动书吧都会在宏伊广场大堂准时开启，为楼宇内白领提供源源不断的精神食粮。

增强了“两新”党建工作的活力。“两新”党建工作是一个新的领域，党支部通过扎实的党建基础工作，培育了一支政治坚定、业务过硬、乐于奉献的支委班子。一方面支部通过宣传贯彻国家的方针政策确保“两新”党组织发展不偏离轨道；另一方面支部积极协调解决员工急难愁问题；此外支部通过表彰先进、党员表率、吸纳了优秀的入党积极分子加入党组织队伍等方式，带动了企业员工的积极性和创造性。

让社会各方认识到“两新”党建工作的重要性。一直以来，部分企业主对建立党组织心存疑虑，认为资产私有制组织没有建立党组织的必要性，怕党组织开展活动多会影响生产经营。而宏伊党支部的党建工作，让社会各方明白党建工作能实实在在地促进经济发展、社会和谐，打消了企业主的顾虑，使其能对“两新”党建工作给予支持，让基层党员进一步强化党性，积极参与组织生活。

近几年我国非公有制企业、社会团体数不断扩大，这不仅见证我国民主进程，也体现执政党的开明和睿智。然而部分企业在进行决策时坚持“利润第一”，将社会责任视为企业的负担，这不仅限制了企业的发展，而且对社会、经济的稳定发展造成了不良影响。要改善这种现状，必须将传统的“以我为主”的党建行动逻辑，转到尊重社会生活和社会发展的“以他为主”的服务逻辑，实现党政治资源和价值权威的再造，这是今后“两新”组织区域化党建发展的核心。

黄浦区外滩街道党建服务中心

创建服务型党组织 促进文明市场建设

上海七浦路服饰市场党支部成立于2009年9月，现有党员14名，流动党员5名、入党积极分子5名，来自上海新兴旺国际服饰城市场管理有限公司和市场经营户。近年来，市场党支部先后被评为区"两新"组织"五好"党组织、区"两新"组织创先争优先进基层党组织和市"两新"组织优秀支部网站示范点。

建立"五项工作机制"，促进市场经济发展。党支部将创建服务型党组织作为发挥"市场发展的政治引领作用"和"服务凝聚经营户政治核心作用"的切入点，建立了"党支部与管理层双向沟通机制、支部党员联系经营户机制、管理层与经营户沟通协商机制、公司了解服务经营户需求机制、公司听取员工意见与交流机制"等五项机制，提升了党支部和党员主动服务市场经济发展、服务经营户成长的能力。

组团式服务凝聚群众，推动市场和谐发展。一是打造"红马甲 微公益"党员志愿服务活动品牌。"红马甲"志愿者们用轮椅车推着老人参观国际灯会展、慰问社区"阳光之家"、赠送老人爱心裤袜、年夜饭等，在市场和社区传递了正能量。二是坚持每年开展4次组团式服务进市场活动，服务内容涵盖工商、税务、法律、医疗教育等，帮助解决了200多名经营户子女入学问题。

创先争优结对互助，带动市场诚信发展。党支部以争创党员示范岗、责任区等，开展争当文明经营户活动，要求党员"发挥作用好、诚信经营好、经营业绩好、服务群众好、社会形象好"，做到关键岗位、困难面前、重点攻关、危急时刻有党员。如党员、市场总工程师洪宝年为确保自动电梯剪刀口的安全，在市场77处安装了防护设施，该做法已在全区推广。

拓展党建信息化内容，线下与线上交流有新突破。党支部以"一台一网"为核心，以电子邮箱、QQ群、飞信等为补充，确保党组织与党员沟通顺畅、及时。截至2015年底，支部网站共发布动态163条，照片约271张，留言408条，设立了"加强服务型党组织建设"、"中国梦，我的创业梦"、"廉洁文化教育"、"兴旺国际时装秀"、"兴旺国际我的家"等11个特色栏目。

公司网站开辟"党建栏目"，与支部网站链接有新内容。上海新兴旺国际服饰城公司网站主页上新辟了“党的建设”栏目，还与党支部的网站建立了链接，在网站上传递正能量，拓宽了宣传渠道，凝聚了市场经营户，扩大了党建工作影响力。

保障党员民主权利，反映党员心声有新起色。支部党员分散在全国各地，支部工作借助网站第一时间传递给党员，如支部各项活动、入党积极分子培训、拟发展党员公示等都在网站上公布，党员踊跃在网上留言互动。党支部网站被评为2012年市优秀支部网站、2014年市优秀支部网站示范点。

落实党的政策，实现思想政治引领。党支部经常邀请相关人员解读党的服务企业政策、召开小微企业金融服务例会等，使经营户第一时间把握形势、了解政策。在党的政策引导下，对市场经营业态统一规划调整，用心服务经营户，商场满铺率达到99%，推动了市场做强做优。

提供政府服务，实现科学发展引领。党支部积极打造涵盖政策解读、银企对接、争议调处、法律维权、安全培训等内容的综合服务平台。一是加强知识产权保护，组织经营户召开“工商知识产权保护和商标注册大会”，建立商标注册指导、市场推广、打击假冒产品联动机制，帮助近300家经营户树立了自主品牌。二是加强市场服务管理，依法规范经营行为，出台“铺位流转管理办法”，有序控制了铺位租金，切实降低了市场商务成本。

丰富文化建设，实现价值信念引领。一是在与业主充分沟通的基础上，编写《上海兴旺国际服饰城企业文化建设指南》，提出了“培养敬业务实的兴旺员工，营造安全和谐的购物环境，承担为民利民的社会责任”的企业使命、“创立自主品牌，引领时尚潮流”的企业愿景，提升了市场品牌形象和美誉度。“兴旺国际我的家，公司兴旺靠大家”的企业文化，已成为兴旺员工的行为准则。二是组织市场经营户参观党的四大纪念馆、瞻仰烈士陵园、进行“红色旅游经典线路寻访”，举办“中国梦我的创业梦 兴旺国际我的家”微论坛等活动，以党的先进文化引领经营户永怀感恩之心，畅谈创业梦与中国梦，传递了干事创业的正能量。三是结合市场管理服务、企业文化建设的实际需求，创建“六有”党建阵地，使支部成为提高党员素质的教育点、发挥党员作用的示范点、服务凝聚经营户和职工群众的服务点。

开展“建文明商铺出形象，创优质服务出特色，争一级安全出效果”主题活动，以争创“文明经营户”、“先进班组流动红旗”为目标，开展“比消防安全防范能力，赛技能；比铺外堆物整治能力，赛环境；比按时开铺执行能力，赛秩序；比知识产权宣传能力，赛文明；比矛盾纠纷解决能力，赛和谐；比下达任务落实能力，赛效率”“六比六赛”立功竞赛活动。截至2015年底，共评出文明经营户388户，先进个人80名，“先进班组奖”5个。党支部还参与建立“市场矛盾调解站”，发动党员、入党积极分子和经营户担任“义务安全员”。市场“志愿者消防班”妥善处置了多起市场不稳定事件，2013年邹大群同志被评为上海市第三届“平安先锋”。

党支部定期组织业主职工观看警示教育片、廉政承诺、廉政案例等，引领党员和管理者亮身份、亮职责、亮业绩，牢记党的宗旨，保持党的先进性和纯洁性。一位楼面经理主动将经营户送的2 000元上交，为创建廉洁市场树立了榜样。

党支部积极引导党员履行社会责任，引领市场经营户致富不忘回报社会。党支部与东泰华、彭泽、南天潼等3个居民区进行结对共建，定期开展慈善募捐、关爱老人、帮困结对等活动，累计资助社区9万元；帮扶市场困难员工、经营户6.6万元；为汶川、云南、雅安地震灾区捐款9.1万元；为西藏贫困家庭儿童购买冬季衣服等共30多万元。党支部还组织党员、积极分子参与社区环境大扫除、地铁平安志愿服务等，推进了社区生活共同体建设。

上海七浦路服饰市场党支部

四措并举党建领航　助推街区转型提升

七浦路服饰商业街区位于苏河湾核心区域，占地0.5平方公里，有10个商场，6 500多个服饰摊位，从业人员近2万人，每日人流量2—3万余人次，高峰期间达8—10万余人次，是区委、区政府抓典型树提升的关键区域。为适应新形势下党的基层组织建设工作新要求，于2008年成立了街区党委，2015年5月成立街区党委纪委，积极开展街区“两新”组织党建工作，通过“四项举措”，扩大党在“两新”组织的覆盖面和影响力，发挥党组织和党员的战斗堡垒和先锋模范作用，促进街区转型提升，健康发展。

优化组织领导，推动党建覆盖。根据街区特点，街区党委书记由街区办公室主任担任，副书记由街区武装部部长担任，党委委员由公安、市场监管、城管等社区相关部门以及市场党支部书记组成，确立了街区党建联席会议制度，定期组织召开党委会，沟通信息，研究问题，协调工作。2015年又成立了七浦路街区纪律检查委员会，为推进非公企业反腐倡廉工作，加强廉洁文化建设，落实监督责任提供了组织保证。

深化共建联动，密切联系合作。街区党委不断创新工作内涵，先后开展了党委与北站市场监管所支部，新七浦党支部与区工商联、北站派出所，新七浦商户支部、七浦路联合党支部与北站社区中心社工支部，七浦路商户第二支部与北站个体经营者支部等结对共建，开展了“一帮一，结对子”互学互帮活动，深化联系与合作。

细化管理制度，强化自身建设。街区党委在各支部开展并建立了党建台账、主题例会、定期学习和阶段性评比制度等各项活动，要求各支部落实党员教育、培养、发展和流动党员规范化管理，并做到组织建设“五个好”和“党员五带头”。定期组织集中学习，第一时间了解党的新政策、新精神，近年来陆续进行了对党的“十八大”精神、习近平总书记系列讲话精神、党的群众路线教育实践活动等一系列理论和决策的学习，使党员在思想认识上始终紧跟潮流，与党中央保持一致。

“请进来，走出去”，组织生活有新意。街区党委开展“走出去，请进来”创新组织生活系列活动，定期组织观摩学习，先后赴苏中革命老区海安接受革命传统教育；到嘉兴南湖举行入党仪式；到全国文明先进村青浦蒋家巷开展交流学习；到贫困地区开展扶贫帮困；参观焦裕禄同志事迹图片展；凝聚力工程展示和四行仓库纪念馆等，同时邀请区金融服务办公室、区发改委等部门领导以及各领域专家学者来街区进行讲学和交流。

“五好五争”积分制，党员履责有标杆。街区党委通过将“组织覆盖好、支部管理好、结对共建好、党员培养好、活动开展好”、“争做学习标兵，争当履责表率，争创一流业绩，争当群众挚友，争做奉献楷模”的“五好五争”创先争优活动相关项目量化积累，树立党员履行职责的标杆。

“八个一”亮身份，服务群众有举措。街区党委发动各支部党员做到“党员身份亮一亮、群众心声听一听、政策信息讲一讲、矛盾纠纷劝一劝、志愿服务做一做、党建平台建一建、他人困难帮一帮、模范作用比一比”。

设立“党员之家”，自我教育有特色。街区党委成立了“党员之家”，以此为平台先后设立学习园地、党员活动室、阅览室、远程教育基地、网络交流平台等多个板块，党员在其中可阅读党报期刊，举办微型党课，组织学习讨论，开展党员自我廉政教育。

打造“文化长廊”，弘扬文化显特色。街区党委打造了本区第一条以“廉洁勤政”为主题的廉政文化长廊，在墙体上悬挂直观生动、寓意深刻的廉政书画，把墙体作为传播廉政建设知识，弘扬廉洁文化的有效载体。

创建“清风市场”，营造氛围重特色。街区党委以“一流党建引领一流市场”为理念，积极开展创建“清风市场”系列活动，强化各市场诚信经营、廉洁从业的氛围。活动内容包括：开展廉洁文化宣传，在七浦路大道两侧及各主要路口树立廉洁文化宣传标牌，悬挂刀旗，动员各市场支部发放宣传卡片、倡议书，利用易拉宝、宣传海报、宣传视频倡导诚信经营理念；开展“走访一百家市场商户”等“十个一”活动；践行市场经营“不行贿、不受贿、不制假、不售假、不跨门、不占道；讲文明、讲道德、讲诚信、讲法律、讲勤俭、讲敬业”的“六不六讲”。

以志愿者队伍为载体，强化奉献精神。街区党委成立“三支队伍”强化党员奉献精神：七浦路文明宣传志愿者队，每天定时在七浦路开展环境文明志愿服务；七浦路平安志愿者队，参与治安、消防、知识产权保护宣传，整治乱设摊、乱停车及“黑车”；民兵志愿者队，参加消防演练、战备执勤、便民服务。

以志愿服务为载体，竭力服务群众。街区党员定期开展“志愿者服务日”、“知识产权日”等主题活动，为街区群众提供法律咨询，处理相应投诉、纠纷，提供理发、家电维修等便民服务，提升党员为民服务意识。

以公益活动为载体，拉近党群距离。街区党委积极动员街区党员奉献爱心，每年参与“蓝天下的至爱”、“慈善一日捐”等慈善公益活动，扶助社会弱势群体，让群众感受党组织温暖。

自2008年以来，街区党委先后在各市场经营户中建立支部11个，共有党员93名，覆盖街区主要市场及相关单位；各支部通过结对互助，加强了与兄弟党组织间的沟通、合作，取长补短，增进了支部间感情，加强了党组织凝聚力，深化了党建工作内涵；通过制度化管理，加强了党组织党员的战斗力，为更好地开展街区“两新”党建打下了坚实基础。

街区通过廉政文化建设提高了党员廉洁自律意识，党员们立足自身岗位履行职责，深入街区听民声、察民意，几年来陆续解决了困扰周边居民和商户的暴露垃圾、占道堆物、消防通道乱停车、公共区域乱设摊、违章搭建等问题。街区各市场争做表率，加强在诚信经营、文明经营、守法经营、规范管理等方面建设，先后有10名街区党员被社区授予“共产党员示范岗”称号，新七浦被全国纺织协会授予“诚信经营市场”，白马等3家市场获得上海市“诚信经营市场”。

街区通过组织志愿队伍，开展志愿服务、公益活动等有效的形式和载体，在实践中考察和锻炼党员，整合全体党员资源，使街区群众感受党组织的真情与温暖，树立了良好的党组织形象。街区开展慈善募捐，2010年至今共捐款110万余元。2011年新七浦市场建立“新七浦服饰市场爱心慈善基金”，几年内陆续捐款数十万元，其中党支部书记胡灵英单独捐款十余万元，成为群众口中的一段佳话。

七浦路服饰商业街区党委成立至今，以“四项举措”大力开展“两新”组织党建工作，积极探索街区党建工作新思路、新方法。先后获得2010年区“两新”组织党建工作品牌提名奖，2011年区“两新”组织“五好”党组织，2012年区“两新”廉洁文化示范点，2014年荣获市“两新”组织党建创新基地等多项荣誉。圣和圣、豪浦两家市场实现率先由市场向商场的转型发展，《解放日报》、《新民晚报》、《新闻坊》等市级媒体对街区党建工作和市场转型提升工作成果进行了广泛报道，有力提升了街区的美誉度。在接下来的工作中，街区党委将继续把街区党建工作作为引领街区发展的基础，努力使街区面貌日新月异，市场管理日趋完善，商户经营更重诚信，精神文明稳步提升，建设与新静安相匹配的平安、稳定、有序、繁荣七浦路。

静安区北站街道七浦路服饰商业街区党委

市场里的“红色”引领

上海泗泾五金市场经营管理有限公司党支部成立于2011年7月12日，企业性质民营公司，现有经营管理工作者85人（有党员19人，其中在册党员11人，流动党员8人）。党支部坚持“党员先锋行、共筑商城梦，锤炼好作风、展现新作为”的理念，以党支部、工会、共青团、妇女群众性组织建立起一支战斗团队，以红色的党旗引领着整个市场各方面的发展，带领公司员工深化改革创新管理，服务五金城商贸市场，创建现代化商业市场的商贸环境。

五金城市场建筑面积12.5万平方米，商业规划12个商业区，商务用房

2 000余间，商户 900 多户，从业人员 4 000 余人，经营入住率 100%。面对市场大、商户多、生意杂的情况，时常出现购物环境杂乱、党员生活不积极、周边居民不满意的现象，通过此次"红色"引领项目的深入推进，不仅发挥了党员的示范作用，更是为创建现代化商业市场的商贸环境提供了有力的保障和支撑。

红色引领推动绿色市场的建设。党支部全体共产党员实施上海泗泾五金城商业市场党建十二条标准(三亮、三定、三促、三有)。每名党员结合自身实际，与市场内商户结对共建，实现党支部工作由党员监督，党员工作由群众监督。鼓励党员自觉参与 7 类整治市场，引导党员维护市场商业经营秩序落实在行动上，实现绿色市场的建设：一是整治市场三合一；二是整治市场卫生环境；三是整治场内道路畅通；四是整治市场内乱停车；五是整治消防设施；六是整治物业管理；七是整治市场内的经营广告，实现市场内有序、整洁、宽敞的购物和工作环境。党员要发挥先锋模范作用，建立支部与工青妇组织建设成为齐抓共管惩防体系，并建立长效机制把整治工作落实到实处有效果，党建工作与市场建设工作相结合来实现现代化商业市场和谐绿色的发展氛围。

红色引领推动橙色市场的建设。党支部坚持支部活动要更好地服务社区治理、服务社区群众、服务正能量辐射。多年来，党支部凝聚公司管理层、商户和全体党员，整合各类资源开展推进党支部服务进社区、公益服务进社区、阳光关爱进社区、品牌服务进社区、消防安全教育宣传进社区，积极有效地推进橙色市场的建设。一是联合社区举办学习、文体、座谈、工作交流等活动，研讨经济发展、文艺宣传等，搞好市场与居民区结合区域的政治思想教育与宣传；二是先后与叶家居民区、丽水居民区党支部等结对共建，开展生动活泼、形式多样的社区活动，全面展示现代化商业市场、商贸公司的新形象，逐步赢得居民信赖；三是借助群众健身舞场所、文化宣传演练、篮球、乒乓球、健身场所、图书室等丰富员工、商户、业主文化生活，实现社会文明稳定，地区性经济发展有效互动。

红色引领推动暖色市场的建设。党支部搞好企业文化建设是发展企业经济的重要基础，也是服务型党支部建设的职责所在，党支部将廉洁文化建设作为公司精神文化建设的核心，推动白色市场的建设。党支部较早安装了远程教育设备，党员职工通过专题电视学习教育，设置反腐倡廉、公开展示栏、制定公司岗位责任制，市场管理服务制度，员工管理和监督制度制定体系，联合群众组织、联合监管体系等方法帮助企业抓好反腐倡廉建设，助推市场商业经营廉洁，助推商业市场房屋与配套设施维修清廉，例如：2015年33—44幢商业房装饰墙维修，首先征询商业房业主意见，满意率达到99%以上，对工程维修方案进行公示，设计总价公示，审价结果公示，年终维修基金使用情况公示，确保房屋维修基金专项使用100%，例如公司财务资金使用防腐制，多人签字审核制。例如公司管理人员如发现收取商户钱财礼品，年终将扣除奖金，情节严重的辞退工作岗位。形成了公司党支部、工会、共青团、妇代会、群众代表、管理层领导班子齐抓共管的惩防体系，为构建现代化商业市场和谐发展良好氛围，促使公司向良性循环健康发展。以党支部政治思想为引领，在市场商业领域为营造崇廉守洁、廉洁从业浓厚氛围，在各种会议场所和各项活动中倡廉，激发公司员工市场商户共同参与廉洁文化建设的热情，从而形成思廉、崇廉、促廉的良好局面，充分发挥共产党员作为廉洁文化建设者的先锋模范作用。

突出了党组织的凝聚力。通过红色引领带动了全体党员发挥先锋模范作用，以“思想上要优点，创新上要新点，工作上要热点，服务水平上要猛点，社会反映上要好点，效果上有亮点，群众评语上要高点”为宗旨，藉以凝聚广大商户力量，有组织、有纪律地实施各项行业活动。

注入了市场发展源动力。通过不断完善公司的各项制度，深入基层搞好管理和服务，帮助商户在经营中破解难题，通过让商户培训、学习、座谈交流，形成市场聚人心、暖人心、稳人心、振人心的良好局面。通过不断创新加强党建工作，密切配合公司行政助推经济发展，搞好商业市场管理和服务，推进商业市场合法经营、诚信经营、安全经营、品牌经营、廉政经营，不断增强公司管理服务的辐射效应和内在动力。

提升了商贸市场新生力。一系列的项目打造出了品牌市场，促进了经营户守法经营，也为消费者营造了放心的购物环境，切实改善了市容市貌。

值得一提的是，2014 年，党支部在党的群众路线教育实践活动中，用《致上海泗泾五金城商户朋友的一封信》来邀请商户共同探讨发展话题，讨论形成一致思想：五金城要全力打造现代化商贸环境，就必须转换现代化商业市场经营模式，必须实施现代化信息经营方式，用“互联网+”的思路去提升市场生存能力。公开信打动了公司董事会和经营商户。2015 年 1 月，公司充分考虑支部调研结果，着手筹建阿里巴巴网络销售信息平台，由上海科技公司派人来公司入驻数天，将市场商户由传统经营方式转变为现代化电子网上营销方式，促使市场经营业态进入现代化信息经营业态。模式转换后，生产效益出现上升趋势和空间。

市场里的“红色引领”构建了党员职工、行政管理、市场商户、社区居民四者的新机制。党支部在党员队伍建设中，注重以党员职工为基础，以市场商户为载体，行政管理为引导，以融入社区为支撑。党员职工在各项活动中发挥着先锋模范作用；商户为组织建设提供了依靠，同时提供了人力支持，使得各项活动得以顺利组织实施；行政管理为支部活动提供人力、财力、物力的支持、协调和组织；结对社区为融入文化生活、共享和谐的精神文明，形成了新形势下的党建工作新机制。

松江区泗泾镇综合党委

党建“三环”工程助力市场诚信繁荣

有着 19 年历史的东方汽配城是上海第一家汽配商城，也是中国最大的汽车零部件集散地之一，公司获评中国百强商品市场等荣誉。在目标上，构建“诚信经营”、“凝聚商户”、“公益服务”的责任体系；在阵地上，优化市场、

责任区、商户的作用链条；在功能上，贯穿“三字文”、“三岗位”、“三字号”的载体建设；在渠道上，形成经营链、党群链、社会链的传导效果。

东方汽配城党支部成立于1997年，现有党员32名，面对行业的转型升级，公司以“夯实、充实、提升、创新”为发展目标，以党建“三环”工程助推新一轮发展进程，助力市场打造汽车售后服务行业的平台，打造“汽车零部件进出口示范基地”。

“三字文”营造市场浓厚党建文化氛围。伴随打造三大汽车商业主题的市场建设任务，党支部推出市场党建“三字文”。“信”：诚经营、重合同、不失信、有诚意、诚待人、广交友、放宽眼、志向远、诚为本、根基牢、讲诚信、永牢记；“聚”：班子强、凝人心、聚众力、旺市场、树典型、做示范、三岗位、齐亮相、责任区、结对子、创星级、建长廊；“益”：倡公益、乐奉献、讲环保、可持续、系群众、忙反哺、施助学、圆梦想、一人难、大家帮、带动力、高风尚。围绕三个关键字，形成了党建引领下的汽车文化阵地建设主线。如今，“三字文”已经成为市场党员“记宗旨”、“明党性”、“强服务”的“小字典”。

“三岗位”打造市场党建实体阵地。党支部以先锋岗、示范岗、骨干岗构筑知名企业党员、党员经营户、骨干经营户，发挥党员示范表率作用的实施阵地。同时，建立网格党小组，实行网格化管理，全面了解党员和经营户的需求和经营、服务情况。提升网格效能，制订实施“流动党员三年培养提升计划”，实现从被动到主动的管理方式，举办各类培训12场次，培训4 000人次。以此为“三岗位”发挥功能提供坚实基础。

在网格化管理的基础上，成立了上海东方汽配城综合发展小组，并将市场内“众志恒汽配联盟”“东方姐妹联盟”两家团体纳入网格化管理，以“环境共创、秩序共管、资源共享、合作共赢”“四共”为目标，从议事、协商、协调、评议、监督五方面配合行政做好工作。发展小组 2016 年 3 月成立，成员从最初的 22 人，增补到现在 54 人，并选举出 13 名常委。党支部书记兼任综合发展小组办公室主任，具体落实、协调各项工作，夯实党建工作的实体阵地。

“三字号”优化党员作用渠道。通过“信”、“聚”、“益”星级“三字号”的挂牌评估，推动党员作用和企业责任在市场、向社区不断延伸。通过“假一罚十”承诺活动、“一对一”党员帮扶困难商户行动、参加真新街道商区党建联盟“吃穿行”健康安全集中宣传等，着力加强党员在经营链、党群链、社会链等的作用建设，2015 年以来，企业累计捐助 61 万元，参与社会服务 80 多人次。

2014 年，轨交 14 号线曹安公路站点设定在东方汽配城二期区域内，东方汽配城积极配合轨道交通建设，启动了整体搬迁项目；2015 年，东方汽配城二期商户首期搬迁至博园路 999 号；2016 年，东方汽配城三期、一期陆续搬迁，在整个企业搬迁转型的现实任务面前，党员拧成一股绳，不畏困难，加班加点，在各自负责的网格责任区域中，组织宣传发动，开展资源需求征询，召开政策征求会议、商铺建筑业态设计会议、搬迁工作落实会议、商户座谈会等，明确了今后的发展方向，使大家做到了思想上的统一，行动上的一致，为后续搬迁工作的顺利推进打下了良好的基础，增强了党组织在商户中的号召力，发挥了党员的先锋模范作用。在公司正式启动搬迁工作的当日，为顺利落实搬迁各阶段的工作任务，党小组以网格为责任区，以先锋岗、示范岗、骨干岗为代表的“三岗位”商户带头启动搬迁工作，打消了观望商户的疑虑。最后，分批次顺利地完成了搬迁工作。

党建“三环”工程全面推动了东方汽配城党组织建设和党员队伍建设，成为东方汽配城党员参与嘉定区“零距离服务群众工程”和真新街道“五区一会”区域化党建工作的重要抓手和主要渠道。

党组织的领导核心作用得到了增强。通过夯实党建文化实体阵地，发挥网格化“三岗位”的作用渠道，所有重大事项从选题到决策再到组织实施，都在党组织的领导下进行，使党组织的意图落实到事务管理全过程，并通过反复沟通变成广大商户的意愿和自觉行动。同时促使党组织和党员干部转变工作方式方法，从制度上确保了党支部在工作中的领导核心地位。

参与区域治理的联动性效果得到增强。“三环”工程建构于真新街道“五区一会”区域化党建的整体构架，为市场开展基层组织建设、参与区域化治理提供了方法路径。通过经营链、党群链、社会链的全面覆盖和整体推进，初步实现了服务融合、党群融合、区域融合。东方汽配城依托“五区一会”商区党建联盟，一方面，加强与江桥蔬菜批发市场、轻纺市场、粮食交易市场的业态融通，共同建立曹安路商圈诚信经营公益服务共同体；另一方面，加强与邻近社区、区域内外单位的互动交流，构筑联动共建对子5个，形成了“三环”服务发展、惠及群众的枢纽和纽带。

开展党组织建设的基础性得到增强。全面落实上述“三个三”的建设要求，充分调动了东方汽配城创建服务型党组织的积极性，全面激发市场党建活力，有效拓展了党建工作渠道，作用更为润物无声。现已经形成“三字文”为内容的氛围效应，“三岗位”为载体的引领效应，“三字号”为阵地的示范效应。

体现企业社会责任的服务性得到增强。“三环”工程全面增强市场的生产力和凝聚力，保证了企业在“国家汽车及零部件出口基地”建设中，充分发挥党组织的保障和党员的示范作用；以服务群众为落脚点，不断推动市场建设成果惠及普通商户和居民群众，全面体现企业反哺社会的责任意识。

“三环”工程得到市、区社工委领导的亲自指导，对于一个普通的“两新”组织来说，上级的支持和关心对党组织建设活力的激发作用显而易见。“三环”工程致力于党建引领汽车后市场文化建设的具体任务。党支部将不断完善“三环”机制建设，拓展“三环”功能落地，树立“东方”品牌形象，在“两新”党建工作中取得新的突破。

加强“三环”工程与市场管理规律的融合。“三字文”、“三岗位”、“三字号”在市场、责任区、商户三个层面建立了党建工作格局，整体带动了市场文化和管理服务，但也需要进一步加强与市场管理规律的融合。通过市场党支部、管理方、商户的有效沟通，在市场管理任务和党建工作要求之间形成有效传导，营造“心齐、气顺、风正、劲足”的整体氛围，推动企业管理升级。

加强“三环”工程与区域化党建格局的融合。经过三年多的运行，真新街道“五区一会”区域化党建平台带动了驻区单位融入区域生态，形成了共同目标之下的统一力量和特色实践。下一阶段，商区党建联盟三家专业市场将立足于曹安路商圈诚信经营公益服务共同体这一“共治项目”的建设，互相吸收有效做法，共同推动居市融合和商圈繁荣。

加强“三环”工程与服务型党组织的融合。服务群众、做好群众工作是包括“两新”组织党组织在内的基层党组织的主要任务。今后将不断深化“三环”工程建设，把点做强，把链做实，在服务型党组织建设中充分体现“两新”组织的企业文化和社会责任。

上海东方汽配城党支部

走出“新路子” 拎起“菜篮子” 挑上“重担子”

1987年9月2日，上海市“菜篮子”工程正式启动。在改革开放的春风吹拂下，伴随这一民心实事工程的全面铺开和深入推进，2004年上海铭言企业管理有限公司应运而生。立足于“菜篮子”工程，专业从事农副产品开发和经营，专注标准化菜市场建设和管理，牵挂着息息相关的民生利益，“让老百姓买得满意、吃得放心，就是我们的社会责任担当。”铭言公司一路走来，

始终铭记这一份诺言。

而让公司上下一直引以为荣的是，2007 年 4 月铭言公司成立了上海市第一家“菜场党支部”。尽管成立之初仅是“3 人行”，历经 5 年发展，2012 年 4 月，小小“菜场党支部”就升格到党总支，有了 3 个党支部，在册党员 33 名，流动党员 14 名，递交入党申请书员工数十人。2014 年 10 月，铭言公司党总支作为徐汇区唯一一家专业市场类“两新”党组织，成功入选上海市“两新”组织首批专业市场党建工作创新基地十佳。

通过建设服务型党组织，发挥党组织的战斗堡垒作用和党员先锋模范作用，铭言公司党总支走出了一条具有铭言特色的党建新路子。铭言公司在重视企业经济效益的同时，坚持党组织的政治引领，更多地关注社会效益。投身大街小巷“菜场”的打理，服务于民生，拎起了千家万户的“菜篮子”。奉献于社会，铭言公司责无旁贷挑起了一副事关民生的“重担子”。

铭言公司十多年来的每一步发展，都体现出党组织的力量。党总支以加强和创新党建工作为指引，走出一条铭言特色的党建“新路子”，引领铭言公司在非公有制经济企业行列中健康发展。

菜市场是一个直接面对市民群众的重要窗口，党员发挥好先锋模范作用，对优化社会风气、树立企业良好形象起着重要作用。党总支要求，公司管理的菜市场全部实行挂牌经营制度。在每一家菜市场，共产党员示范柜台、共产党员服务栏、服务明星示范柜台的铭牌非常醒目。这些铭牌时刻提醒着党员经营户：“我是一名党员，要用党员标准严格要求自己，时刻发挥党员的先锋模范作用。我要带头遵纪守法，努力建立诚信经营的良好风气。”

2008 年初，上海遭遇了特大雪灾，有些菜市场趁机涨价。为了稳定公司管理的菜市场物价，公司党组织要求市场中的党员柜台率先不涨价，自觉维护价格稳定。许多党员都表示，国家有难，我们共担当，确保农副食品的正常供应。他们积极响应公司党组织的号召，将猪肉等价格维持在雪灾前的水平。在他们的影响下，其他经营户也拒绝涨价，为维护市场稳定作出了贡献。半个月中，铭言公司补贴 13 万元给经营户，使广大市民得到了真实惠。

在创先争优活动中，公司党总支在党员中开展了“一句话服务承诺”活动，大家纷纷以强烈的党员意识，以利民惠民的理念，表达出他们的肺腑之言。

亮出党员的身份，强化党员的觉悟意识，使得党组织的领导力、战斗力、影响力通过党员不断辐射，延伸到企业的每一处，良好的企业形象在党员先锋模范作用的带动下逐步树立。

在铭言公司的近50名党员中，14名流动党员占到三分之一，党员队伍中的流动性、不确定性，加上多数在册党员来自全国各地所带来的分散性、差异性，无疑增大了党总支党建工作的难度。

通过加强总支班子建设，强化班子成员在党组织发挥领导力、战斗力、影响力过程中的表率作用，打造以总支班子为核心，向党员、员工、菜场经营户辐射凝聚力的"聚人心"工程，不断提高来自不同地区、不同年龄层次、不同文化程度的员工和经营户的价值认同和归属感。例如实行"三联三点"联系服务群众制度。"三联"党总支班子领导联系下属党支部书记和支部委员、党支部书记和支部委员联系党员、党员联系群众制度。"三点"即党员领导结合各自分管工作确定一个分公司为联系点，部门领导结合本部门工作确定一个菜场为联系点，党员干部确定一个摊位为联系点。

党总支大力提倡对菜场的多元化、人性化管理，倡导推行优惠政策帮助解决困难群体的就业问题、设置专项资金改善菜场工作环境等。如对一些家庭困难的经营户，公司实行"优先安置，租金减半"的办法，在经营上扶一把、生活上帮一把，努力解决他们最现实、最迫切的困难。在茶陵菜市场，就有29户沪籍安置人员享受租金减半的优惠，公司为此每年减少49万元的经营收入。在党组织的提议下，公司在各市场内免费提供微波炉、纯净水、医药箱等设备，为经营户们提供方便。

"在服务中实施管理，在管理中体现服务"，管理和服务之间的矛盾，在"聚人心"工程下不断融合而走向和谐，推动铭言公司健康发展。

公司党总支以坚持群众观念、热忱服务民生作为企业党建的一项重要工作，立足于"菜篮子"工程，主动融入以保障和改善民生为重点的社会建设，取之于民又回报于民，在企业得以发展的同时不断落实在企业的经营服务中。

自2004年12月铭言公司创建第一个标准化菜市场开始，至今已经营管理26家标准化菜市场和崇明蔬菜基地。菜市场分布在徐汇区的13个街道、镇及闵行区的古美街道。通过持续推进和加强菜市场的标准化建设，26家菜市场全部达到星级标准，有些被命名为四星、五星级和全国诚信示范市场。作为"菜篮子"工程中面向大众、服务民生的窗口，按照"星级建设"标准打造的铭言公司菜市场，布局合理、管理规范、干净整洁，不断展现出欣欣向荣的企业新貌。

如今，铭言公司有员工 270 人，管理着门店、柜台约 5 000 家经营户，从业人员近 2 万人。在党组织的引领下，党员带头做表率，公司员工和菜场经营户都能以服务民生为己任，大力推进便民、利民、惠民的诚信服务，受到顾客的一致好评和社会的充分认可。公司先后推出 1 名徐汇区道德模范、3 名上海市服务明星、1 名上海市劳动模范。

铭言公司始终把经营管理菜市场当作经营公益事业，立足于服务民生，通过党组织教育、引导、监督党员和经营户依法管理、合法经营，不断推进标准化菜市场的“诚信服务”建设。

古祥菜市场一位经营户、共产党员骆登高，在诚信服务的基础上，把关心老年顾客当作自己的分内事。一位家住 6 楼的老奶奶，双腿关节行动不便，每当老人来买菜，他就会放下生意，将老人搀扶着回家。这位把顾客的需求看得比自己生意更重要的党员，经常免费为消费者斩火腿、斩羊肉，受到了社区居民的交口称赞。一次，有位居民把装有巨款的钱包遗忘在他的柜台上，骆登高如数奉还，并拒绝了客人的 500 元酬谢金。党员弘扬了市场的正气，带动了其他经营户自觉接受市民群众和社会的监督，受到了顾客的一致好评。

菜价是菜场稳定、社会和谐的“晴雨表”。铭言公司通过每天公布指导价，来调节农副食品的价格水平，打击哄抬菜价的行为。2010 年中秋国庆前，蔬菜价格涨幅较大。为了群众的“菜篮子”不受影响，在公司党组织的直接参与下，公司决定在 9 月 30 日至 10 月 14 日期间，免除经营户的租金，保证节日蔬菜不涨价。公司稳定菜价的举措，是让利于民，更是诚信为民。

铭言公司党组织在助推企业发展的过程中，一直把服务群众、服务社会当作自身不可推卸的社会责任，挑起参与构建和谐社会的重担，为共筑社区和谐家园奉献应有力量。

公司党总支连续 10 年，先后与 16 个居民区结对共建，开展一系列的帮困慰问、尊老爱老、助学助残的献爱心活动，积极参与基层社区治理创新。

铭言公司党总支每年组织捐款 100 多万元资助社会慈善公益事业。每年春节走访慰问 100 名困难老人，年支出近 10 万元，深受社区百姓好评。公司与 5 名贫困大学生结成助学帮困对子，资助他们完成学业。公司董事长高铭言同志还个人资助了 30 多名困难学生。

为帮助就业困难人员，减轻社会就业压力，在菜市场经营中，公司先后吸纳就业困难人员 221 名。当公司得知一对残疾人夫妇生活有困难时，立即协商增设一个车棚，照顾他们工作自立谋生。2009 年 1 月公司还专门成立全市第一家民营性质的市容管理公司，为社区安置了 60 名就业困难户。

对于刑释解教人员，重返社会，就业谋生往往困难重重。为了帮助他们实现就业梦，公司党总支自觉为政府分挑重担，想方设法安排他们走上工作岗位。多年来，公司先后接纳刑释解教人员 91 名，目前在岗的有 41 名。为此公司还获评“上海市过渡性安置就业示范基地”称号。

王某经过两次官司、二十多年的牢狱生活后，家庭破裂，他对人生也心灰意冷。进入铭言公司后，在党组织和帮教志愿者的帮助下，他重新燃起了生活的信心，决心要做个对社会有用的人。一次，他在管理市场时，被 4 个不讲理的顾客打伤，他坚持骂不还口、打不还手。公司领导上门慰问，给他送去慰问金。彻悟的转变、不懈的付出换来了崭新的回报。2009 年年底，王某受聘担任一家菜市场的经理，徐汇区司法局还邀请他当社会帮教志愿者。

在党组织的关心帮助下，安置的刑释解教人员获得了新生，没有一人重蹈覆辙，其中更有 8 人担任了公司的基层经理、1 人担任分公司经理。

上海铭言企业管理有限公司党总支将一如既往地锐意进取，深入推进学习型、服务型、创新型党组织建设，主动融入区域化大党建格局，勇担社会责任，服务社区民生，实现经济效益与社会效益、精神文明和物质文明的双丰收，在新时期的发展中谱写非公企业党建科学化发展的新篇章！

徐汇区长桥街道党工委

坚实的脚步
上海“两新”组织党建创新经验选编

外企党建篇

上海外企党建基本情况

上海是中国内地吸引外资投资规模最大、外资总部机构最多的城市。在上海的跨国公司地区总部和投资性公司数量名列全国第一，外资研发中心数量全国第二。新一代信息、生物、新能源、新材料、新光源、节能环保和低碳技术等战略性新兴产业已成为跨国公司对上海投资的新亮点。上海现有外商投资运营企业约4万家，外商投资企业贡献了全市2/3的进出口总额和工业总产值、1/3的税收和就业人数。外资企业既和其他非公有制企业党建一样存在数量多、分布散、变化快，流动性大等共性特点，又不同于普通私营企业其出资方和运营管理主体为外方，这就使得在外资企业开展党建工作难度更大。近年来，上海积极探索外资领域的党建工作，通过加强服务和对出资人及管理方的引领，争取对开展外资企业党建的认同度，通过“公转带自转”不断推进“两个覆盖”，再通过党组织党员的作用发挥实现“以外促内”的效果。目前，上海共建立党组织7 213个，在外资企业中工作的党员11.7万余名。

一、使外方放心、支持和信任是加强外资企业党建工作的关键

如何使党组织和党建工作得到外方企业主和管理层的认可，是上海一直在探索的课题。目前通过上级党组织帮助企业党组织开展党建工作，企业党组织围绕外企生产经营活动开展党建工作，以及通过公益慈善活动开展党建工作使得外方放心、认可最终支持。如上级党组织运用自身的行政资源和沟通平台帮助外资企业解决发展经营上的难题，针对不少“两新”组织党组织书记由中层及中层以下员工担任的实际情况，街镇、园区综合党委，区县组织部门和社会工作党委等上级党组织积极与“两新”组织管理层沟通，为“两新”组织党组织争取业主的理解支持、发挥作用创造条件。同时很多外资企业党组织通过主动与外方高层沟通信息，让他们知道党组织在做什么，消除党组织的神秘感，赢得认可。外资企业注重营造企业文化，党组织先行一步，从关怀职工群众到鼓励党员参与社会公益，使党的引领工作与企业文化建设融入一体，得到外方支持。

二、健全“公转带自转”机制，做实“双覆盖”的资源支撑

内外结合、资源整合、“公转带自转”是非公企业党建可持续发展的重要保障，外资企业党建尤其需要。上海依托商务楼宇、经济（开发）园区等这些外资企业大量驻扎的区域中建立综合党委、党总支，配备专职干部，落实必要的工作设施和资源，以这种体制内的组织建制，去领导、管理、支持、服务区域内的外资企业，提升党建工作的成效和水平，并加强对暂不具备单独建党组织条件的规模小、变化大、党员人数少且流动分散的外资企业的工作覆盖。同时，为了解决党建资源不足问题，我们在全市打造以党员服务中心为依托的公共保障平台，建成了217个街道乡镇党建服务中心，为“两新”组织党组织提供各种服务和资源支撑。

三、利用线上平台开展党务活动，使党建工作充满生机和活力

外资企业党员年龄轻、学历高、知识新、接受新事物能力强，普遍掌握现代信息技术，网上党建、掌上党建是外资企业党建的自觉要求和必然趋势。上海这几年来积极探索现代化信息技术在“两新”党建领域的应用，充分利

用现代网络资源，创新了开展网上组织生活的方式方法，为“两新”组织党员和流动党员提供了一个不受时间、空间限制，随时随地都能参与组织生活的网上学习交流的平台，这几年来还把这一平台延伸到移动端上，打造了上海“两新”互动网移动客户端，很多在外资企业的党员都能够方便地运用这一系统参与到网上党建中来。

在外资银行中构筑党的坚实堡垒

渣打是一家领先的国际银行，在全球一些最有活力的市场上经营150多年，拥有员工超过86 000名。渣打银行自1858年在中国上海开设首家分行以来，在华业务经营从未间断。2007年4月，渣打银行(中国)有限公司成为第一批本地法人银行之一。目前，渣打银行在全国拥有25家分行、78家支行和1家村镇银行，营业网点达到104家，其中包括2014年3月初开业的上海自贸试验区支行。目前法定代表人物为张晓蕾。渣打银行2006年4月组建支部，2009年初，渣打银行党支部升格为党总支，下辖10个党支部，共有200多名在册名党员。

在外资银行集聚的陆家嘴金融贸易区，有一块叫得响的党建工作品牌，那就是渣打银行(中国)有限公司党总支。长期以来，渣打银行党总支积极推进党组织活动“项目制”工作法和党小组长“轮岗制”工作法，党建工作开展得有声有色；一大批白领党员凝聚在党总支周围，党建活动与银行的中心工作有机结合；党总支书记与银行管理层保持良好的有效沟通，年会上公司高官颁给党总支“工作党建 齐头并进”的锦旗；外籍高管还在“七一”前夕公开《致全体共产党员的一封信》，向党组织和党员表示党的生日祝贺。

渣打银行2006年4月组建支部时，只有十几位党员。那时的纯外资金融企业对党组织和党员的了解甚少，即便你工作能力很强，大家也很认可你，但一旦你亮出党员身份，人们还是或多或少地会用异样的眼光看你。因此，更多的共产党员选择了做“隐性党员”。

最初的一年多时间里，党支部书记带领全体党员“从我做起，向我看齐”、“做事先做人”，他号召全体党员以做好本职工作为前提，利用业余时间开展党建工作。经过一段时间坚持不懈地“悄悄”活动，党支部终于抓住了机会。在一次业务会议期间，党支部书记经上司首席信息官的介绍与渣打银行中国区总裁进行了面谈。这短短几分钟的面谈，正式地向总裁介绍了党支部的存在，介绍了全体党员在岗位上的出色表现，获得了总裁的认可。这次成功的会谈成为渣打银行党组织发展历程上的一次重大转折。

后来管理层发现党员们在各个业务层面都是骨干，他们以过硬的综合

素质在不同岗位上为渣打中国的发展起着重要作用。银行高管开始接受共产党员在渣打银行的存在，对党支部在办公系统中发出的支部活动通知也表示了默许，渣打银行党支部终于从“地下”走到了“地上”。潜移默化之下，“隐性党员”们纷纷亮出了身份，将党组织关系转入渣打总支。

2009 年初，渣打银行党支部升格为党总支，下辖 6 个党支部、近 150 名党员。党组织壮大了，如何在外资银行扩大党组织影响力、凸显共产党员先进性是摆在党总支面前的新课题。

党总支书记与委员们在坚持业余时间开展党组织活动的前提下，仔细分析了外资银行的党员现状，针对外资银行党员工作忙、节奏快、业余时间少的困难，尽快完善了组织架构，配齐了支委班子，每个支部又划分为多个党小组，吸引众多骨干参与党组织建设，以减轻班子成员个人压力。借着契机，党总支把开展学实活动和渣打银行“一心做好、始终如一”的品牌理念结合起来，坚持每周在银行的会议室播放《境界》等系列电教片，组织党员进行观看和讨论，并欢迎非党群众和外籍员工与高管的参与。活动起到了良好的效果，优秀共产党员的事迹让员工们感动不已，同时也感染了非党群众和外籍人士。至此，员工们都知道在渣打(中国)这个纯外资银行里有一个党总支在开展党的工作。

渣打银行党总支积极寻找党的宗旨与渣打银行诚信、积极、进取、创新的企业文化之间的共同点，并以企业倡导的塑造社会责任感的公益活动作为党建工作的切入点。渣打银行的多个公益活动项目负责人都由党员担任，项目的具体实施由党组织积极推进。如帮助贫困学校和贫困学生的“心桥行动”、“看得见的希望”、“办公室节约用纸白皮书”、“远离艾滋”等活动中党组织都充当了一线的组织者和参与者。在“心桥行动”中，由每个支部派一名党员代表利用个人假期，统筹组织到安徽和县进行爱心助学活动，与受助学生座谈家访，了解受助学生家庭情况，为他们提供帮助。在党总支的带动下，各支部也大胆开展形式多样的学习实践活动。有的组织参加“陆家嘴外语志愿者分队”和“外语演讲比赛”，有的为纪念汶川地震一周年捐款捐物。银行主导的公益活动在党总支的组织实施下取得了良好的社会效应，同时增进了渣打(中国)和渣打党总支双方的理解和互信，扩大了党总支在银行的影响力。

一步一个脚印，渣打银行党总支从小到大，从弱到强，各类活动从“自转”不断融入银行的发展，作用不断显现。为使党组织的活动跟上外资银行的快节奏，也为党员们提供灵活多样的菜单式服务，渣打银行党总支创造性地发明了党支部活动“项目制”工作法、党小组长“轮岗制”工作法。党总支下属6个支部，每两个月轮流由一个党支部牵头组织一次规模较大的活动，6个支部的党员同志都可报名参加；支部内部的小型活动则由各“轮岗”的党小组长负责策划实施，支部内的党员均可参加。

2010年党总支精心策划组织了“走进寿春民工子弟小学”系列活动，每两个月有一个支部轮流以“世博”为主题和同学们一起召开主题班会，宣传世博知识和环保知识，用党员自身努力发展的经历给孩子们带去与课本知识不同的信息，为民工子弟学校的孩子们打开了心灵的另一扇窗。活动全年共安排了6次，次次有新意。该活动得到了银行行政方的认可，不但安排银行高管参加党总支的活动，还以党总支的名义向寿春小学捐赠了8台电脑，为党组织开展工作提供了有力支持。

2011年以来，党总支紧紧贴近“一心做好、始终如一”的渣打银行品牌建设理念，连续3年多开展了松江花桥敬老院、黄浦区第二敬老院“爱老敬老”

活动，以“项目制”方式每两个月由一个支部牵头去敬老院慰问老人。老人们对年轻人的来访非常感动和开心，祖孙两代人的互动既安慰了敬老院的老人，也让年轻党员们深深体会了中华民族爱老敬老的传统美德，对人生的意义也有了更深的思考。

参与策划的同志多了，新点子也多了起来。各支部还组织了“革命圣地探访”、“好书推荐”、“一句话心得”、“与智障儿童大手牵小手”、“爱心种子”、“爱心捐书”、“踏青植树”、“看励志电影”、“舞台剧欣赏”等活动。渣打银行党总支几乎每个月都安排了活动，丰富多彩的活动选项让每个党员根据自己的工作安排菜单式地选择参加活动的内容和时间，较好地解决了在非公企业中党的组织生活出席率低的问题。

特别令所有党员感到振奋的是在渣打银行（中国）公司年会上，公司高管层向渣打银行党总支颁发了锦旗，锦旗上书写“工作党建 齐头并进”，这是对渣打党总支工作最好的褒奖！渣打银行（中国）首席信息官林大卫先生还曾向党总支的全体党员们发出了一封感情真挚的祝贺信，叙述了自己对共产党的认识以及对于在中国共产党领导下的中国发生巨变的感慨，表达了对中国共产党的尊敬。这些热情的话语在党员群众中引起了极大反响，同时也对渣打银行党总支的工作开展创造了良好氛围，打开了新的局面。

近年来，虽然因为年轻白领工作变动频繁，每年都会有十几位支部书记、委员、党小组长离开渣打，但空缺的位置立刻就会有后备干部、骨干党员补上。渣打银行党总支已在银行内构筑了一座坚实堡垒，成为企业文化建设中的一支不可或缺的重要力量，它引领年轻的党员们在思想上坚定信念，在岗位上创先争优，同时为陆家嘴金融贸易区的其他外资金融企业的党建工作树立了榜样，作出了表率。

浦东新区渣打银行（中国）有限公司党总支

弘扬企业文化 争做公益先锋

为扎实开展外资企业党建，将企业文化建设与党建工作融合，凸显党组织在企业内的作用和地位，玫琳凯（中国）化妆品有限公司党总支紧贴企业经营理念，提出“扬乐施精神，树党员先锋”的口号，作为支部的行动准则。策划并组织了“边走边爱”党建创新项目，通过员工兴趣沙龙，让志愿者掌握一项技能，在公益活动中展现、扩展了公益活动的外延和内涵，在热心做公益的同时收获快乐。玫琳凯党总支积极认领企业和社区的公益项目，组织各志愿者团队负责实施，各志愿者团队的领军人物都是党员，主动承担公益活动，担当先锋，成为促进企业发展的源动力。

党总支与对外事务部、人力资源部共同发起“玫好家园”志愿者团队的招募工作，由党员带头报名，由党总支领导班子和各党小组长担任志愿者团队的负责人。人力资源部牵头，在公司内网上建立志愿者管理平台，随时发布公益活动、志愿者招募等信息，为每位志愿者配备电子护照，随时可以看到服务情况和积分情况。党总支会同人力资源部，制定333积分制度，员工参加的公益活动小时数、健身小时数等成绩均可换算成个人积分，并在年底时根据得分发放礼物。党组织与各对外部门合作，将公司的公益活动与党建工作对接，各部门需要员工作为志愿者的活动，均要提前列入到年度、季度计划，并通过志愿者平台及时发布，由员工自愿报名。项目包括：“边走边爱”、“做一天乡村教师”、社区“阳光之家”看望智障青少年、区老年公寓助老、为陕北居民区困难党员叶阿姨送菜等项目。志愿者队伍最初的十几位发展至今已有近300名成员，每人的年均服务小时数超过15小时。

党总支组织各党支部与学童家庭完成组合结对，第一党支部结对6名学生，第二支部结对10名贫困学生，并分别在上海行政中心和杭州工厂组织启动仪式，让参与部门的代表与学生见面。定期上门辅导关心结对学生。党支部每月组织党员志愿者到结对学生家里辅导功课，为他们答疑解惑并赠送辅导书籍。除了学习上的帮助，志愿者们还关心孩子们的心理健康。有一名女孩，患有轻微自闭症，平时不爱与他人交流，经过党员志愿者贴心地沟通，循序渐进地疏导，性格逐渐有了改观，孩子的父母感激地说：“你们解除了我的心病，这比送什么礼物都好。”通过开展各类活动，多方面教育培养结对学生。一是感恩教育，在圣诞节来临前夕，志愿者与结对小朋友在玫琳凯行政中心欢度圣诞节。小朋友纷纷装点圣诞树，许下心愿，与志愿者共同制作纸杯蛋糕，亲自装裱画作，写圣诞贺卡，为他人送上感恩祝福。二是科技教育，党总支利用暑期时间，组织静安区10名结对学生赴上海儿童博物馆参观。小朋友们观看了科幻电影，并根据自己的兴趣爱好参与了各类活动。

他们在科学的天空翱翔，领略科学的无穷魅力。当党员志愿者问小朋友长大了想做什么时，小朋友们异口同声回答："做科学家。"这次活动旨在从小培养孩子们对科学的兴趣，努力学好科学文化知识，将来成为国家的有用之才。三是"红色"教育，党支部与社区贫困家族进行了一次"红色"之旅——参观上海陈云故居。志愿者给孩子们介绍陈云故居，讲述老革命家的故事，鼓励孩子们树立坚定的理想和乐观向上的生活态度。

开展"做一天乡村教师"支持活动。玫琳凯（中国）化妆品有限公司在湖南边远贫困地区资助了一所希望小学。当得知这所小学课桌椅简陋，影响孩子们学习的情况后，党总支特地发起志愿捐助活动，在公司的帮助下，定制了 1 400 套安全合适的课桌椅。由党总支书记带领 10 位党员志愿者，自费赴当地"做一天乡村教师"，将桌椅新手交给大山里的孩子们，孩子们听着党员志愿者悉心授课，脸上盈满了笑容，志愿者们也感到由衷的欣慰。

玫琳凯支部党员志愿者定期前往静安区老年公寓看望老人，去阳光之家看望智障青少年，去儿童福利院抱抱孩子。其中，老年公寓活动自 2011 年初起已经连续开展到现在，在玫琳凯支部的带领下，每月，党员们都会号召身边的同事抽出一个周末的时间，和老年公寓里的老人一起插花，为老人们留影，共同制作相册、手工艺品等，与老人们共度欢乐时光。玫琳凯党支部参与该志愿服务的比例为百分之百，每位党员都自发参加了 3 次以上的志愿服务。

玫琳凯支部的"乐施精神"还延伸到陕北居委的特困家庭中。有两户家庭，其中一户家庭女儿有严重风湿病，母亲患有白内障，另一户家庭父亲已过世，患有唐氏综合征的女儿与 70 多岁的老母亲相依为命。当支部了解到该情况后，立刻联系街道，与这两户家庭结对，并持续在各种节假日为她们送温暖，后来了解到白领驿家有个送菜项目，就帮助困难家庭申请，并承诺由党员志愿者每周送菜，到现在已经 3 年了。据了解是送菜项目中时间最长的一个结对家庭，现在这个活动已有更多的同事参与。

"玫好家园"项目经过近 5 年的实施，取得了显著的成效，前后有近 700 名员工参与。通过参与公益活动，党员志愿者自身得到了锻炼与提升，体现了"我公益，我快乐"的理念，同时扩大了党组织的号召力、凝聚力，企业在党建活动各个项目中得到进一步拓展，使外企党建更扎实有效。

"玫好家园"项目的创新之处在于，一是党建活动中融入了公司经营理念，在形式上与公益活动有机结合，为公益活动赋予新的内容。二是超越了社会公益单纯的捐款捐物模式，党员志愿者通过身体力行，以获得爱心金币的方式募集善款，凸显“我公益、我快乐”理念。三是紧贴企业文化，围绕“乐施精神”，延伸党建触角，使外企党建落地生根。

外资企业中的党建工作没有太多模板可循，需要不断创新，通过自身成就树立党组织的影响力。玫琳凯党总支在组织党员活动方面的规范性、活跃性也一直有着较高的水准。党总支制定了《党员示范岗》标准，由党员提出申请，党总支考评，符合标准由党总支授牌。党员大会、党员组织生活，党员自觉佩戴党徽，亮党员的身份，让党员们时刻牢记自己的党员身份和肩负的使命，同时又能够接受身边群众的监督，做一名合格党员。对于企业党建活动的推进，整个党总支上至支部书记，下至每个支部党员都是积极主动地参与。玫琳凯的党员个个争当先进员工，通过自己的不懈努力和优异表现让党组织在企业中有作为、有地位，带动身边同事的工作积极性。玫琳凯每个党员都有自己的一条公开承诺，他们时刻进行自我激励、自我教育，激发自己对生活工作的热情，将党建工作的影响扩大到整个企业之中。

静安区玫琳凯(中国)化妆品有限公司党总支

“盒饭恳谈会”上的党建工作

汇丰银行是老牌的世界500强企业，上海是汇丰银行的发源地之一，2007年4月2日正式开业，汇丰银行英文缩写HSBC中“S”字母指代的正是上海。总行设于上海，是香港上海汇丰银行有限公司全资拥有的外商独资银行(外资银行)，其前身是香港上海汇丰银行有限公司的原中国内地分支机构。目前，汇丰中国共在内地53个城市设有167个服务网点，包括30家分行和137家支行。银行董事长为王冬胜，行长兼行政总裁为黄碧娟。

改革开放以后，汇丰银行重新进入上海市场并迅速拓展业务，银行里的白领党员也随之增加。2006年4月陆家嘴综合党委在汇丰银行组建了党支部，是党委第一批组建的4个外资银行党支部之一。随着企业的发展和党员人数的剧增，汇丰银行党支部于2009年12月升格为党总支，下辖8个党支部、340名党员，是目前陆家嘴金融贸易区党员人数最多的基层组织。

外资银行要求员工快节奏、高效率的工作，这对普通员工特别是刚跨出校门进入职场的年轻人来说压力不小。他们不仅要适应外企的工作节奏，而且还要把所学的书本知识转化为实际工作能力。为此，外资银行员工都十分注重岗位业务知识的学习，加班加点就成了常态。根据这一特点，党总支书记与总支班子其他同志一起结合实际，见缝插针，创新工作方式方法。一是首创“盒饭恳谈会”。中午支委们端着盒饭聚到一起，谈工作、谈党员、谈党建。渐渐的大家把这种边吃边聊的方式称之为“盒饭恳谈会”，并固化为一种工作常态。通过“盒饭恳谈会”的形式及时传达上级党组织工作要求，相互交流沟通信息，了解和掌握党员的所思所想，主动听取党员的意见和建议，商讨下一阶段工作等。午间1小时经过日积月累，积少成多，成为了外资银行特定情况下宝贵的党建工作时间；二是通过调查问卷、微信等媒介了解需求，增进沟通。汇丰300多名党员分散在上海分行和各个支行，集中开会是一件十分困难的事情。他们通过电子邮件、公司内网、微信等工具加强联系沟通，并通过问卷调查等方式对党员思想动向、工作学习需求情况进行关注和了解；三是组织党的“十八大”知识竞赛。党的“十八大”召开期间，党总支为进一步督促党员学习领会“十八大”文件精神，组织了学习“十八大”精神知识竞赛活动，得到党员同志的热烈响应。回收的试卷答题质量高，体会和建议与本职工作实际相结合，竞赛结果及答题试卷向支部全体同志公布，收到良好的效果；四是举办“勇于面对职业挑战”讲座。为正面引导党员职工积极应对快节奏的工作，帮助白领青年勇敢面对职业挑战，党总支邀请人力资源培训专家举办“勇于面对职业挑战”讲座，受到白领青年的好评；五是培养党团组织后备骨干。党总支广泛联系进步青年，分派适当工作，分享工作经验，包括邀请他们协办党、团组织的活动等，既锻炼了青年骨干，也为党、团组织储备了更多的后备力量。

党中央曾对基层党建工作提出“围绕中心、服务大局、拓宽领域、强化功能”的要求。对外资银行党组织来说，即以企业的经营发展为“中心”，以社会的和谐稳定为“大局”。汇丰银行党总支紧紧围绕中心和大局，开展了一系列的工作。一是围绕银行建设献计献策。党总支围绕银行中心工作，发动党员积极参与企业的“创智金点子工程”，并将此项工作作为年度重点工作之一。他们向全体党员发出倡议，安排在党组织生活会上就如何提出可操作性的金点子议题，进行头脑风暴，并进一步推进和落实。有的党支部还将党员参与情况纳入了支部的年度考评。二是围绕上海城市建设向党代会建言。党员们不论是老上海人还是新上海人，都积极向党建言献策。涉及丰富组织生活、完善人才政策、关注房价调控、强化食品安全、建设上海金融中心等多个方面。体现了党员们对上海的热爱、对事业的憧憬和对美好生活的向往。三是配合银监局的倡议，开展公众教育日活动。为响应监管部门及本行专项工作组的号召，满足更多金融消费者对金融信息普及的需求。

汇丰银行党总支十分重视与外企管理层的沟通，努力争取公司行政方对党组织的支持。他们主动邀请公司高层领导给党员做职业分享讲座，让管理层逐渐了解党总支和党员。总支委员刘琳彬同志在汇丰银行工会副主席的工作平台上，把党群工作有机结合，起到了党组织与外企管理层、企业职工群众沟通的桥梁作用。一是组织多项提升党员及员工工作效率及工作能力的讲座，包括："梦想成真创造你的未来"、"高效能沟通和人际关系"、"个人品牌设计"等；二是为丰富党员及员工业余生活，组织太极拳、武术、游泳、羽毛球、唱歌等培训和比赛，汇丰银行在金融同业的羽毛球比赛中多次获冠亚军奖；三是关心员工生活，举办"形象管理沙龙，穿出职场影响力"、"职场女性压力与情绪管理"、"教会孩子面对冲突"、"催眠与潜意识讲座"、"英语俱乐部"等活动；四是大力推广银行各种公益活动，包括：JA 大学生创业工作坊、为贫困地区捐书、慈善义卖、无偿献血等。此外还组织党团员和员工参加陆家嘴的联谊活动，如踏青郊游、观摩话剧等，仅 2013 年就推出了优惠就餐、健身及各类优惠产品推广活动，累计达 42 项。党工联动为党建工作提供了更加宽广的活动舞台，为提高党组织的吸引力和影响力发挥了积极作用。

汇丰银行党总支针对党员年轻、加班多、业余生活单调等实际情况，组织了各类丰富多彩的党组织活动，满足基层党员精神文化的需求，也陶冶情操提高党员的文化素养。先后组织了"喜迎'十八大'暨庆祝上海市银行同业公会成立二十周年"书画摄影作品征集活动；组织党员积极参与"'两新'党建工作征文活动"；组织党员参观南京雨花台和南京大屠杀纪念馆，使党员又一次受到革命传统和爱国主义教育。实施汇丰"儿童悦读"计划，以实际行动关注职工家庭及其子女的成长。

党总支号召党员积极参与银行的各项社会公益活动。支部书记范林森同志在"青年成就"中与上海市北海中学结对，获得优秀企业志愿者奖项。尤其是在近年参与陆家嘴"上海一圈"金融文化服务中心的共建活动中（包括健康节、交友、音乐会等)，汇丰银行获上海文广局颁发的优秀项目奖。在参与上海银监局倡议的公众教育日系列活动中，汇丰党总支积极发动党员骨干利用业务时间与居住地居委会、物业管理部门商议，将宣传海报张贴到社区，为宣传活动下沉到基层、金融消费知识普及到更多受众，进行了有益的探索。上海银监局在总结此项工作时，汇丰银行获评三等奖。

非公企业党组织管理体制和工作机制已趋规范化，党建带动业务和社会影响力的成效日益凸显，几年来成绩的取得，离不开上级党委的支持与指导，离不开全体党员的共同努力。在社区公益活动中，党员作为社区的一分子，帮助社区与居民建立更紧密的关系，带领社区居民参与各项社区活动、公益活动，协助社区搞好活动、献计献策。

在志愿公益活动中，党员扮演不同的角色，利用自己的特长和专业知识为社区居民服务。党员通过参加这些活动，不仅是简单地帮助别人，同时也是促进社会繁荣进步的义务及责任。在服务他人、服务社会的同时，自身得到提高、完善和发展，精神和心灵得到满足。参与志愿公益活动既是“助人”，亦是“自助”，既是“乐人”，同时也“乐己”。

浦东新区汇丰银行(中国)党总支

党组织是非公企业发展和稳定的助推器

中德安联人寿保险有限公司是中国第一家获准开业的合资寿险公司，于1999年1月25日在上海正式开业。目前在上海、广东、浙江、四川、江苏、深圳、北京和山东设立了8个省级分支机构，并在近40个城市开展业务，员工达到500—1 000人，法定代表人为李子民。

2007年4月，该支部整建制转入陆家嘴金融贸易区综合党委，在册党员数为56人。多年来，该支部带领党员围绕企业的中心工作和主营业务积极开展工作，取得一定成效，已成为一支推动公司发展和稳定的重要力量，受到德方总经理的高度赞赏。该支部先后多年荣获“浦东新区一级党支部”和“浦东新区非公有制经济组织和新社会组织党建工作示范点”等荣誉称号。

中德安联人寿保险有限公司党支部是一个团结和谐、严于律己、以身作则的好班子。第一届支部书记杨勇艇同志是党内外一致公认的业务能力精湛、创新意识超前、人格魅力突出、群众关系和睦的管理者。杨勇艇同志综合素质好，工作积极负责，每天最早到办公室，最晚离开办公室，以努力的工作姿态和积极向上的心态感染和影响了周围的党内外员工。他带领的团队努力开发销售渠道，创新产品和服务，控制销售风险，超额完成了全年任务。近些年，年均增长率位居德国安联集团海外子公司之首，杨勇艇同志主管的该公司银行保险业务占据公司业务总量的85%以上，每年增长200%以上，树立了行业的口碑，也赢得了外方管理高层对中方员工的高度赞赏。

现任党支部书记余咏同志是公司内部内审负责人，她负责的内审工作完成时间超前、完成质量精湛，审计工作的专业性、规范性和严谨性得到了安联集团审计总部的高度赞扬和充分肯定。

支部一班人的努力和成功不仅感染了周边普通的员工，同时还受到了公司前外方首席执行官柏思安先生的高度赞扬。当他得知中德安联党支部荣膺“浦东新区一级党支部”称号时，非常高兴，特别致函中外方各位董事，他表示这不仅是全体党员员工的荣誉，也是中德安联整个公司大家庭的荣誉，是党组织对安联人和安联文化的认同。公司现任首席执行官、上海市“白玉兰纪念奖”获得者陈良先生也对公司党支部的工作给予了大力支持和由衷的称赞。

支部主动将党建工作与企业发展稳定工作相结合，要求党员立足本职岗位，为企业的发展尽心出力。在科学发展观活动中，通过学习和讨论，党员对科学发展观和时代使命感的理解更深化了。支部抓住安联保险集团总部重点向全球子公司推广的“创新金点子”活动的契机，发动全体党员为企业的发展和稳定，结合工作实际提合理化建议，据统计党员提出了多条合理化建议，党员的“金点子”参与率、提交率和执行率都名列安联子公司前茅。党员们提出的折扣飞机票、IP电话、集团通信、视频会议系统等“金点子”，都被公司采纳，为公司节约了大量的运营成本；党员们提出的设置员工图书馆、员工转岗、内部招聘市场等建议，体现了以人为本，为公司员工创造了宽松的工作环境和营造了和谐气氛；党支部还联合工会一起向公司管理层提出了弹性工作制、改善食堂用餐环境、提高用餐标准、增加体育运动设施、组织体育俱乐部等合理化建议，都得到了公司决策层的积极回应。

支部紧紧抓住支部工作和企业发展的契合点，在为企业提“金点子”活动中，发挥了党员的示范引领作用，充分展示了党组织在企业活动中的主导作用，赢得了企业认可、支持和赞誉。

由于外籍高管对党组织不了解，往往抱着怀疑观望的态度，关注着党组织的一举一动，担心党组织的活动会影响业务工作的正常开展。支部利用成立大会的契机，特邀德方总经理出席，由支部书记杨勇艇同志向其一一点名介绍党员中的中层骨干和优秀员工，外籍高管十分惊讶，因为他所认知的业务能手、身边得力的助手都是中共党员，是一批精力旺盛、充满活力的年轻人，他第一次了解和认同了党员骨干的作用，从此外籍高管开始改变了对党组织和党员的态度。支部为“双向”培养工作营造了良好的氛围。

中德安联人寿保险有限公司党支部按照党委“双向”培养的要求，努力把党员培养成企业发展的重要骨干。同时，支部把培养业务骨干成为共产党员作为一项重点工作来抓，引导有群众基础、业务强、素质高的业务骨干靠拢党组织，先后有多名同志向党组织递交了入党申请书，其中有一名就是公司银保部的一位副总。银保业务是公司业务的顶梁柱，占据70%以上的业务份额，作为部门领导，平时工作十分繁忙。她说：“我在大学就曾入党，后因出国时间久了与党组织失去了联系，脱离了组织。来到安联看到周边的业务骨干都是党员，他们以身作则和对工作的高度责任感深深感染了我，使我再次鼓起勇气向党组织表达入党的崇高意愿。”

“我希望在座的各位党员在各自的岗位上起到模范带头作用，与团员、明星员工一起成为中德安联人寿保险有限公司发展稳定的中坚力量，将公司的发展与稳定作为党建工作的出发点和落脚点。”这是中德安联人寿保险有限公司现任首席执行官在党支部换届改选大会上，对党员们提出的殷切期望。与会党员深受鼓舞，深感责任的重大。

经过多年的努力，中德安联保险公司党支部强基础、树典型，逐步形成了骨干多、党员活动丰富的支部特点，支部班子带领党员开展读书活动、革命历史纪念馆参观活动、便民信息采集活动、团队精神拓展培训活动，组织生活内容和形式更加贴近党员需求、企业发展需求，打造了“两新”组织党建示范点，为树立陆家嘴金融城的外资金融党建品牌贡献了力量。

浦东新区中德安联人寿保险有限公司党支部

强化党建引领作用 促进企业健康发展

福达(上海)食品有限公司成立于 2008 年 7 月,是拥有 140 多年历史的美国亨氏食品集团下属公司,是集生产物流功能于一体的大型综合生产基地。公司现有员工 359 人,其中党员 25 人。公司党支部注重思想建设、组织建设和能力建设,积极发挥党组织在企业发展中的引领示范作用,2015 年被市社工委评为"上海外资(港澳台)企业党建工作创新单位",是全市十家获奖单位之一。

外资企业党建是巩固党的执政基础和群众基础的需要。外资企业党建工作的成功与否关系到党对外资非公企业经济组织的整体把握,也关系到外资企业自身的发展壮大,更是巩固党的执政基础和群众基础的需要。

外资企业党建是增强党在群众中的影响力和号召力的需要。加强和改进外资企业党建工作的重要性、开展外资企业党建工作的特殊性以及可能性分析是开展外资企业党建工作的认识基础,是搞好外资企业党建工作的重要前提,是增强党在群众中的影响力和号召力、扩大党的群众基础的长远大事,也是关系到外资企业健康发展的一项迫切任务。

外资企业党建是创新社会治理和构建和谐劳动关系的需要。出资人对党建认识存在偏差,缺乏工作的认同感;党组织服务功能不突出、管理机制不健全,党员教育管理不到位,都难以适应新形势要求,创新社会治理、加强基层建设和构建和谐劳动关系必须要加强外资企业党建工作,有利于构建和谐企业的建设。

围绕企业中心,助推企业发展。公司党组织把工作重心放在促进发展上,以"让党员在平凡的岗位上尽职尽责、作出表率,争创一流的工作业绩"为目标,把党建工作渗透到公司发展各个环节上,使党组织成为促进公司发展的动力源。一是注重为公司发展提供思想保证。围绕解放思想、转变观念、理清发展思路、促进公司发展等议题,在公司领导层、党员、员工各层面组织学习讨论会、企业发展创新论坛、形势任务报告会、员工培训和党课学习,广泛开展学习讨论活动,进一步统一思想,形成合力。二是注重为企业发展提供人才保证。党组织积极参与、帮助企业制定人才发展规划及选才、育才措施，协助企业选招企业发展所需的各方面优秀人才。三是注重实施技能提升工程。充分调动员工干事创业的积极性，一方面针对不同岗位安排业务培训，强化业务知识，另一方面组织开展技能比赛、岗位展示等活动，提高业务能力，提升综合素质。

注重思想建设，提升员工队伍素质。思想政治工作是“两新”组织党建工作重要内容。公司党支部充分发挥这一优势。一是高度重视员工思想政治工作。公司党组织把员工思想政治工作作为党建重点工作来抓，健全机制，抓好落实，为企业和谐稳定和员工健康成长提供有力的思想保证。二是正确把握员工的思想动态。坚持以人为本，围绕员工普遍关心的热点、难点问题，释疑解惑；同时帮助员工解决一些实际困难和问题，保障员工的合法权益，有效化解各种不稳定的因素。三是创新员工思想政治工作方法。坚持每季度召开员工思想政治工作例会；举办“职工思想行为规范论坛”；开展员工法纪法规教育；开展党员和员工结对活动。通过有效途径和方法，提升员工队伍整体素质。

注重文化引领，提升企业文化内涵。企业文化是企业可持续发展的内生动力，是企业品牌的内在底蕴。抓好企业文化建设，是企业党组织一项重要的职责和任务。一是确立企业价值观体系。诸如“企业精神”、“企业理念”、“企业使命”、“企业宗旨”和“企业目标”等为主要内容的企业价值观体系，将其确立为企业的精神支柱，并抓好落地工作。二是扎实开展创建“学习型企业、争做知识型员工”活动。组织公司高层领导中心组学习、员工学习交流会、专题组织生活会等，有力推进“学习型企业、知识型员工”创建活动。三是加强企业文化阵地建设。在公司董事会的支持下，投入资金，拿出场地，为广大员工业余文化生活提供一个良好的活动场所，以满足员工对精神文化生活的需求。

维护员工权益，构建和谐劳动关系。一是深入开展创建“活力和谐企业”和“劳动关系和谐企业”活动。坚持以员工为本，实现“企业关爱员工、员工关心企业，企业和员工双进步”的目标。着重在思想上疏导，在生活上关心，在事业上激励，在管理上民主，在困难时帮助，努力营造“干事有平台、发展有空间、培训有课堂、娱乐有去处、安全有保障、特困有救助”的良好就业环境。二是督促企业严格执行劳动法等法规。及时与员工签订劳动合同，办理各项保险，切实维护好员工的合法权益，使员工无后顾之忧。三是主动化解员工中的矛盾纠纷。党组织负责人经常深入一线员工，及时了解掌握员工的诉求和思想动态。当出现矛盾纠纷时，党组织和工会负责人在第一时间赶到现场，进行正面疏导推动矛盾化解。

一是建立健全了教育引导机制，改善了业主对党建的认识。建立健全党员领导干部联系重点企业制度，通过加强与企业出资人的联系、沟通和交流，引导了外资企业出资人增强政治认同感和抓好企业党建的责任意识；同时把企业出资人对党建工作的认识和支持力度作为其评价社会贡献大小的重要内容。

二是发挥了党组织的政治引领作用，引导了企业健康快速发展。引导企业出资人积极参与"感恩行动"，履行社会责任发挥积极作用。采取由公司总经理兼任公司党支部书记党政一肩挑模式，有力整合行政与党建两方面资源，组织召开各层次的学习会、企业发展创新论坛、形势任务报告会、员工培训和党课等途径，集聚了公司集体智慧，凝聚上下发展共识。举办职工拓展活动、职工文化艺术节、职工烛光晚会，举行"听红色故事、评党员标准"等活动，把公司党组织发挥作用的出发点和落脚点放在企业发展上，使党组织成为引导企业发展的主心骨、促进企业发展的动力源。

三是推动了企业文化建设，促进了服务型党组织建设。党支部主导构建了企业精神、企业理念、企业使命、企业宗旨和企业目标等为主要内容的企业价值观体系，并投入资金和场地加强企业文化阵地建设，强化职工对公司的文化认同。把创先争优作为一种理念融入思想，作为一种动力融入岗位，让党建工作带动企业先进文化建设，用企业文化建设扩大党建成果，使企业文化更好地体现社会主义核心价值观，用先进文化调动企业党员、职工群众和企业出资人三方面的激情和动力，为企业发展凝心聚力。同时通过建立完善党内关怀机制、党员群众结对帮扶，使员工凝聚到党组织周围，融入到外资企业之中。

金山工业区综合工作党委

"六个维度"打造天喔党建工作新格局

天喔食品（集团）有限公司是由天喔国际控股有限公司（香港主板

01219.HK)全资控股的业务主体,成立于1999年,为外商独资企业,注册资本9.9亿港币,总部位于上海市松江区泗泾镇,是一家以"天喔"、"天喔茶庄"等休闲食品(饮品)品牌为龙头,集园区生产、品牌发展、品牌代理和物流配送为一体的食品(饮品)类快速消费品专业生产和营销集团,旗下拥有"川湘"、"稻香村"等多个中华老字号,"天喔"中国驰名商标以及"天喔"、"早早麦"、"谷和"等多个上海市著名商标,为松江区重点骨干企业、上海市食品制造百强企业。2014年天喔集团总收入逾50亿元,利税逾2亿元。

中共上海天喔食品有限公司支部委员会(以下简称"天喔集团党支部")成立于2008年,支部隶属于泗泾镇综合党委。六年多来,在上级党组织的关心指导和党支部的领导下,天喔集团党支部坚持党的基本路线和各项方针路线,组织和带领全体党员在各个公司的工作部门形成核心力量,较好地完成了集团下达的"两个文明"的各项任务,在推动天喔发展中较好地发挥了公司党员的先锋模范作用和公司党支部的战斗堡垒作用。

经过一段时间的组织发展和培养,党支部现有正式党员17人,来自集团总经办、人事、采购、销售、行政、财务、研发等各个部门,涉及集团管理和运营的各个方面;从职级上,有集团副总、中层经理,也有普通员工。多层次的党员队伍,以点带面,每一位党员都可以在各自所在的团队中起到良好的党员示范效应;同时,也有效保障了组织生活中可以听到来自不同岗位的声音,交流充分,上传下达,确保良好的学习效果。各党员在企业工作生活中所表现的良好精神风貌得到了集团上下的一致肯定。集团总裁曾多次明确指示,今后在集团招聘时要优先考虑共产党员。

天喔党支部充分利用公司现有的信息和资源,借力公司和泗泾镇两个平台,积极开展和参与各类活动,在提升党员活力的同时,也极大促进了企业先进文化建设。为丰富职工业余生活,培养积极向上的健康情操,党支部开展"建书屋、读好书"活动,并积极参与区社会工作党委、泗泾镇综合党委组织的丰富多样的活动。在"人文泗泾,艺术泗泾"泗泾镇首届文化节中,天喔党支部组织党员积极参加,其中陈恩国同志的作品被评为美术一等奖。在区社会工作党委组织的"十年·风雨同行"摄影和图片征集活动中,天喔党支部与企业人事部、工会互动,面向全体公司党员职工开展文化大赛,巧妙借力上级活动平台,丰富职工的文化生活。同时,天喔党支部注重加强与分公司间的联动,与川湘、皇家酿酒等公司除日常工作交流外,2016年还将组织以"考察、学习、提高"为主要内容的主题活动,重点关注集团公司与分公司在财务、研发方面的管理问题，有针对性地向公司提出改进性意见。

发挥党员队伍中有来自人事、法务等部门专业的特点，天喔党支部积极协助集团工会的工作，将维护职工权益的工作“做在前面”，通过各类劳动人事的培训、座谈会、专题调研等方式，通过员工手册、劳动合同等的修订，以“润物细无声”的方式将职工权益落实在企业的制度中、日常的执行中。天喔党支部按照区社会工作党委提出的“有场所、有设施、有标志、有党旗、有书报、有制度”的“六有”标准，积极加强党建阵地的规范化、标准化建设，在公司开辟占地150平方米的空间作为党员活动室，设有职工书屋、网吧、电教室、乒乓球室等，供企业党员职工开展经常性的学习、文化、体育等活动。

天喔集团党支部充分借鉴并运用良好的经验，注重党员的日常沟通和联络，通过支委微信群的建立，即便各支委因日常工作繁忙等因素无法经常开会，仍能做到上级交办的工作“有商有量”，高效落实。同时，天喔集团党支部充分利用“两新”组织互动平台、党员QQ群等媒介，通过文章推送等功能，始终与党员保持良好的沟通互动。针对党员的思想实际和阶段性的工作重点，天喔集团党支部还先后定期或不定期召开了党员以岗位成才、批评和自我批评为主题的组织生活会，还召开党外人士的座谈会，推行了“一帮一”与党外好青年的谈心活动，通过交流思想，促动和引导积极分子正确入党动机的形成。六年来，成功发展三名入党积极分子成为中共党员（预备党员）。

天喔集团党支部积极参加献爱心慈善捐助活动，100%的党员在抗震抗洪等救灾和职工帮困中自愿认缴了“特殊”党费。同时，天喔集团党支部要求各位党员切实落实“党员到社区、人人做公益”的主题活动，与居住地社区党组织密切联系，发挥所长，参加力所能及的公益活动，据各位党员反馈的信息：有党员积极参加社区助老帮困活动；有党员积极参与社区中老年权益保障和妇女儿童权益保障免费法律咨询服务；有党员一直坚持“环保从我做起”的社区洁净活动……这些活动让党员与组织贴得更近，焕发了党员应有的精神面貌。同时，党支部与所在地社区居委会进行结对共建活动，将定期开展以“食品安全”为主题的宣讲活动，帮忙社区居民选出更健康美味的食品。

天喔集团党支部目前组织生活健全、正常，工作程序基本做到了制度化、规范化、实效化。天喔集团党支部按照泗泾镇综合党委工作的要求，从外资企业的特点和特性出发，围绕党的中心工作，努力在三个方面做出新意。这就是：党建与企业经济工作相结合，突出一个“实”字；党建与企业改革创新工作相结合，突出一个“活”字；党建与企业文化发展相结合，突出一个“新”字。天喔集团党支部要求党员在本职岗位和平凡的工作中凸显党员的先进性和支部工作的务实业绩，努力打造一个坚强、团结、自律、有责任、有热情、有创意的党的基层组织。

松江区上海天喔食品有限公司党支部

坚持文化引领创特色
推进企业飞跃发展

康成投资（中国）有限公司（又称为“大润发”）创建于 1997 年，是一家以经营“大润发”大型超市为主体的台资企业，现有全国 240 家门店。公司于 2001 年成立了党支部，归属于原闸北区不夜城股份公司党委，2010 年 8 月转入市北高新园区综合党委，2012 年 8 月升格为党总支，下设 6 个党支部，主要由公司总部和上海地区门店党员组成，现有在职党员 57 名，都是课长以上干部，其中 28 名党员在经理以上岗位，两名在部门总经理一级。在职 57 名党员全部为大专以上学历，其中本科毕业 21 名，硕士毕业 12 名，总体文化层次较高。

十多年来，公司党组织坚持把党建文化之根与台企文化之经有机结合起来，形成了独特的大润发企业文化，着力用企业理念，铸就高素质的党员队伍；用企业愿景，助推企业快速发展；用企业价值，凝聚创新、敬业、快乐团队；用企业品质，赢得顾客和社会美誉，使公司在全国同类型外资企业连续三年第一。

早在公司创业初期，在洪万康等多名党员带领下，仅用一年多的时间筹建，第一家大润发就在市北高新园区开张，这种创业精神得到了台湾润泰集团高层领导的高度赞扬和钦佩，由此使他们看到了大陆中共党员的领导气质和管理才能，对公司内部的党员干部有了全新的认知，并在各岗位上委以重任。

“一个好的企业，一定要有优秀的企业文化”。2001 年初公司建立党支部后，经过党员反复讨论和修改，形成了大润发独特企业文化一整套体系。具体内容是：企业文化的主体架构内涵——架构在兄弟姐妹一家人关系上，照顾同仁、服务顾客、精益求精，营造一个诚实、热忱、创新、健康、快乐的团队。公司愿景——成为最受顾客喜爱、信赖，员工引以为傲的国际一流零售业者。公司价值观——信任、分享、进步。团队精神——服务支援，可以讨论，互相学习，具反省力。组织气候——心怀感激，面带微笑，处处掌声，欢乐团队。管理理念——公平清楚，以身作则，数字为纲，绩效为纪。经营理念——诚信务实，服务支援，顾客满意，参与管理，共同成长，利润分享。服务态度——欢迎、微笑、协助、谢谢。公司使命——提供顾客新鲜、便宜、舒适、便利，且一次购足的优质购物环境；成为社区的好邻居；成为值得消费者信赖的采购代表，并为社会平抑物价作出贡献等。

为了让这一文化体系落到实处，党总支采取了三条措施：一是以文化体系为企业发展主线，编制具有前瞻性、科学性、可操作性的各项规划和制度。二是以党员为示范，以党员的一言一行、一举一动做模范作表率，团结带领全体员工践行企业文化。三是以工青妇为纽带，开展丰富多彩的文化活动，使企业文化不断扎根于员工心田，不断提升企业文化品位。

要实现公司愿景，关键是党员心齐劲足当先锋。为此，党总支提出了“党员——推动企业发展不可或缺的动力源泉”的响亮口号，要求党员为公司发展走在“三个前头”：吃苦耐劳走在前，勇挑重担走在前，奉献企业走在前。开发部资深经理孙国兴为了公司开发，长期以来到外省市决策经营，从来不乘飞机，都是自己开车前往，十几年来先后坏了 3 辆汽车，行驶了几十万公里，有的同事跟他说：“你自己长途开车不是很累吗？”他说：“开车最大的好处是可以看到各地情况，便于设点决策，整体布局，这样累一点、苦一点算不了什么。”第六支部书记曹家和负责浦东、嘉定、闵行、普陀等地分店督导工作，十多年来，他以企业为家，一直住在青浦店宿舍里，整天到各个门店指导工作，帮助解决各种难题，被员工称为“爱企如家的好书记”。

有这样一批党员以无声的行动为企业发展默默无闻地奉献感动了广大员工，15 年来，大润发发展规模以平均每年增加 16 个门店速度扩大，现在已形成全国总部(上海)，以及华东、东北、华北、华南、华中 5 个大区，遍及全国 17 个省、直辖市共 240 家门店，企业销售规模年年又好又快增长，仅以 2012 年为例，销售规模达到 724 亿，为同类企业沃尔玛、家乐福、乐购、麦德龙、欧尚、易初莲花等排名第一。

按照企业核心价值和主体架构，党组织坚持从人性化着眼，柔性化着手、精细化着力，培育和铸就团队。具体从五个方面展开：一是结对互学带领人。建立了干部带骨干、党员带群众、老员工带新员工的“结对帮带”机制。公司每次招新员工，首先从党员大学生中挑选，然后由中层以上干部带教，使30多名大学生党员很快培养成为企业课长以上干部。二是技能培训提高人。每年对全国新开的门店课长以上的骨干和上海新员工进行为期3个月的集中培训，主要进行企业文化、企业管理、企业服务、专业技能和法律知识等全面系统教育，并设立以杨浦、闸北、大华为实习带教点，实行“一对一帮学”、“一对一带教”，使新开店的人员全面掌握了专业技能，并把学到的专业知识在各地新店施展才华。三是文体活动熏陶人。为使公司员工成为快乐的团队，公司每年组织员工开展多项技能和文体活动，如蛋糕裱花大赛、炸油条技能大赛、银圆统计大赛、质量识别大赛和全国员工歌咏比赛、全国员工乒乓球比赛、全国SOP知识竞赛、全国健美操比赛、全国大润发年会等，这些活动既营造了健康、向上、快乐的企业团队，又增强了公司向心力和凝聚力。四是参与管理激励人。为了吸引广大员工参与管理，公司专门开设“心声”电子信箱，鼓励员工为公司献计献策，提出合理建议。这些沟通渠道有力地激发了员工的主人翁精神，广大员工为企业发展尽心尽责，共享共荣。五是人文关怀温暖人。“有缘才能相聚，同仁皆是一家人”，这是公司关怀员工的准则。为了及时帮助所要关心的员工，公司建立了“急难救助”机制，只要大润发员工陷入困境，公司都会在第一时间启动。

超市是直接面向消费者，又是集家具、饮料、食品、服装、日用品于一体的大卖场。为此，公司主要在“三个环境”下功夫，凸显经营理念。一是为顾客营造一个“优美、干净、通畅、安全”的舒适环境。为了让广大顾客购物有一个舒适的环境，公司在门店设计上，坚持以人为本、顾客至上，宁可多投资，扩大面积，并进行科学规划，合理布局，使每个新开门店具有宽敞、明亮、便捷的购物环境。二是为顾客营造一个“优质、廉价、便宜、便利”的购物环境。为了把愈来愈多的优质商品，以愈来愈低的价格，销售给愈来愈多的顾客，公司着力把好进货关，实行采购与贡献挂钩，严把质量关，让广大顾客买得放心，用得称心。三是为顾客营造一个“热情、周到、文明、微笑”的服务环境。公司遵循对顾客“三个原则”：在服务态度上以欢迎、微笑、协助、谢谢为服务准则；在销售商品上，坚持不说不知道，不过度推销自己商品，一切让顾客自己选择；在售后服务上，顾客要退还，坚决受理退货。正因为诚信经营、热情服务顾客，公司先后获得世博会特许产品优秀组织奖、上海市外资企业最佳社会责任案例奖、上海市诚信创建企业、上海零售商年度总评榜惠民风范奖、供货商满意度领先零售商、信用资质 AAA 级、闸北区文明单位等荣誉。

静安区康成投资（中国）有限公司党总支

党建引领 党员建功

易初莲花有限公司是一家外商独资的零售超市企业。2006 年成立党支部。支部成立之初，影响力有限，认可度也有限，如何获得外商老板的认同，如何吸引更多的优秀员工向党组织靠拢，成为摆在支部委员面前的难题。

支部班子结合企业的实际情况，明确了支部建设的出发点，找准了支部建设的着力点：发挥党支部的引领作用，引导党员创先争优，岗位建功，为企业做贡献，为员工做表率。经过几年的努力，党员在岗位上出类拔萃，党组织的模范作用凸显，队伍不断发展壮大，2012 年升级为党总支部，现有党员 130 人。党总支以严谨的态度、严格的标准开展组织建设、队伍建设、作风建设，在企业形成了党建引领、党员建功的良好氛围。

易初莲花有限公司高度重视党建工作，党总支书记和总支委员均由企业中高层管理人员担任，从引领公司发展的高度进行党建工作的顶层设计，坚持高目标、高标准、高要求。建立党组织与行政领导的沟通协调制度，确保党总支班子能够有效运转。严格落实“三会一课”制度，虽然领导层工作繁忙，但仍然定期召开支委会，对党建工作的每个环节、每个措施进行研究和部署，确保党建工作扎实有效、推进有序。根据街道党工委、社区党委的要求，认真落实先进性教育、群众路线教育的各项工作，结合工作实际，制定工作方案，不仅按照节点完成规定动作，还结合企业行业特点，确定自选动作，查摆问题定位准，整改问题措施实，活动开展效果好。

易初莲花对于党员的重视在各个方面都有所体现，最有特色的是在招聘过程中，对党员也有特殊的“优惠”：党员可以免面试，直接进入试用期。党员进入企业受重视，在企业工作也同样受到重视。党总支注重在企业建立党组织的影响力，树立党员建功立业的良好形象，开展“岗位练兵”、“党员争先”、“党员岗位建功”等活动，鼓励在一线超市工作的党员带头做好工作，热忱服务百姓。大力宣传在岗位上勤恳奉献、积极向上的优秀党员，引导员工关注身边事、学习身边人，以党员为榜样，以党员为标杆，向党员看齐，提升自身工作水平，改进工作作风。

易初莲花党总支的组织建设规范严谨。由于企业性质，党员分散在各个超市门店，为了确保组织生活能够落到实处，产生实效，确保各项要求和活动落实到每一位党员，影响到每一位党员，党总支对组织生活区域进行了划分，在各个门店都设立了党小组，区位相近的党支部、党小组可以资源共享，联合开展学习教育活动，充分调动党支部、党小组、党员的积极性，灵活有效地开展党组织生活，开展党员活动。建立党总支联系门店制度，对党小组的日常活动进行指导和监督。同时，党总支规定每两个月召开一次党员大会，制定严格的管理制度和考勤制度，直接与绩效考核挂钩。党员大会每次的到会率均在80%以上，党组织的号召力强、影响力大。分片管理和党员大会相结合的管理模式，使得组织建设的灵活性和严肃性都得以显现，党组织的凝聚力不断提升。

党总支组织形式多样的党员活动，开展内容丰富的学习教育，组织收看金一南将军“中国为什么会胜利”的党课，开展主题讨论；组织参观国安局关于国家安全教育的展览，提升党员党性修养，让党员在活动和学习中不断提升对党组织的认同感，对党员身份的自豪感。同时，注重激发党员的内在驱动力，发挥党员的主观能动性，不定期召开座谈会听取意见建议，先后召开门店党员座谈会、总部党员座谈会、团员青年座谈会等，让党员团员为企业的党群工作出谋划策，建言献策，让企业的党建工作更接地气、更贴近党员的需求。

作为服务型企业，易初莲花党总支着力开展服务型党组织建设，组织党员开展公益活动，不仅积极参与洋泾社区党委组织的服务社区居民的公益活动，如慈善公益捐、植树护绿等活动，还为洋泾社区公益基金会捐款，并与金枫敬老院共建，走进敬老院慰问老人，为敬老院更新添置生活设施。通过各种公益活动，建立起了党总支与社区沟通互动的桥梁。

易初莲花党总支发挥党建的凝聚作用，提升企业凝聚力；发挥党员的先锋作用，引领岗位建功的良好风尚，获得了外商的高度认可和赞赏，不仅在外商企业获得了广阔的发展空间，更成为企业发展不可或缺的重要力量。

同时，作为社区党委的重要成员，易初莲花党总支通过参与区域化党建的各项活动，开展社区服务，参与社区公益事业，而获得了社区居民群众的认可，在社区建立起了良好的口碑。

外资企业党组织的良性发展，不仅可以树立党建的品牌，扩大党组织影响力，更能够发出中国声音，讲好中国故事，展示中国特色。浦东是开发开放的窗口，是外资企业集聚之处，外资企业党建工作至关重要。将党建与企业特点相结合、与企业文化相融合、与企业发展相配合，才能在外资企业中打开党建工作局面，获得认可，赢得认同。

浦东新区洋泾社区党委

党建引领促发展 服务员工促凝聚

随着改革开放的不断深入，“两新”组织得到了前所未有的发展和进步，为社会经济发展注入了强大的生命力。上海东隆羽绒制品有限公司借改革开放的东风，于 1992 年 7 月创建，公司是一家沪港合作股份制企业，注册资本 400 万美元，占地面积 8.9 公顷，拥有生产、办公、生活用房 7.23 万平方米，固定资产 1.6 亿元，员工 2 065 名。1993 年 10 月，上海东隆羽绒制品有限公司成立党支部，党员 41 名。公司党支部建立后，坚持不懈地做好“两新”组织党建工作，遵循“围绕发展抓党建，抓好党建促发展”的原则，积极参与企业生产经营的管理和决策，密切配合公司董事会、总经理工作，按照公司提出的“创东隆品牌，让客户满意，争同行领先，树社会形象”的经营理念，充分发挥党支部的战斗堡垒和党员的先锋模范作用，把党的组织优势转化为发展优势，把组织活力转化为发展活力，加强员工的思想政治工作，凝聚员工的人心，调动员工的积极性，维护社会的稳定，在党建的引领下促进企业蓬勃发展。

公司党支部从致力于培育企业文化，提高员工素质入手，通过编印《东隆简报》引导教育广大职工同舟共济，形成合力，为企业的稳定发展提供动力。在公司董事长、总经理的支持下，党支部通过调查摸底和各分厂推荐，组建了一支 10 人业余通讯员队伍。要求每位通讯员每月至少写一篇报道，写身边人，说身边事，倡导好人好事，抨击不良行为。党支部每季度召集一次通讯员会议，总结布置撰写稿件的内容和要求，对通讯员来稿予以奖励，充分调动了写稿者的积极性。

自2004年4月26日《东隆简报》第一期出刊以来，基本上保持每旬出刊一期，至2016年4月底，共编印出刊145期。简报文章短小精悍，紧密联系实际，很有说服力和影响力，员工都很喜欢看。简报的印量从初始的70份增加到500多份，分发到职工集体宿舍、各分厂车间、班组和中层以上管理干部。除了宣传东隆人、东隆事之外，简报还宣传时事政治、法律法规，宣传科技、生活健康常识，宣传企业规章制度和精神文明建设等内容。

公司党支部以开展评选星级员工活动的形式来激励和调动员工的积极性。星级员工从2004年上半年开始，每半年评选一次，每次评选的星级员工占员工总人数的3%，人数约70名左右，其中一星级30名，二星级20名，三星级20名，星级越多表示越优秀。

评星活动的具体操作由党支部书记亲自抓，并隆重召开星级员工表彰会，由公司领导主持并讲话，宣读表彰名单，向星级员工获得者颁发荣誉证书和一定的物质奖励。星级员工与公司领导一起合影，每人一张作留念。并在《东隆简报》上刊登星级员工简要事迹，大张旗鼓地宣传弘扬星级员工的闪光点，在公司上下形成比、学、赶、帮、超的爱岗敬业氛围，让星级员工也感受到光荣感、自豪感和责任感，成为广大员工学习的榜样。外来员工周琴年年被评为星级员工，曾代表青浦区出席在北京召开的全国优秀农民工代表大会，并走上了公司中层管理岗位。外来员工施选华，从一个普通机修工成长为一个公司一致公认的技术标兵，出席区新长征突击手表彰大会。

公司党支部通过抓苗子、结对子、压担子的方法，着重在党员中抓典型培育，让先进典型成为全体党员和员工学习的榜样，在不同的工作岗位上发挥带头示范作用。

党支部了解到本支部党员吴扣仙，在工作中认真踏实，虚心请教，还自费进修了大专学历，并请同事帮教自学日语，初步学会了与日本客户会话的一些常用语。党支部发现了这样的好苗子，予以着重培养。指派支委、公司副总吴秋英同志与她主动结对子，沟通联系，帮助她不断提高业务素质和思想政治素质。为了提供她发挥才能的平台，党支部给她压担子，将她调离分厂到上海办事处外销七部任部门经理。踏上新的工作岗位，她果然不负众望，业务量越做越多，在9大外销部门中业绩处于前三名。在公司召开的年会上，总经理表扬她、鼓励她，号召公司办事处全体同仁向她学习。公司党支部经过多年培育，涌现了在后勤部门被誉为东隆“徐虎”的阮杏林，生产部门的“技术标兵”诸海妹，在领导岗位上被员工称为“大姐大”的吴秋英……榜样的力量是无穷的。东隆的全体共产党员在各自的工作岗位上都能以身作则，发挥党员先锋模范作用。员工评价说，东隆党支部有号召力，党员有战斗力，是看得见摸得着的学习榜样。

公司总经理（法人代表）原是一位有着丰富基层工作经验的党政干部，非常重视和支持党群工作对企业发展的促进推动作用。因此，公司70%以上党员在各条线的管理岗位上，5名支部委员实行双向交叉任职，公司副总经理担任支部书记，办公室主任担任专职副书记，公司负责生产的副总经理、工会主席、财务主管任支部委员。所以，公司党支部自成立时起，就建立了党政联席会议制度，共商企业生产管理和党建群团工作大计，调动各方面力量，推进企业发展。

公司党政联席会议制度规定每月15日召开一次会议（星期日顺延），出席对象为公司正副经理、全体支部委员以及工青妇群团组织负责人。主要内容是：互通情况，汇报交流上个月工作和部署下个月工作。重点分析公司生产经营及企业管理情况，包括条线工作情况、员工的思想动态、劳动效率、产品质量、市场销售、客户反馈的信息、安全工作、企业和谐稳定等，特别是公司运作过程中需要解决的突出问题。通过联席会议制度，达到统一思想、形成共识、明确任务，确保公司各方面工作常态推进。

公司党支部和工会经常利用党政联席会议制度，与公司行政领导沟通协调，将平时听取的员工意见建议提出来，切切实实给予解决。主要围绕员工的“吃、住、医、保、酬、乐”等方面，解决员工最关心、最直接、最现实的民生利益问题。例如，免费为员工提供一日三餐；为来沪员工提供舒适的居住条件；为每位员工缴纳医保金（同城保一起缴）；为每位员工缴纳“城保”；对能够实行计件岗位的员工全部实行计件制计酬，部分无法计件的实行固定工资、计时工资；对达到5年以上工龄的员工，已连续两年组织员工赴杭州、无锡“二日游”，并在业余时间，倡导员工跳健身舞、打莲相、跑步锻炼等。公司广播室每天下午1—3点播放歌曲、戏曲，让广大员工在工作中得到美的享受。

针对员工劳动比较单调、情绪不够高昂的事实，每年公司党支部和工会都有计划地在分厂、车间、班组之间开展以“比班组协作、比产品质量、比操作技能、比劳动效率、比节能降本”为内容的“五个比”劳动竞赛，并坚持经常督导，季度评比，总结推广等制度，形成了制品一厂二车间“互帮带、共提高”和服装厂缝纫九组“低消耗、高品质”的经验做法，兴起了以点带面、全面参与的劳动热潮。

党支部针对当前整体经济形势带来的各种压力，积极开展“强服务，作表率，促发展，与企业共命运”主题实践活动，聘请了退休老干部（原区司法局局长）金家优同志开设了三堂“学会感恩”专题讲座：第一堂讲座针对公司中、高层管理人员，第二堂讲座针对公司班组长，第三堂讲座面向全体一线职工。通过《东隆简报》开展“学会感恩、懂得感恩、践行感恩”征文活动，不仅稳定了全体员工的人心，提高了员工的职业素质，还增强了全体员工共克时艰的信心。

东隆公司党支部通过在“服务群众、凝聚人心、推动发展、促进和谐”中发挥积极作用，使企业在各方面与时俱进，年年保持较快发展态势，经济效益不断提升，综合实力不断增强。由此可见，非公企业党组织只要紧紧围绕企业生产经营实际，有效地发挥了党组织在思想政治工作中的领导核心作用，同时把员工的冷暖挂在心头，把实事做好，把好事办实，服务员工促凝聚，让员工实实在在地享受企业发展的成果，使员工不仅得到物质上的实惠，而且感受到心理上的幸福，那么自然成为企业发展不可缺少的良师益友，成为广大员工心目中值得信赖的“娘家人”。党组织的思想政治工作就一定能“受业主所理解，受管理者所支持，使党员所欢迎，受职工所拥护”，从而增强了党组织的凝聚力，扩大了党组织的影响力，提高了党组织的战斗力。

青浦区金泽镇社会工作党委

尽心尽力履行社会责任 构建共建党建示范阵地

安莉芳（上海）有限公司成立于2010年12月，位于杨浦区昆明路508号，总部设在上海市杨浦区安莉芳大厦。安莉芳（上海）有限公司系香港安莉芳集团在国内投资建立、注册在殷行街道的全资子公司，人员近 4 000 人。该公司为外资企业，含投资、管理、贸易、研发四大功能，集市场、品牌、高级商务、VIP 会所及旗舰店为一体。旗下共有 7 个品牌：安莉芳、COMFIT、芬狄诗、Liza Cheng、IVU、E-BRA、安朵。产品种类包括胸衣、内裤、紧身衣、泳衣、韵律服、睡衣、孕妇和哺乳内衣等，深受各界不同年龄女士的欢迎。集团将上海公司作为中国总部，担当集团在大陆地区投资企业的战略、统筹、指导的角色，凸显其在战略规划、运营决策、人才集聚、技术支撑等方面的总部功能。集团拥有专利 47 项，其中外观专利 14 项，实用新型 30 项，发明专利 3 项。

安莉芳(上海)有限公司党支部成立于 2012 年 6 月，党员 10 人，是殷行社区第一个外资企业党支部。支部成立以来，已获得街道级先进基层党组织、优秀服务型学习型基层党组织、“一支部一品牌”优秀创建项目、党支部负责人茅琼迪获街道级优秀党务工作者。支部书记俞璐担任社区党委委员。

安莉芳高层集团班子高度重视和关心党建阵地的建设，召集召开支部扩大会议，达成共识，成立党建阵地示范窗口核心小组，以党支部为核心，建立党建阵地示范窗口负责小组，党支部书记负责工作落实情况，指定支部宣传委员负责日常党建工作，为扎实开展党建阵地示范窗口提供领导保障。

党支部明确支部委员会职责与分工，制定完成党支部委员会工作制度、组织生活制度、党课制度等 7 项制度。努力克服外资企业党员流动性大、组织关系转移复杂等困难，积极扩大党员队伍，编制党员档案，建立新进党员联系制度，不断吸纳新党员。自支部成立以来，已有新党员 4 人，发展入党积极分子两人，他们大都身居公司中层管理岗位。其次，按照网络党建“六个有”要求，努力争创优秀支部网站。开展丰富多彩、灵活多样的党组织活动，加强与公司人力资源部门合作，讲求组织活动的效果。

支部按照上级党组织要求，落实创建学习型组织的方针措施，结合外资企业经营特点，积极构建创先争优活动学习长效机制，大力营造争先进、创一流的工作氛围，使学习成为党员员工的一种思想追求、一种生活方式。结合殷行街道综合学习培训制度，采取外出听课、公司内宣讲、网上自学等形式，充分利用公司 email、e-learning 等系统，及时发布党的重大文件精神、国家政策和各级党组织的决策部署，结合本公司实际，开展长短期(月度季度结合)学习。认真学习贯彻党的路线方针政策，强化 5 个能力(转型发展能力、服务群众能力、团结协作能力、依法行政能力、拒腐防变能力）培育，教育和引导党员员工在本职岗位上建功立业。2014 年，支部共开展 4 次大范围的组织学习，确保党员员工政治上的可靠、思想上的纯洁。

党支部与工会联手开展“关爱女性健康——蓝丝带沙龙”活动。该活动主要内容是邀请专业医生普及关于女性健康知识讲座、产品介绍、最大优惠让利销售、向贫困女性捐赠物品等。活动由安莉芳党支部组织、策划，殷行街道社区党委、殷行街道地区工会部门、殷行街道党员服务中心以及江浦街道等 150 余名女性参加活动。安莉芳集团 CEO 郑碧浩亲自组建“蓝丝带行动”志愿者服务队，每年亲自带队赴广西、江西、山东、甘肃、云南等地开展“蓝丝带行动”活动。2012 年向中国妇女发展基金会捐赠 700 余万元物资。中国妇女发展基金会向安莉芳颁发“中国妇女慈善公益楷模”、“慈善先锋奖”等荣誉奖。安莉芳“蓝丝带行动”深受当地妇女欢迎。至今，“蓝丝带行动”已向当地民政部门或直接发放物资达 2 000 万元。

杨浦区安莉芳（上海）有限公司党支部

党群联动 促进企业和谐发展

后藤电子（上海）有限公司是金桥经济技术开发区内一家专业生产各类电子线圈的日本独资企业，现有员工 800 多人，党员 13 名，2003 年 9 月成立党支部。多年来，通过党群联动的模式，建立了长效机制管理模式，以柔性的管理、暖人的温情，营造了“以人为本，以企为荣”的后藤文化，并取得积极成效。

党支部注重党员政治理论素养的培养，创立了企业报刊《后藤之音》，在上海“两新”互动网建立了“后藤电子支部网站”，为每位党员征订了《党员经典导读》，还通过各种形式的培训学习提升党员的综合素质，在本职工作岗位上发挥先锋模范作用。

一是以“党员示范岗”活动为抓手，搭建党建工作平台。多年来，公司党支部一直将“党员示范岗”活动作为深入持久开展党员先进性教育的一项长效工作，支部要求全体党员以自己的实际行动来兑现上墙公示的“党员示范岗”的岗位承诺，发挥出党员的先锋模范作用，同时接受群众的监督。党员的模范带头作用不仅体现了我们党的宗旨和任务，更是在非公企业的广大员工中起到了政治引领作用，同时也向外籍员工展现了中国基层企业党员的风采。党支部和企业工会通过“我为企业献计献策”、“文明员工”、“文明班组”等一系列以点带面的推优机制，让员工树立起“勇于创新、超越自我”的信念，同时还为企业营造了“争先创优”的良性竞争氛围。

二是协助行政完善公司的培训体系和培训课程。党支部常年协助行政开展员工入社培训、岗位技能培训、健康心理讲座等，真心地为员工、企业服务，不仅提高了员工的岗位技能和业务水平，也提升了现场管理者处理问题的应变能力及综合素质。

三是引领科技创新，助推企业发展。在公司党支部的倡导引领下，公司的各类科技创新项目层出不穷，3 年内有 20 多项创新成果被企业采纳，6 项创新成果获新区技协嘉奖。近 10 年来，企业涌现出区级以上先进 10 人次，优秀团队 14 个，其中以党支部书记包军丽主导的 QC 部门获“全国优秀质量小组”称号，自动卷线组获“上海市工人先锋号”称号，党支部副书记、工会主席周凤莲 2005 年获得上海市劳动模范荣誉，PC 制造课长韩赟、技术副课长陈伟敏等 3 人获浦东新区优秀党员称号。创新成果助推了企业健康发展。

公司党支部依托党群联动工作机制开展党建工作，提高了外资企业管理者和职工对党组织和工会组织的认同感和支持度，为进一步增强职工凝聚力、构筑和谐的劳资关系奠定了良好的基础。

一是保障公司员工合法权益。党组织会同工会组织与企业签订了集体合同、工资集体合同，建立了职工代表大会制度等一系列公正、法制的管理制度，为员工支撑起一片安心的天空，依法保障了公司员工的合法权益；建立了高素质的人民调解委员会队伍，8 名持证上岗的调解员，不仅有法律专业的知识，也有高级心理咨询师的资质，调解委员会的工作尽量做到信息及时、预防及时、补救及时，知己知彼真心为员工服务，让员工宽心，使公司党支部和企业工会组织成为企业发展的助推器、和谐团队的润滑剂。

二是丰富员工娱乐生活。外企制造业的工作紧张枯燥，呆板繁忙，为缓解员工压力，员工有所想公司党支部就有所为：篮球赛、乒乓赛、巧手插花、十字绣、集体生日会、阳光心态格言征集……企业几乎每月都有娱乐活动，不仅释放了员工的压力，也让他们在枯燥的工作之余发现了自己的爱好和乐趣，同时也促进了企业的凝聚和稳定。

三是开展扶贫帮困。党支部以工会为载体建立了“三必访”制度，不遗忘任何一个需要关心的职工，2005年至今已帮困慰问80多人次。为了让员工患重大疾病有医疗保障，在公司党群组织与行政管理层反复协商、沟通，同企业职工多次交流说明后，包括员工自主、行政管理、工会监督“三位一体”的“互助保障基金”成功建立，员工住院或患重大疾病，“互助保障基金”都会给予援助，截至目前，互助基金总共援助了105位员工，一宫颈癌患者获援助资金8万元，一白血病患者获援助帮困20万元。

为牢牢把握我党为人民服务的宗旨，强化社会主义核心价值观的引领作用，增强基层党组织和党员在促进科学发展、构建和谐社会中的战斗堡垒作用和先锋模范作用，2010年以来，党支部建立了一支志愿者队伍，积极参与志愿服务社会活动。

为体现“有好心、做好事”的社会和谐氛围，公司志愿者们每年两次到广洋敬老院对孤寡老人进行爱心服务。贴心的服务、真情的付出，使老人们感受到了社会的和谐温暖。此项志愿服务活动获金桥开发区“百项志愿服务帮困救助类”五星级荣誉。

2013年以来，每年4月份是公司党群组织的“文明交通宣传月”，从早上8点到9点，路人一定能在金港路金海路口看到后藤公司志愿者的身影，他们不仅参与了金桥开发区道路的交通管理，也给路人们上了一堂又一堂生动的交通法规和道德规范课。

非公经济党建工作的范围和内容要从传统的党的基层组织内部向外部延伸和扩大。党建工作的视野要从传统的党的基层组织向基层群众组织转变，党组织要把各类基层群众组织看作是自己系统内的基层组织来开展工作，以党的基层组织建设带动其他各类基层组织建设，活跃基层，打牢基础。例如，把企业基层工会组织定位为党的系统内的基层组织，以党群联动的方式开展党建工作，话语系统就得到了改变，变得更开放、更宽阔，使党建工作的影响力不断延伸，党建工作的作用进一步增强。

充分发挥党员在党内生活中的主体作用党建工作才有生命力。以落实党员知情权、参与权、选举权、监督权为重点，进一步提高党员对党内事务的参与度，充分发挥党员在党建工作中的主体地位和党内生活中的主体作用，努力将党员作为参与者和行动主体的地位突显出来，党建工作才有生命力。

浦东新区后藤电子(上海)有限公司党支部

探索外企党建新路 创建党建特色品牌

维美德造纸机械技术（上海）有限公司（原美卓造纸）的前身是拥有近 90 年历史的大型国有企业——上海造纸机械总厂，几经国企、合资、外企等变革，2006 年被芬兰外商收购为独资企业。

维美德造纸机械技术（上海）有限公司党总支成立于 2006 年，2008 年升格为党委，现有员工 700 多人，党员 102 人，下属 9 个党支部。外资独资企业不同于国有企业和一般的合资公司，党的活动难以自上而下纳入制度的安排。针对外资企业党建工作组织设置难、活动开展难、作用发挥难的特殊环境，维美德公司党委经过多年实践，探索建立了一套“外企党建品牌工作法”，在外资企业党建工作中创立了自己的特色品牌。

做法一：党建活动全面覆盖，扎根外企夯实基础

点线面建支部：紧贴外企机构特别设置，创造性地按点、线、面的分布建立党支部。如：以机械加工为“点”建立了机加工党支部、以烘缸加工线为“线”建立了烘缸线党支部等。9 个基层党支部将公司所有部门、处室均纳入党建工作框架之内，在外资企业真正做到：向内拓展练好内功，党建全覆盖无空白。

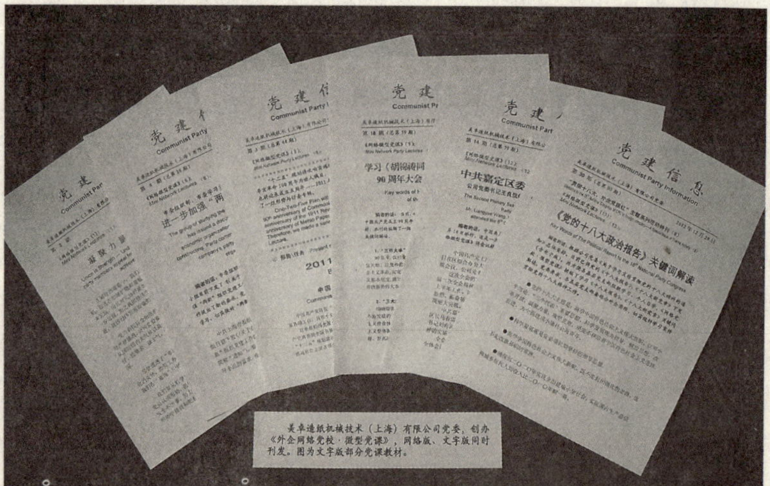

美卓造纸机械技术（上海）有限公司党委，创办《外企网络党校·微型党课》，网络版、文字版同时刊发。图为文字版部分党课教材。

网络百字征文：在全公司党员中定期开展征文活动。每届主题新颖，如“与党说说心里话”、“永远跟党走”、“我的梦、中国梦”、“入党那一天”等，广大党员职工拿起纸笔，敲击键盘，抒发感想，分享感动，已连续举办5届。

党心民心·爱心接力：每年新春期间，组织百名党员缴纳“特殊党费”。“特殊党费”全部用于帮助本公司困难职工，并对患癌症、重大工伤、特困职工上门慰问，把党的温暖与群众的心紧紧地连在一起。连续7年939名(次)党员主动11次缴纳“特殊党费”29 273元。

做法二：主动搭建交流窗口，及时沟通取得支持

《双语党刊》：中英文对照，文字版、网络版同时刊发。历经多年，《双语党刊》不仅成长为具有外企特色的双语党刊，更是紧密伴随外企发展的历程，忠诚记录了外企党建的每一步。它的一大特色就是采用双语刊登，主动与外方沟通交流，让他们逐渐熟悉、了解公司党委。做到向外延伸宣传党建，得到外方理解支持，目前已编发180期。

外企党建窗：外商的文化、管理的差异，不参与政党的有关活动等，这无疑给外企开展党建工作带来了挑战。“外企党建窗”注重党建文化阵地建设，建立在厂区醒目位置，成为对中外员工进行党建文化、正能量宣传的重要窗口。

外企党员示范岗：党员示范岗是与外企生产实际结合的产物，中英文标明身份，亮牌上岗接受监督。凡是在共产党员工作的机床旁、工作台前、各自岗位上，那个标牌上的党旗鲜红夺目，这100个外企党员示范岗，犹如100面党旗在外企飘扬，连老外都竖起大拇指称赞。

做法三：坚持特色品牌创建，提升党组织影响力

外企集体党日：党委坚持对党员进行党课教育。每年的外企集体党日将集中进行革命传统、爱国主义教育。近年来利用双休日先后组织全体党员瞻仰参观了嘉兴南湖“中共一大会址”、南京“雨花台革命烈士陵园”、绍兴“鲁迅故里”、常熟“沙家浜”、南京“侵华日军南京大屠杀遇难同胞纪念馆”、盐城“新四军军部纪念馆”等爱国主义教育示范基地。“走访革命纪念地，进行爱国主义教育”的红色之旅，丰富了外企集体党日的形式与内容。

网络党校·微型党课：具有主题明、内容精、形式新、网络快捷等优势，为在外企特定条件下搞好党员学习走出了一条新路。外企的生产、工作时间是满额的，没有学习时间，创新探索争取时间；没有学习地方，创新探索搭建平台，把党的活动阵地拓展到网络上，为学习型党组织开展活动打开了一片天地，同时也丰富了组织生活形式与内容。“网络党校·微型党课”被列为嘉定区优秀学习模式。

评选年度党建工作10件大事：每年岁末年初，对这一年度党建工作进行回顾、总结、梳理、盘点，评选出有分量的年度公司党建工作10件大事，并在《双语党刊》上刊登。老外非常看重党建10件大事评选，因为它具有实实在在的真实性、可信性，看得见、摸得着，进一步扩大了党组织的影响力，提升了党组织的向心力，增强了党组织的亲和力，展现了党组织的战斗力，尤其是对外方宣传党建发挥了重要作用。

具有外企独特风格的"外企党建品牌工作法"推出，发挥了党组织政治核心、政治引领作用，提升了党组织在企业中的受关注度和影响力，使党建工作成为推动外资企业发展内生性力量。公司党委也因此获得了多方面的认可和肯定，获得了较好的反响。

公司党委通过党建工作积极维护职工合法利益，在推动企业健康发展、服务职工群众中不断发挥影响力和凝聚力，使职工群众感到企业沟通的渠道是迅速的、通畅的，而党组织就是这个通畅渠道的沟通者和"稳定器"。公司铸造车间职工曾因质量考核存在分歧，奖金连续多月出现偏低的情况，与公司上层产生了矛盾，一度导致生产停工。在公司党委的现场调解下该车间迅速恢复了生产。在随后的工作中，公司党委又组织党员干部和工会干部对有情绪的员工进行了积极的答复。及时有效的安抚和善后工作，让企业职工对公司党组织充满信任，党组织的迅速行动也为企业和员工个人避免了不必要的损失。

通过《双语党刊》、党建大事等一系列做法，提升了企业老总对公司党委的关注度。而党组织及时有效地发挥战斗堡垒作用也赢得了外方老总的肯定。如厂区大门旁曾有一钉子户，公司老总在多次尝试无果的情况下，把拆除钉子户这一艰巨任务交给公司党委。面对难题，公司党委班子没有退缩，经过近一年几十次的沟通协调，终将这一钉子户问题彻底解决了，赢得了公司老总的高度赞许，使外方对党组织的作用有了新的认识。为了表示对公司党委的肯定和认可，外方老总还特批了万元经费给党组织。

近年来，公司党委不断总结提炼工作方法和有效经验，形成了理论和实践有效结合的工作态势，多篇调研文章刊登在市级刊物和出版的书籍中。如《外资企业党建工作要发挥"调节器"作用》一文，入选出版的《企业党建科学化导引》一书；《外资企业党建工作的实践与探索》一文被市委组织部《党建通讯》杂志刊录；《务实进取发挥作用，探索外资党建新路》一文被市社工委《凝聚》杂志刊录;《抓外企党建文化,引领主流价值观》一文作为嘉定区委宣传部外资企业文化建设研讨会发言材料。近年来,维美德造纸机械技术(上海)有限公司党委先后荣获上海市"'两新'组织五好党组织"、嘉定区"'两新'组织先进党组织"、嘉定区"劳动关系模范和谐企业"等荣誉称号。

在多年的探索外资党建中,公司党委深感外企与国企之间在资金、人员等资源方面的缺乏与落差。但在市、区、镇社会工作党委的关心和支持下,不断完善的政策和经费保障让基层"两新"党建工作者可以更加放开手脚投身事业。应该说,外商投资企业中党的建设是"两新"党建的一个新课题、新领域,维美德造纸机械技术(上海)有限公司党委将继续发挥党组织在外资企业的政治核心作用和引领作用,在推进外资党建工作的实践中,发挥外企党建品牌特色,继续探索创新,让公司党组织和广大党员成为企业健康发展的有力推手,职工心目中的旗手。

嘉定区徐行镇社会工作党委

立足"三服务" 让党旗在外资企业高高飘扬

先锋高科技(上海)有限公司于2000年落户奉贤工业综合开发区,是奉贤地区规模最大的日本独资企业。公司注册资本4 000万美元,主要生产家用音像产品以及汽车音响,产品远销日本、北美、欧洲各国。公司本着与更多人分享感动的企业理念,带领员工在研发、生产、管理等领域不断改革创新,持续挑战并追求更卓越的产品品质。

近年来,先锋高科技(上海)有限公司党支部坚持以服务企业发展为核心,针对党员作用发挥不够明显、凝聚力工作不够到位、社会责任履行还不够深入等问题,积极推进"和谐稳定促发展,创先争优建名企,与更多人分享感动"党建创新活动,立足"三服务",助推外资企业党建实践创新。

发展是企业的生命线,凝心聚力服务发展成为支部工作的重中之重。一是党员亮牌做表率。在外资企业,如何竖起党组织和党员的一面旗帜,让管理层感同身受,为党建工作赢得更多的理解支持?党支部推行党员亮牌,鼓励党员立足岗位创先进、带动群众争优秀。在设计研发中心、品技、制造等部门，每名党员的工作台上都放置着醒目的“党员名牌”，每个名牌上都有党员的履职承诺。“亮身份、做表率、履承诺、尽职责，我是党员我带头”，亮牌让党员更有责任感，也带动了周围的员工向党员看齐。二是提案征集聚智慧。党支部以创新为着力点，号召党员、积极分子、员工结合岗位实际，争做“金点子提案”合理化建议者。在2016年的活动中，党支部收到了工作流程改善、降本增效、技改创新等方面的意见、建议426条。生产技术部提出的“精密马达”内部维修的提案获得实际验证后，原本需要返回日本维修的设备，现在只需原先一半的周期即可完成。类似的348条合理化建议被快速应用到生产经营管理中，大大提高了工作效率。三是党员带头做贡献。支部以“企业因我兴、我为企业荣”为工作理念，推动党员在服务大局上创先争优，在改革创新上创先争优。管理部“乐事”小集团活动，党员技术工程师主讲，帮助员工了解世界各地先锋关联公司的材料使用现状，在剩余材料方面大胆活用，为公司节约30余万元。2015年，类似的头脑风暴活动为公司节约经费409万元，日方管理层为此竖起了大拇指啧啧称赞。

先锋公司有员工2 950人，分布在管理、研发、制造等岗位，公司党支部聚焦员工服务，做到三个关注。一是关注职工维权。福利待遇事关员工切身利益。党支部每年协同工会就工资问题同公司高层协商，与公司签订集体合同，保证每年度工资增长比例，督促公司按预定比例达成工资增长计划，做到即使公司亏损也不降低员工的基本收入。近年来，集体合同签订率100%，人均工资增长比例逐年提升，切实保障了员工的基本权益。二是关注职工膳食。在先锋，支部书记每月雷打不动的一项工作是向企业管理层汇报党建工作进展，反应党员、员工的利益诉求。在党支部的建议下，公司成立了膳食委员会，开展员工食堂用餐满意度调查，把员工的意见建议及时反馈给公司，并督促改善员工伙食。同时，引进全区第一家厂区内喜士多便利店，丰富员工多方面的饮食选择。三是关注困难职工帮扶。在党支部的工作手册上，密密麻麻记载着公司困难员工的家庭情况。这本事无巨细的工作手册，架起了党支部与困难员工的连心桥。品质技术部一员工女儿身患白血病、管理部一员工家庭发生火灾、研发部一职工脑炎病危等，党支部都第一时间赶去慰问。支部倡导、工会联手、管理层带头、群众参与的困难职工家庭关爱救助机制已帮助十多人共渡难关，“与更多人分享感动”的先锋人文气息深入人心。四是关注职工业余生活。先锋公司聚集了1 500多名外来员工，工作之余，如何丰富员工的业余生活成为支部考虑的头等大事。党支部联合工会组织羽毛球、乒乓球、足球、影视俱乐部、女性俱乐部等多个运动和娱乐团队，不仅凝聚了职工，更增进了职工与管理层的沟通理解。

党支部将党建工作融入企业社会责任和企业文化建设，形成健康向上的价值追求。一是志愿服务进社区。支部建立了以党员、积极分子为骨干的先锋志愿者队伍，积极参与“敬奉贤人见贤思齐”社会志愿活动。在“我的公司我的家——先锋清扫日”活动中，正值上海酷暑8月，党员和志愿者们积极参加活动，展示出了先锋公司良好的精神风貌。党支部将交通秩序维持、道路清扫作为志愿者项目长期坚持，涌现出了一大批优秀党员、积极分子，如今，志愿者队伍已发展到了100多人，年活动参与500多人次。二是志愿服务进农村。除了社区，党支部还把服务视角延伸到农村，与南桥镇光明村敬老院结对子，每年组织党员、员工走进敬老院相扶老年人，送衣物，送水果，清洁环境，弘扬“敬老孝老”的社会风尚。三是志愿服务进校园。党支部同样把爱和关怀送给特殊残障儿童，与奉贤区惠敏智障儿童学校联谊，每年组织志愿者结对探望。通过元宵扎兔子灯游戏、包元宵比赛、协办庆“六一”活动等，为智障儿童送去温暖和关爱。

通过党员亮牌，党员在企业内部保持党的先进性，较好地发挥了先锋模范作用和表率带动作用。同时，通过提案方式为企业提供节省费用支出的有效方案，做到为企业谋发展、服务企业。党支部注重对员工意见的收集，根据意见建议进行合理化改进，为企业谋发展，使员工得实惠，党组织的凝聚力进一步提升，员工的主人翁意识进一步增强。党支部倡导把党组织和党员作用延伸到8小时工作之外，扎实开展在职党员服务社会活动，推动非公企业党组织工作在群众中形成较好的影响力。

服务员工、服务企业、服务社会，是先锋公司党支部的职责所在、使命所在。党建工作润物无声，是凝聚力，是影响力，更是生产力。在齐心协力谋发展的进程中，先锋公司先后获得奉贤区财富百强、文明单位等称号，公司党支部也获得优秀基层党组织荣誉称号。文化建设是外企党建的“牛鼻子”，营造积极、健康、向上的企业文化，将党建工作内化于心、外化于行。

奉贤区先锋高科技（上海）有限公司党支部

打造“三园”文化 创新发展航星

上海航星机械(集团)有限公司创立于1986年,前身为奉贤造船厂,1992年成立中美合资上海航星赛达商用洗涤公司,1997年由外方全资收购中方股份,成立上海航星机械(集团)有限公司,成为中国洗涤行业投资额最高的纯外资企业,同年成立航星集团党委。如何在外资企业中树立公司党组织的地位,集团党委从促进企业发展、凝聚职工群众、提升职工竞争力三个方面入手,不断推进工业园、家园、校园“三园”文化建设,倡导一流党建引领下的先进企业文化,助力集团健康、稳健、可持续发展。

助力工业园建设,助推航星“智”造梦想。建设“大航星”工业园、实现航星“智”造一直是航星人追求的梦想,也是集团党委一切工作的出发点。一是党企融合,融入管理发挥作用。集团党委班子3人均为公司高层管理人员,党委书记为公司总裁,管理和决策公司运营和发展;党委副书记任公司综合管理部副总监,分管HR、行政、财务,同时兼任工会副主席;党委委员任公司重要部门供应链管理部主管,负责公司资金流。党企融合、交叉任职的组织架构,为党委进入管理起作用创造了有利条件。针对独资企业横向管理模式,公司党委设立二级支部组织构架,分布在不同部门,实现了党建工作的全方位覆盖。二是携手共进,树立理念引领发展。致力于建设“大航星”工业园,实现航星“智”造的梦想,公司党委提出“客户第一、服务为上、党建保驾护航”的工作理念,并具体落实到公司内外部管理的实践中,形成航星内部管理“诚信高效,学习担当,合作纪律,数字为王”的“16字口诀”和对外服务“诚心、用心、信心、放心”的“四心承诺”,成为航星工业园建设之魂。三是凝心聚力,党员带头开拓创新。2015年,面对国际金融危机余波影响和国内经济发展趋势回落,党委积极响应集团“调结构,控成本,促发展”,倡导“人人都是经营者,我为航星献良策”,发动集团领导班子、党员干部及员工积极建言献策,提出成本控制、互联网经营管理模式、物流运输招标、CRM系统客户服务满意度提升等合理化建议269条,全年共节约资金620万元,成为工业园发展的一大亮点。

致力家园建设,打造温馨舒适航星港湾。尊重、关注员工,让航星成为每个航星人的共同家园，是党委成立至今的核心工作理念。一是爱心救助，解员工突发之难。在航星，有一个职工耳熟能详的“爱心互助会”，这个由党委发起、公司捐助与员工自发捐款成立的互助基金，为集团困难家庭及员工送去了福音。机械车间一员工，四年前患左输尿管肿瘤，期间不仅得到了互助基金的及时资助，康复后，党委领导更是设身处地为他协调调换了较为轻便的工作岗位，使他深受感动。互助基金成立至今，已帮困8户重病家庭，54位困难职工，帮困金额达20万余元。二是注重细节，解员工后顾之忧。在航星宽敞的厂区，有一道独特的风景：下班后，员工们手拎着餐厅提供的新鲜、实惠蔬果及精心烹制的半成品高高兴兴地回家，这是党委践行家园文化、解决员工“下班晚买菜难”问题而推出的“厂农对接”的暖心举措。此外，还有1元早餐，让员工吃得放心、安心。逢年过节、夏日酷暑，党委还会同工会送上贴心节日礼品及慰问品；员工结婚生子、子女升学考试，都会收到鼓鼓红包奖励；厂区还设立了医疗设施，把暖心工程做到员工的心坎里。三是丰富活动，让员工乐在其中。在航星，迎新文艺晚会、元宵节游园会、员工运动会、5月美食节、6月包粽子比赛，还有钓鱼俱乐部、摄影大赛、双月文化沙龙、“卓越员工”评选等，航星人的业余生活丰富多彩，员工们参与其中也乐在其中，营造出其乐融融的和谐氛围。制造装配车间的朱良龙道出了心声：“我在航星工作27年了，没有理由，只有感情。”四是花园工厂，让员工舒心工作。在管理层的支持下，党委深耕企业文化沃土，将传统厂区建设成现代公园，造就“航星十景”，寓意“十全十美”。春花烂漫香满园，金秋硕果迎丰年；九曲小桥映荷蕊，四园小栈连钓台。还有，员工亲手砌成的航星“员工墙”、绘就的“员工画廊”，以及员工笑脸墙、航星历史陈列馆等，无不展露着航星人舒心工作、快乐生活的状态。

着力校园建设，提升航星人文价值。党委始终把实现航星人文价值作为更高追求，积极打造航星校园文化，不断提升航星人的专业技术“硬本领”和社会责任“软实力”。一是推动“1—2—3”人才计划。以人为本，人才为先。党委联合公司旭航洗涤技术管理学院，制定“1—2—3”人才计划，即培养10名事业部总监、22名中层管理和30名技术型骨干。为此，旭航学院开设近40门课程，聘请资深外教讲师授课，供全员265名员工选修；组建MINIMBA班、中基层管理人员特训营、青年员工素质提升班、一线班组长综合能力提升班等专题学习班，满足专门化、特色化需求，共计培训 920 人次，有 20%的员工通过培训得到了晋升。二是推动“启航计划”。赠人玫瑰，手留余香。2014 年 8 月，党委一行人走进贵州山区，开启了对九年制义务教育以外贫苦山区优秀学生的专项助学计划，通过与山区学校结对资助、文化交流、携手学业优秀贫苦学生助学等方式，为贫困生点亮希望的启明灯。三是扎根“社区公益行动”。党委倡导“手拉手做公益”。每月，党员们都会来到奉贤福利院为老人收被褥、洗床单，每逢佳节送上节日问候，党委还与江海社区困难家庭结对，把企业的社会责任体现在实实在在的社区助老敬老、扶贫帮困工作中，赢得了社区群众的一致点赞。

党员职工素质进一步提升，在参与企业运营和管理中的作用进一步发挥。困难职工得到关爱，企业“家”的氛围日益浓厚，党组织凝聚力明显增强。集团党委先后荣获上海外资（港澳台）企业党建工作创新单位、上海市非公有制企业廉洁建设联系点、奉贤区非公党建工作示范点等荣誉称号。

在非公企业争取党组织的地位，关键看有没有找准切入点，积极作为。航星集团党委紧紧围绕企业实现航星“智”造的梦想，带领党员职工攻坚克难，树立党建服务发展的理念，同时将党建工作融入先进企业文化，以“三园”文化凝聚全体航星人的精、气、神，将无形的文化软实力转化为企业发展的向心力、竞争力，以实实在在的作为树立党组织的地位。把员工当“家人”，员工才会把党组织当“娘家”。在党的群众路线教育实践活动中，公司党委领导在走访一线员工时发现，不少员工因为时间仓促或节省开支，经常不吃早餐，一些值夜班的员工在辛苦了一夜后也只能饥肠辘辘地回家，党委立刻与公司管理层商议，达成共识：食堂提供 3 元一份的早餐，之后优惠到象征性的 1 元，同时提供优惠半成品方便职工生活，使员工享受到“舌尖上的关怀”。正是这些体贴入微的“家人”般的关怀，使航星党委挺直了“娘家人”的腰板，职工群众有困难第一时间想到的就是党委。

非公党建工作的价值到底体现在哪里？关键看为企业和员工留下了什么。航星党委为企业发展营造了心齐气顺的氛围，为航星员工构筑了温馨舒适的家园，为企业和员工锻造了竞争力，树立了良好的社会形象，这就是航星党建工作的价值所在。

上海航星机械（集团）有限公司党委

抓住机遇 乘势而上探索
台资企业党建工作新路径

永大电梯设备(中国)有限公司成立于1993年9月,是台湾永大机电工业股份有限公司在中国大陆投资的机电产品制造企业。公司党支部成立于2007年7月,2014年8月成立党总支委员会,下设5个党支部,现有党员119名。在上级党组织的关心和九亭镇党委领导下,全体党员认真学习贯彻党的"十八大"精神,深入学习实践科学发展观,以"主动作为,获取地位"为工作目标,找准党建工作和业务工作的结合点,充分发挥党支部的战斗堡垒作用和共产党员先锋模范作用,探索出了一条台资企业党建工作新路子。

台资企业一般对党的工作大多采取敬而远之的态度。永大党支部在发展的过程中也遇到了类似的问题,2007年党支部虽然得以成立,但在成立之初无法得到公司资方的认可。党支部"主动作为,获取地位"的工作目标就由此确定,要求全体党员事事处处体现党员先进性,以实际行动带动全体员工为公司做贡献。"工欲善其事,必先利其器",党组织深知,只有班子强,工作才能有力、有序、有效。通过选举,选出了有7人组成的党支部班子,并推

选出 5 名党小组长。完善了党支部的组织结构，充实了工作力量，为支部工作的开展奠定了良好的组织基础。

公司成立之初，党组织就多次书面及口头提出建立党员活动室的申请，老板一开始是拒绝。但是，在公司经营中，党员的先锋模范作用一直在岗位上得到较好的体现，逐渐赢得了老板的信任和肯定。在公司举办成立 20 周年庆典之际，党组织党支部主动承接庆典的组织和现场气氛调动的任务。庆典之前，总经理把张书记叫到办公室，拿出讲话稿问："张书记，我在讲话中有这么一句话，你帮我看看合适不合适。这句话是：'有人问我，许总，你在大陆生意做得这么好，有什么秘诀啊？'我在这里把秘诀告诉大家，秘诀就是跟着共产党的政策走。"张书记马上说："当然可以，这个很好，而且确实如此啊。"总经理大笑，接着说："好，就这么写了。"这时，书记趁机再次提出了建立党员活动室的申请，并提出申请每月 1 200 元活动经费，这次总经理当场表示同意。在党员活动室布置完成之后，总经理还亲自参加了揭牌仪式。

2014 年 8 月党支部升格成为党总支。在 2015 年召开党总支的全体党员大会上，党组织号召全体党员亮出身份，在工作岗位上带动其他员工，行为规范接受所有员工监督。会上还特邀现任总经理担任党务特邀监督员。

有为才能有位。企业党建，尤其如此。为此，党组织始终坚持"为企业所需要、为业主所理解"的工作理念，围绕企业的生产和发展开展党建工作。根据企业生产任务较重、时间较紧难以集中的实际情况，党组织在开展党支部活动时，在形式上坚持相对集中与分散活动相结合，做到灵活、多样、小型；在时间上，坚持业余与脱产相结合，做到党支部活动和生产经营两不误、两促进，尽量不影响企业的生产经营活动；在活动内容上，从"单一型"向"综合型"转变，把党员活动从以前单一的开会学习拓展到岗位练兵、技能竞赛、评优树模等形式多样的党性实践活动中，坚持思想政治工作与生产经营相结合，充分发挥党组织在职工群众中的政治核心作用和在企业发展中的政治引领作用。

通过平时工作经验的总结和积累，党总支建立完善了各种长效机制，包括党员为公司献计献策的"创新标兵、技术能手和科研小组"活动，要求党员为公司发展献计献策，鼓励个人努力成为创新标兵，技术能手，并鼓励多人协作，完成技术攻关和管理提升上的创新和突破。在创先争优活动中，党员的"采用两点缓冲代替整条门缝缓冲条"提案，为公司每年节省成本 200 万元；另一项提案"电梯导轨底座优化设计"，每年可以节省 400 万元。现场治工具改善、结构部品改善、现场亮丽工程，有形无形的提案每年为公司节约100万元以上。党组织利用永大公司网站和“上海‘两新’互动网”的支部网站两个平台阵地，宣传先进典型事迹，激发党员员工的荣誉感、责任感，营造“比贡献、比奉献”的良好浓厚氛围。

2015年以来，由党总支倡议和组织，联系公司安装支援部、服务支援部开展活动，成立了党员志愿者服务队，向周边居民宣传电梯的安全使用知识。同时，在电梯协会的牵头下，到松江、南通、昆山等地举行了多场安全宣传行的活动。

人心稳，则事业定。党组织体会到，员工的团结凝聚是公司健康发展的重要前提。为此，党总支通过多种方式组织活动，活跃氛围、凝聚人心。着手修订公司社团管理制度，定期组织包括篮球、足球、羽毛球、乒乓球、健身等各类体育活动及比赛，丰富员工的业余生活，增强了企业凝聚力、向心力，营造了良好和谐氛围。邀请东方讲坛知名心理专家举办心理知识讲座，普及基本心理知识，引导健康积极的生活理念，同时为员工免费提供心理咨询，为有困扰的员工答疑解惑，排忧解难。引导协调公司慈善捐助小组，定期对公司内部及外部的困难人群进行捐助和帮助，鼓励员工关爱同事、关爱社会。多次组织为公司员工捐款，使困难职工体会到了党组织带来的温暖。一四川籍机床操作工，在公司工作十年多，在了解到他因家人多人生病，生活遇到很大困难的情况后，公司党总支组织党员带头捐款5万元，帮他渡过难关。此外，党总支还组织为九亭镇向阳小学贫困学生每学期进行捐助，并采取一对一帮扶的方式，跟踪了解困难学生的学习生活情况，为他们带来实实在在的帮助。多年来共累计捐款30多万元。

公司党总支及其支部全体党员不懈努力的种种举措，逐步得到公司领导及广大员工的认同。党总支的影响力、凝聚力得以显现，公司党员人数从成立时的30人，增加到了现在的119人，成立了5个支部，除了新进人员加入，主要还是原来的一些“口袋”党员看到组织活动丰富，业绩突出，主动亮出身份。积极向组织靠拢的员工也逐年增加，从支部刚成立时无人问津，到现在员工踊跃递交入党申请，至今已收到40多份入党申请书。

通过不懈的努力，党组织的战斗堡垒作用和党员的先锋模范作用得到充分发挥，党组织在企业的经营发展和内部管理中的作用也逐步凸显，有力推动了企业的快速发展。公司党支部在2012年6月被授予“上海市‘两新’组织创先争优先进基层党组织”荣誉称号，2013年7月党组织被命名为“松江区‘两新’组织党建工作示范点”，同年12月被评为“上海市十佳外资企业党建创新基地”。有了上级党委的认可，党组织工作的信心和动力都明显增强。

松江区永大电梯设备(中国)有限公司党总支

志愿者——用平凡诠释伟大

爱思帝达耐时(上海)驱动系统有限公司是日本独资企业，也是一家建厂10年的年轻外资企业。作为全球排名前四的车辆用驱动系统关键零部件的专业厂商，几年来发展迅速。投资额达到十几亿元，销售额达到13亿元，员工2 000人，步入奉贤区财富百强企业，成为上海市工业综合开发区内一家颇具规模的日资企业。

日本企业有鲜明的特点。规章制度严，公司《员工从业规则》多达14章102条，几乎是一本书；上班时间是铁板一块，神圣不可侵犯，除了生产性外，其他任何活动不能占用一分钟时间；公司从总经理到部长、厂长、室长，几十

个日本人管理上秉承的是日本文化，同样处理一个问题，中国企业依据合法合情合理原则处理，爱思帝不同，只讲是否合法，不讲情和理。这样的环境和氛围，员工积极性不高，高层管理者也因企业缺乏热情和活力而困惑。

2008年，当时公司仅有的两名共产党员挺身而出，戴上自制的共产党员义务岗袖章，拿起清扫工具，上班前1个小时义务打扫垃圾最多的自行车棚，每周3次，雷打不动3个月，在日本管理者和中国员工面前展现共产党员的精神风貌。两名党员的破冰之举引起热烈反响，村田总经理写信表彰，中外员工投来赞许的目光，进而公司工会贴出招募通告，招收有奉献精神的志愿者，年底，建立了由10个员工参加的志愿者小分队。

2009年公司党支部建立后，全面研判了企业特点以及员工队伍特点、社会环境特点，确定把志愿者小分队工作作为开展党建工作的切入点，进而成为扩大党群组织影响力、培育企业正能量、推动员工队伍建设的重要抓手。

从企业最需求方面做起。日资企业对职场环境有近乎严酷的要求，提出的口号是“比使用之前更漂亮”。志愿者活动就从这方面做起，把优化职场环境作为重中之重。坚持在业余时间，每周1—2次清扫厂区环境，整理物件放置，维护水电等基础设施，无论寒冬酷暑从不间断。据统计，截至到5月5日，近8年来厂区活动497次，参加志愿者4 096人次。

严密的组织结构。规定参加志愿者必须由个人提出申请，填表，部门领导确认，党支部批准，设立一个队长，由党支部成员、工会副主席担任；队员分成若干小组，每组设组长1人；每3个月制定工作计划，某一个组，哪一天组织活动清清楚楚；规定每次活动结束由组长写出书面报告交给队长，必须列出问题点，队长根据问题点邮件告知职能部门，由职能部门及时改正解决。

全面参与企业各项活动。志愿者小分队除了开展改善职场环境为主工作外，还作为公司的一支机动力量，全面参与到各项工作中。比如公司要开展安全法规宣传整治，志愿者一早就到公司门卫担任工作人员；党支部、工会在下班后的文化体育活动：羽毛球赛、乒乓赛、中秋歌会、拔河、棋类赛等等，安排志愿者担任裁判、后勤等工作人员；上级安排马路交通执勤，也由志愿者担任。一次，新开张的公司小卖部秩序混乱，小分队专门组织了二十多名志愿者，每天中午1个小时两人一档值班，任务就是维持秩序，坚持了整整一个月，直到员工养成排队购物的习惯才收兵。

从厂内到厂外。为了向社会传递正能量，志愿者活动从厂内扩大到社会。2011 年，同肖塘居委结对，在双休日组织志愿者到肖塘乐康苑居民小区义务劳动，捡垃圾、打扫卫生，至今已组织 11 次共 116 人次，坚持了 4 年。2013 年，同位于四团镇的上海广慈残疾儿童福利院结对，在双休日组织志愿者到福利院看望慰问小朋友，送去礼物，整理打扫环境卫生，至今已组织 5 次共 63 人次。2014 年 9 月，又同奉贤区图书馆联系，每周六晚上组织志愿者到图书馆义务劳动，整理图书、打扫卫生等，至今已 70 次共 140 人次。同时，志愿者小分队积极完成上级下达的服务社会任务，已多次参加奉浦社区组织的环境卫生日活动、交通路口执勤活动等。爱思帝志愿者小分队的工作得到开发区领导和有关部门的肯定、表扬。

建立激励机制。从 2009 年开始，志愿者小分队每年评选出 1—2 名优秀志愿者，在公司年会上进行表彰，享受一次到无锡太湖工人疗养院健康疗养一次。小分队每年召开一次年会，日本总经理出席，通报工作，表扬先进，布置下年度任务。至今，已有 16 名员工评为优秀志愿者。

志愿者队伍已成为党支部发展工作的重要渠道。不断壮大的志愿者队伍成为入党积极分子的后备力量，企业形成了稳定的“志愿者—入党积极分子—党员”培养链。7 年来，党支部发展新党员 16 名，全部是从志愿者小分队中产生。

随着志愿者活动深入持久开展，积极向上、努力进步的风气日渐形成。干部和员工争当奉献精神带头人。2014 年 Fa 工厂厂长王涌，亲自带领 5 名员工参加志愿者；2016 年 4 月底，TC 工厂 7 名员工同一天提出申请加入志愿者。志愿者小分队成了铁打营盘流水的兵。刚成立时志愿者 10 人，7 年中 40 多人陆续离开企业，但现在队员却达到了 104 人。拾金不昧等好人好事也越来越多。2014 年，公司连续收到外单位写来的感谢信，表扬公司员工拾金不昧、热心助人等高尚品德。2016 年 4 月 23 日，Fa 工厂员工朱保刚拾到外单位施工人员遗失的钱包，他立马报告厂领导，寻找到失主，外单位员工连声称赞公司员工的好品德。

职场环境卫生明显改善。过去自行车棚、休息厅等垃圾多、物品乱，现在得到明显改善；过去少数员工就餐后将餐具留在桌上，现在这类现象基本杜绝。公司高层和日本总部十分满意志愿者活动对改善职场环境的作用。2013 年日本总部特地授予志愿者小分队贡献奖荣誉。

在日资企业开展党建工作，必须立足三点：一是日资企业特点，如前所述。二是目前企业员工队伍特点，如 80 后、90 后是员工队伍主体，如 70%员工来自全国十多个省市的农民工。三是社会环境变化特点。市场经济条件下，经济多元化带来思想多元化、价值观多元化。根据这些特点，通过一种员工乐于接受、活泼轻松的形式，引导培育员工讲奉献，讲理想，树信仰。实践证明，志愿者活动是行之有效的。

奉贤区爱思帝达耐时（上海）驱动系统有限公司党支部

社会组织党建篇

上海社会组织党建基本情况

近年来,上海市社会组织以每年800多个的数量增长。截至2015年底,全市经民政部门批准登记的社会组织共13 355家,其中社会团体4 003个,民办非企业单位9 082个,基金会270个;中央较为关注的律师事务所、会计师事务所、税务师事务所等三类社会中介组织有1 713家;备案的社区活动团队2.38万个。在登记的社会组织中,共有中共党员47 585名,建立党组织2 895家。

一、社会组织党建工作体制机制不断完善

在领导体制上,着眼于"管得住、管得好"和有利于增强党建工作实效,建立健全社会组织党建工作联席会议制度,形成市委统一领导、组织部门牵头抓总、社会工作党委具体指导、市委各工作党委、各区县党委等有关部门齐抓共管的工作格局。在管理体制上,

形成了市社会工作党委—区(县)社会工作党委—街道社区党委、镇综合党委的上下贯通的党建工作网络。坚持按照“分级管理、行业归口、区域托底、规范有序”的要求,按照其登记机构,分别由市或区县有关部门管理。街镇依托社区党委进行兜底管理。工作机制方面,建立多渠道、多元化投入的党建工作经费保障机制,社会组织上缴的党费全额返还,各级组织部门留存党费向社会组织党组织倾斜。建立社会组织党建数据库,运用现代信息技术手段推进社会组织党建信息化工作。制定完善社会组织党建工作考核评价办法,明确奖惩措施,强化结果运用。

二、党的组织覆盖面和工作覆盖面不断扩大

按照“党组织应建尽建、工作覆盖全面有效”的目标,上海各级党委在社会组织中积极建立党组织,开展党的工作。一是规范设置单独组建。在专职工作人员中有3名以上正式党员的社会组织中抓独立党组织建立,推动在符合条件的社会团体秘书处、基金会的常设办事机构,规模较大、社会影响较大的中介机构以及民办医院、民办学校等民办非企业单位独立组建党组织。针对2014年四类社会组织实施直接登记改革后的新情况,市委组织部、市社会工作党委、市社团局联合制定了《关于行业协会商会类、科技类、公益慈善类、城乡社区服务类等四类社会组织直接登记后党建工作管理办法(试行)》。按照“行业归口、分级管理、区域托底、规范有序”的要求,建立行业归口安排和协调机制和联动协同推进机制。二是抓大促小联合组建。对规模小、流动快、人数少,不具备单独组建党组织的社会组织,依托楼宇、园区、流通市场综合党委等区域性党组织抓组织覆盖。对面广量大、行业特征明显的社会组织,以枢纽型方式建立联合会党委,并在所辖社会组织中积极推进党组织建立。上海工经联、商联会等25家社会组织建立联合党委,工作覆盖了所辖6 000多家社会组织。三是对未注册登记、仅在街镇备案的群众活动团队和各类社区公益组织,依托街镇党组织、居村党组织,以选派党群工作者、党建联络员及时跟进党的工作,实现了对社区社会组织党的工作托底覆盖。

三、党组织的政治核心作用日益呈现

社会组织党组织坚持把引领社会组织正确发展方向作为首要任务,着力强化党组织的政治功能。一是把党的工作融入运行发展。倡导220个市级行业协会在章程中明示建立党的组织、开展党的工作等要求,充分发挥党

组织作用，引导监督社会组织依法执业、诚信从业。市慈善基金会等30余家社会组织党组织联合发出倡议，在全市社会组织中叫响了“自律”与“诚信”的口号。二是积极团结培育领军人物。通过社会组织党组织这个桥梁纽带，加强对社会组织领军人物的政策宣传和教育引导，积极发现和推荐优秀领军人才。目前，全市已有78名社会组织骨干担任市和区县“两代表一委员”；全市登记注册的社会组织中，52%的发起人由党员担任。三是创新载体发挥作用。针对一些社会组织中的党员骨干组织关系未转入的情况，按照“一方隶属、多方活动”的原则，探索在社会组织决策层中建立党的工作小组，保证党员骨干在社会团体中参与决策管理、发挥带头作用。目前，市科协、市社联在所属学术类社会组织领导层中已建立了347个党的工作小组。

四、党组织的服务功能不断增强

充分发挥社会组织党组织的组织优势、资源优势和群众工作优势，引导社会组织服务社会事业、满足群众需求、团结凝聚群众。一是服务改革发展。注重发挥社会组织党组织处在改革一线、智力密集的优势，推动政府职能转变。在中国（上海）自由贸易试验区中建立了制造、物流、金融、贸易、租赁等5个行业党总支，收集行业发展信息，探索破解制约发展的瓶颈问题。其中贸易行业党总支向行业内200多家企业收集100多个问题，主动对接海关等部门党组织，推动“关检联动”“先进区后报关”等贸易监管便利化制度的创新。二是服务职工群众。建立社会组织党组织和职工群众定期沟通制度，强化思想政治工作，促进职工队伍稳定，助推人才健康成长。静安区成立“白领驿家”党支部，整合区内各类资源，为区内20万名白领提供服务，深受欢迎。三是服务社会治理。推进社会组织党组织和党员到社区“双报到”，实行党组织承担社会责任和党员参与社区活动情况“双报告”，并纳入党组织和党员年度考核和述职评议，引导激励社会组织及其党员参与社区建设。全市社会组织的党员有93%到社区报到，发挥他们的专业特长，参与扶贫帮困、法律援助等公益活动，并在构建社会组织四级预警网络中发挥模范带头作用。

探索实践枢纽党建功能，延伸扩大党的执政基础

2007 年，静安区委、区政府为深入贯彻党的十六届六中全会精神及上海市委关于加强社会建设、创新社会管理的要求，结合区情和社会组织特点，在上海率先成立静安区社会组织联合会，同步建制党总支，倡导在章程的主导下，坚持党建引领服务，指导、孵化社会组织。静安区社会组织联合会党总支积极探索“1 + 5 + X”①社会组织枢纽党建模式，九年来在区社会工作党委领导下，确立“党建工作贯穿社会组织发展始终，引领、服务、凝聚的工作方式贯穿社会组织党建工作始终”的理念，创建区域化党建格局下社会组织党建的工作机制平台，实践“五个坚持”工作方式。

坚持发挥政治核心作用，在政治引领中努力促进党建工作“两个覆盖”。通过“1 + 5 + X”枢纽党建促进社会组织党的组织和工作覆盖。“1”即区社联会党总支，按照区社工委要求和区社联会章程规定的党建任务，每年确定工作计划主题活动，通过每季度社会组织党组织负责人联席会议、一年两次党课报告会等，积极引导“5 + X”社联会枢纽党组织及会员单位把党的路线方针政策和区委、区政府对社会组织发展的要求化为党组织、党员的共同理想和自觉行动。“5 + X”社联会党组织按照“应建尽建”要求，帮助符合条件的基层社会组织建立党组织，暂不成熟的通过“联、临、挂、派”等方式把党员组织起来有所归属，促使关系未转入的党员参加双重组织生活和党建活动。枢纽党组织落实新注册组织必访、党组织帮困送温暖等工作制度。在党的先进性教育、群众路线教育实践活动中，大力开展“党员亮身份”活动，号召社会组织党员树立“工作生活在哪里，就在哪里发光”的理念。举办党支部“金点子”献计献策、“我的组织生活我做主”大讨论、党支部结对共建、优秀党员志愿者评选表彰等活动。目前积极指导党组织学习贯彻党中央关于

① “1”即静安区社会组织联合会党总支，接受静安区社会工作党委领导；“5”即原静安区域内 5 个街道社会组织联合会党总支，接受街道党工委领导；“X”即劳动、文化、教育等条线社会组织联合会党支部，接受各自对应大口党委领导。

“两学一做”教育活动要求，争做合格党员。

坚持以区域化党建社会组织“共同行动”工作联盟为平台，提升党建工作有效性。枢纽党建联手区域内社会组织，组建社会组织“共同行动”工作联盟，以分设的青年志愿、社区服务、社会维稳、公益慈善、为老服务五个专业联盟为载体，整合服务资源，拓宽服务领域，打造服务品牌，开展经常性的符合社会组织特点的党建活动，增强党组织凝聚力。社区服务专业联盟形成“月月大篷车、季季作奉献、年年公益节”、社会组织“六进”活动(进敬老院、工地、社区、军营、阳光之家、进监帮教)等常态化服务机制。社会维稳专业联盟参与区域内突发矛盾、集访矛盾、劳资争议、结对帮教等工作，通过各类方式接待咨询逾 21 000 人次，发挥第三方润滑剂作用，逐步形成社会组织协助政府调处社会多元矛盾的工作体系。公益慈善联盟运用社会力量成立社会组织青年人才发展春芽基金，发动社会各界定期开展义卖、义演等，筹措善款近 30 万元，为社会组织留住青年从业者提供物质、精神等支持。2016 年区社联会党总支与上海博风企业集团有限公司党支部跨行业、跨区域结对共建，优势互补，向新静安居家养老服务中心、敬老院、民非幼儿园所、小学、医院等 78 家单位赠送价值 45 万元的爱心苹果，同时为区内智慧养老工作启动试点，探索“两新”组织参与社会治理、共担社会责任新模式。

坚持党建促社建原则，把推动社会组织发展作为党建根本目的。枢纽党建坚持把党建工作贯穿于社会组织发展始终。发挥枢纽型社会组织服务功能，协助区社建办、区社团局开展提高能力建设的专题讲座、业务指导、咨询服务等，为社会组织提供财务、档案、信息宣传、项目管理等各类培训，提升社会组织承接政府购买服务的能力和参与公益服务项目的竞争力。积极动员指导社会组织参与政府购买服务项目招投标、公益创投，助推近百家社会组织参与规范化建设和文明单位创建以提高公信力影响力，并在创评过程中逐家走访指导。原静安区域内有 83 家社会组织获规范化评估 3A 以上等级，73 家获评区文明单位。

坚持完善人才培育制度，为社会组织队伍壮大营造软环境。枢纽党建注重源头发掘、指导培育、宣传推介，使一批在社会上有影响力的领军人物相继涌现，同时发挥青年志愿专业联盟平台功能，为青年人才茁壮成长打造软环境：一是积极扶持，助推青年草根社会组织落地。帮助解决场地、资金、项目发展中的具体困难。二是思想引领，把握青年领军人才发展方向。带队青年人才赴井冈山、延安革命根据地开展理想信念教育实践，充分利用新媒体平台，实现资源共享、沙龙联谊、拓展培训，在政治、工作、生活上关心青年人才。三是宣传推介，提升青年领军人才社会影响力。建立人才信息库，定期对人才成长、组织发展等情况动态跟踪。每月《静安报》刊登一名“社会组织之星”（累计 82 名）、邀请人才走进演播室、汇编《静安区社会组织群英谱》等书籍。积极向上级党组织推荐各类优秀人才，努力为其争取更多参政议政机会。

坚持调查研究，畅通反映诉求渠道，为社会组织排忧解难。枢纽党建围绕社会组织发展现状及需求深入调研，先后提出：将培育发展社会组织写入“十二五”规划、委托社会组织管理公益场所并向社会免费开放等 50 余项建议，提交“加快静安区社会组织青年领军人才培育”等调研报告。每年“两会”召开前及时举办社会组织“两代表一委员”征询基层社会组织意见座谈会，发挥其向党和政府建言献策作用。近年来社会组织“两代表一委员”先后提交 90 余份提案议案。建立向区委区政府专报制度、与区社团局、区社建办双向沟通会议，把社会组织运作中遇到的困难及时向有关部门反映，争取发展的机会和政策。

九年的探索与实践，社会组织枢纽党建有效性体现在“凝聚党员，增强对党组织的归属感；服务群众，增强公益意识和奉献精神；协同社会，增强参与意识和社会责任感”。枢纽党建成为党和政府联系原静安区域内 488 家社会组织、82 个党组织的桥梁纽带。区域化党建“共同行动”工作联盟成为枢组党建覆盖区内社会组织和服务党员群众的平台，近五年联盟内结对共建组织103家，组织公益活动300余场，6 000人次志愿者参与，受益群众逾21万人次。区社联会党总支协助区社工委，动员指导原静安区域内成功创评市级五星级社会组织党组织7家，区级四星级、三星级社会组织党组织各6家。

经过近年来的探索实践，党总支认为做好社会组织党建工作，一是必须坚持党对社会组织的领导，社会组织必须主动争取党的领导。“1+5+X”枢纽党建模式最大特点是把“党建引领”写入章程，同步成立党组织，从组织上保证社会组织党组织的政治核心地位，把党的领导和章程自治、业务发展有机结合。2014年6月，市委书记韩正在市委办公厅专报上批示静安区枢纽党建模式“有创新、有突破、有实效”。二是必须坚持引导、凝聚、服务的理念，坚持党建促社建原则。以需求为导向，运用社会化的工作方式，建立资源共享、优势互补、合作共赢的党建工作体系，不断激发社会组织活力。三是必须加强党组织自身建设，配好书记，抓好班子，带好队伍，提高服务党员群众和社会的能力，才能巩固延伸党的执政基础。

上海市静安区社会组织联合会党总支

凝聚先锋力量 创新社会治理

塘桥街道辖区截至2016年4月正式注册登记的社会组织拥有138家，社会组织的服务领域涉及“社会、经济、文化、科技、环保、党建”等六大领域，成立于2009年11月的塘桥社会组织服务中心是社区联结政府、社会组织、企业、社区公众的枢纽性社会组织，为社区公益提供资源支持性服务，中心现有专职工作人员7名，作为枢纽性社会组织党支部现有党员15名，涉及9个社会组织。

塘桥社会组织服务中心党支部在塘桥街道社区党委的领导下，认真做好社会组织党建工作，组织党员和群众深入贯彻落实市委“创新社会治理，加强基层建设”精神，根据塘桥街道辖区社会组织新特点、新需求，坚持党建引领、专业支撑、多元参与，使社会组织党组织在引领社会组织推动发展、服务群众、凝聚人心方面发挥作用。以党建工作引领社会组织健康发展，将党支部建成社会组织的坚强核心。党支部成立于 2012 年 6 月，建立起以党支部为核心、社会组织党建联合会、党建工作指导员、党建联络员为支撑的党建工作四级网络，建有社会组织党员活动室和图书阅览室，为辖区社会组织党员提供党建工作服务。党支部基础资料完善，制订了党支部工作制度汇编，按照建立现代社会组织体制的要求，依法引导社会组织开展自治工作，坚持党建引领社会组织业务健康发展，对辖区社会组织进行定期巡访与沟通交流，动态掌握社会组织的情况，贯彻民主集中制原则，坚持每月召开支委会，每季召开党建联络员会议，每季组织党建联络员活动一次，每年举行“七一”表彰优秀党员及党建联络员活动。

党建引领社会治理创新。社会组织是参与社会治理的主体之一，在参与社会治理的同时，社会组织自身的治理和运作机制显得尤为重要。中心党支部指导社会组织法人治理结构完善，实行理事会领导下的中心主任负责制，决策层及管理层均有党员，指导中心建立健全基本管理制度、专业管理制度、内控质量标准与岗位职责等，中心获得了 5A 级社会组织，连续 6 年按时正常通过年度检查，并将中心规范治理与创新模式向其他社会组织复制推广。

加强党的组织和队伍建设。党支部组织机构健全，组织生活规范有效，每两个月至少开展一次党组织活动，健全“三会一课”、民主生活会等制度，规范党员的管理。支部党员学历高、能力强，担任机构领导层和业务骨干，起到模范带头作用。

以创星入手，培育党员的先进意识。2014 年党支部以创评上海市社会组织五星级党支部为契机，开展党员先进性教育活动，在综合党委的帮助关心下，在支部全体党员的积极努力下，经过初审、复审、现场答辩的环节，党支部获得了上海市社会工作党委颁发的“五星级社会组织党支部”光荣称号。

健全党组织政治核心作用的机制建设。探索社会组织党建工作机制和工作平台，形成密切联系群众、服务群众、征求意见的恳谈会机制，建立党组织参与社会组织重大事项决策的工作机制，将骨干培养成党员，将党员培养成领军人物。党建工作经费有保障，党员活动有阵地，有负责党建任务的专兼职工作人员，引导社会组织健康发展。

引领服务创新。充分发挥社会组织服务中心党支部在“提供服务、反映诉求、规范行为”中的作用。根据社区公益服务需求引导服务创新，为社区公益提供菜单式供需对接服务，促进社会组织及项目活动的规范性。党支部认真分析社区治理工作的特点及难点，指导社会组织以公益项目为路径，参与社区治理工作，以公益项目为路径参与社区治理的模式被城市社区效仿复制，具有一定的社会影响力和美誉度。

发挥党员的先锋模范带头作用，参与志愿者服务活动。党支部的党员都是公益组织的工作人员，在参与社区公益的同时，积极参与上海市社会工作党委组织的党员志愿者活动，党支部作为上海市社会工作党委首批志愿者单位，参加了在豫园商城开展的“两新组织者服务活动”，在活动中向上海市民展示了“健康与环保”服务，并向市民派发了手工艺品、老年健康养生手册，受到了广大市民和社工委领导的赞扬。

党支部还联合东航飞行部330机队党支部和上海市通讯行业协会党支部，慰问了社区生活困难老人，并同社区老人一起进行了联欢活动。

关心生活困难员工，发动捐赠帮困。党支部始终将群众的困难作为重点工作来解决，关心群众疾苦也是支部的一贯工作作风。2016年慰问了两名支部所属社会组织的员工家属，并向行政申请经费购买了慰问品，对于病逝员工的家庭送去了慰问金，党支部所属社会组织一名员工的父亲患有白血病，家庭生活十分困难，母亲身体不好，又是持有残疾证的重度眼疾患者，家里孩子幼小，妻子不能全职工作，每月仅领取最低工资。支部在发动党员和社会组织员工进行捐赠的同时，向街道主管领导及时进行反映，街道领导十分重视和支持，并发动支部党员和群众一起进行捐赠，在短短的几天中，就你几百、他上千地募集了13 000多元现金，党支部和街道领导一起将捐款送到了员工的家中，员工的患病父亲十分感动。

生动的主题活动，凝聚支部团队活力。党支部充分调动所属社会组织公益服务的专业优势，每一次公益活动支部党员都是行动的先锋，组织支部党员参加了“公益新天地——上海市公益伙伴日”活动，“垃圾循环利用——屋顶花园”主题环保活动，“自然探访——青浦岑卜村自然农耕活动”，“转手遇见爱——公益志愿者分享活动”。丰富的主题活动，增强了党员及入党积极分子的为民服务意识，又增强了支部团队的凝聚力和战斗力。

以党建工作服务社会组织业务发展。党支部承接了塘桥社区社会组织党建联合会会员集群录，以“引领、服务、凝聚”为主题，将党建联合会会员单位的主要项目编入“会员集群录”向社会进行推荐，拓展社会组织的业务服务领域，做到社会组织党建工作与业务工作两手抓，两手都硬。

塘桥社会组织服务中心党支部在党建工作开展中取得了以下主要成效：

完善社会组织治理和运作机制。中心法人治理结构完善，实行理事会领导下的中心主任负责制，决策层及管理层均有党员，中心有健全的基本管理制度、专业管理制度、内控质量标准与岗位职责等，塘桥社会组织服务中心连续5年按时正常通过年度检查。

充分发挥社会组织党组织在“提供服务、反映诉求、规范行为”中的作用。中心根据社区公益需求创新设计公益项目，为社会组织提供运营咨询服务、承接政府购买服务项目，创新设计了“公益项目集成模块”为社区公益提供菜单式供需对接服务，为社区公益项目提供评估服务，促进社会组织及项目活动的规范性。为社区治理提供技术支持和路径，中心运营模式被城市社区效仿复制，具有一定的社会影响力和美誉度。

加强党的组织和队伍建设。党支部组织机构健全，组织生活规范有效，每两个月至少开展一次党组织活动，健全“三会一课”、民主生活会等制度，规范党员的管理，支部党员学历高、能力强，担任机构领导层和业务骨干，起到模范带头作用。

健全党组织政治核心作用的机制建设。党建工作内容和要求载入章程。探索形成了“1+X+1”的社会组织党建工作机制和工作平台；形成密切联系群众、服务群众、征求意见的恳谈会机制；建立党组织参与社会组织重大事项决策的工作机制，将骨干培养成党员，将党员培养成领军人物。党建工作经费有保障，党员活动有阵地，有负责党建任务的专兼职工作人员，引导社会组织健康发展。

实践中社会组织党建不仅推动了社会组织党组织的蓬勃发展，更提高了社会组织参与社区治理的广度和深度。六年来，中心连续五次获得浦东新区社会组织公益活动月最佳组织奖；2012年获得英特尔芯世界公益创新计划协同合作奖；2012年获得社会组织规范化建设等级评估“5A”级称号；2013年获得浦东新区区长质量奖提名奖；2014年荣获上海市五星级社会组织党组织；2015年荣获上海市模范集体；2016年荣获上海市青年“五四”奖章集体等。

下一步将进一步探索如何提升社会组织党建的有效性和民生化，促进社会组织在治理体系和治理能力现代化进程中更好地发挥作用，以社会主义核心价值观建设先进文化促进社会组织健康发展，探索党建工作与社会工作相结合，以党的政策理论指导社会建设。社会工作是社会建设的重要组成部分，党员来自群众中的优秀分子，从这两点来讲党建工作与社会工作是可以相结合的，以社会组织党建引领社会组织参与社会治理，无论是社区服务型治理、社区技术型治理、资源融合、万名党员爱心基金、公益先锋行动计划等，都是很好的结合形式。以社会组织党建引领社会组织自治，社会组织规范化建设、现代社会组织体制建设中都有加强社会组织党建的工作要求。不断将中央《关于加强社会组织党的建设工作的意见》中有关社会组织党组织的基本职责落到实处。

浦东新区塘桥街道社区党委

搭建“六大平台”，助推社会组织“抱团发展”

上海嘉定区嘉定镇街道社会组织服务中心（以下简称“中心”）成立于2007年6月，是由街道办事处主管、嘉定区首家以“承接政府转移职能、满足居民多元需求、联系服务社会组织”为主要功能的社会组织。2012年10月，中心以“公推直选”的方式，产生了嘉定区首个社会组织党总支，现下设10个支部，共有党员95名。2013年4月，中心成立了共青团组织，以党建引领团建，提升服务水平，展现社会组织党建工作的风采。7年来，中心先后获得上海市新社会组织创先争优先进基层党组织、上海市先进社会组织、五星级社会组织党组织等荣誉称号。

7年前，相较社区、机关党建，嘉定镇街道社会组织党的建设在有效性、规范性和创新性等方面都存在不足，是当时党建工作的一块“短板”。搭建“六大平台”，助推社会组织“抱团发展”是在此背景下顺应形势应景而生，它是促使辖区社会组织成为铰链式、积极主动的公益伙伴群的一个推进器。

为了实现社会组织业务建设与党的建设同步，中心党组织积极探寻党建工作的共性要求和社会组织的个性特点，着力找准工作的切入点和着力点，通过搭建“六大平台”的工作方法，有效对接供需关系，疏通资源流通渠道。近几年，中心党组织就此进行了诸多有益探索，从实施过程中逐步形成

了一些基本做法。

1. 抓住关键，深入挖潜，打造党建发展的孵化平台

2009 中心成立党支部，积极开展了社会组织党组织建设的探索和实践，并先后将 12 家街道直管的社会组织纳入党建工作范畴。2012 年，街道社会工作党委牵头统筹协调，一方面将街道辖区内 9 家社会组织党支部整合在一起，帮助中心成立了党总支部，突破了社会组织党建工作“单打独斗”的局限性。随后，又陆续将非街道业务主管的十多家社会组织以委派政治指导员的方式将其纳入党建范畴，成为了街道辖区内社会组织党建名副其实的孵化器；另一方面，街道睦邻党建服务中心，下设“一站七部”，其中专属设立了社会组织服务部，由中心统筹联络辖区内社会组织党建服务和管理工作，这样一个由街道搭台具有开放且多元性的组织架构和外联渠道，为中心党组织进一步完善服务功能、拓展服务内容、提高服务水平提供了鲜活的素材。

2. 贴近街道，贴心于民，打造社区生活的服务平台

2011 年 10 月，政府通过购买服务的方式委托社会组织服务中心对街道社区生活服务中心进行运作和管理。社区生活服务中心由一个总部、四个分部组成，本着“居民的需求就是社区服务的出发点”的宗旨，充分引导和发挥入驻的社会组织在社区为老服务、特殊人士照料、综合管理等方面的资源优势，开展公益活动，完善社区服务，打造社区民生服务的枢纽。2014 年 10 月，街道加大投入，筹建了嘉定镇街道睦邻家园，实体化扩大社会组织孵化基地，使用面积 3 200 平方米，入驻社会组织 29 家。

3. 扶贫帮困，回报社会，打造社会大众的公益平台

2007年开始，中心接受街道委托管理运作“慈善超市”公益微项目，救助社区困难群众。2012年，中心党组织与街道救助所合作，从社区居民的实际需求出发，在扶老、助残等方面创立了9个公益帮扶项目，并采取由“社会企业认领项目、社会组织运作项目”的方式，使更多的社会力量参与到贫困帮扶工作中。

4. 壮大力量，扶持培育，打造社会组织的发展平台

为了鼓励和扶持其他社会组织参与社会服务，中心党组织组建成立了公益招投标项目指导小组，在标书制作等方面提供指导。通过指导小组的运作，锻炼和培养了骨干党员，加强了社会组织之间的资源整合和人才合作，孵化培育了公共服务类社会组织，完善了辖区社会组织承接公益项目的造血机制。截至2015年底，中心已扶持11家社会组织参与招投标，获得公益项目17个。

5. 消除诱因，长治久安，打造社会稳定的预警平台

预警工作是社会安定的重要保证。为此，街道委托中心党组织做好辖区社会组织、群团的预警工作。目前，中心已能准确掌握辖区内120多家社会组织、494支群众活动团队的活动动态，及时消除不稳定因素，发挥了保稳定、促和谐的积极作用。

6. 引入力量，突出专业，打造专业人才的联谊平台

2014年，中心依托街道睦邻党建服务中心民生服务平台，将辖区内41名优秀社会工作人才凝聚起来，成立了“练祁社会工作人才联会”，打造街道社会工作人才联情联谊、沟通交流、共谋发展的综合平台。2015年，中心协同街道睦邻党建服务中心，获得“社会工作人才发展项目”民政局创投资金5万元，进一步拓宽了人才工作社会化筹措资金的途径。

(1) 发挥“桥梁纽带”作用，负责在辖区内社会组织中贯彻执行党的路线方针政策，开展党的工作。

一是中心组建成立社会组织一支部，对无党组织、新成立等规模小的社会组织的党员纳入其中，实行“组织关系一方隶属、双重管理”的模式，解决了党员管理中组织关系、人事关系等刚性因素的制约，让社会组织党员既服从所在单位行政管理，又能在党支部过上正常的组织生活。

二是作为枢纽型的党组织，在扶持多家社会组织组建党支部的过程中，不断扩大党员队伍，向党支部递交入党申请书每年呈上升趋势，发挥了良好的示范引领作用。如区闽商协会有会员近1 000人，自组建党支部以来，提出了

"党员示范,诚信经营"的党建思路,会员企业未发生一起消费者投诉事件。

三是发挥"引领聚合"作用,增进社会、政府、社会组织之间的联动和合作,促进资源的有效配置。① 有效搭建社会组织与政府间的互通平台,掌握信息动态,及时向有关部门建言献策。例如建议提高政府购买服务项目中的社工津贴、建立街道社会工作示范基地等意见建议,成为了社会组织间共同利益的链接点,这些建议最终被政府采纳与落实。② 有效搭建社会组织与社区间的互通平台,促成供需接轨,让社会服务工作接通"源头活水",让社会组织人才服务社区发展、服务居民需求功能得以强化,形成社区、社会组织"双社"联动、共商项目、共议发展的良好局面。如中心党组织已促成 8 个公益项目落地社区,项目资金 27 万元,惠及群众近千人次。③ 有效搭建社会组织与社会的互通平台,多方凝聚社会治理的合力。中心党组织将党的建设紧贴社会组织的实际作为加强社会组织党的建设着力点,"点对点"地找准党组织和党员发挥作用的途径和方式。比如中心党组织会结合各类时节开展公益服务集市等活动,有效激发党建工作活力,有序组织、引导和团结社会组织及其从业人员。

(2) 发挥"服务平台"作用,开展指导、咨询和培训,提升社会组织参与社会公益服务项目的能力和竞争力。

一是有所侧重、分类施策提供服务,真正扎根基层,实现党建工作从有形覆盖到有效覆盖的跨越。党组织的影响力,体现在群众口碑、民心所向和社会形象上,中心党组织建设理念"突出服务型党组织"。比如说:社会组织是一个需要不断学习、创新的行业,多元的学习、人才的培育是众望所期的。2016 年,中心党组织搭建起"益起学习"学习平台,面向广大党员群众开设丰富体验课程,社会组织成员在学习中,既丰富了个人文娱生活,又结交了许多公益伙伴,为今后组织间的合作疏通了渠道,奠定了基础。

二是结合"两新"组织党员分散的特点,中心党组织开拓了立体化服务沟通平台,巧借新媒体的力量,加强网站宣传阵地、沟通平台的建设。如中心党组织在各支部培养了一批"两新"党建工作新媒体管理员,加强"两新"组织新媒体建设。现阶段,10 个支部不仅每月发布动态新闻,还通过网络平台指导党员工作。

中心党组织通过搭建"六大平台"的工作方法服务和管理社会组织,是符合当前形势需要的,是实现党建整体引领助推社会组织"抱团发展"的有效方式。我们认为其主要原因是由于个体社会组织的力量相对弱小，而经由政府部门认定的枢纽型组织容易获取政府和社会资源的信任，易于各类资源的整合，获得更多的扶持与资助。中心以枢纽型党组织为抓手，以搭建“六大平台”的工作方法，进一步提升了社会组织在区域化党建的参与度和贡献率，较好地促进了政府、社区、社会力量与公益类专业性社会组织的交流合作。

嘉定区嘉定镇街道社会组织服务中心党总支

党建带社建 文化聚合力

静安区文化社会组织联合会成立于2008年6月，并同步建立了党支部。现有会员单位48家，分为8个文化协会、18个民非组织和22个备案的社区文艺团队，形成了文化“1+8+X+Y”枢纽型组织模式。近8年来，文化社联会以党建为引领，枢纽为平台，服务为宗旨，有效发挥政治核心作用、业务指导职能和服务协调功能。

静安区文化社会组织联合会党支部积极探索社会组织党建工作新模式，以百姓的需求和满意作为支部工作出发点和落脚点，根据文化社联会的特点，在促进区域文化的繁荣和社会的和谐中发挥积极作用，并努力通过文化的感染力和渗透力，彰显出党组织的影响力和向心力，着力将党的政治优势、组织优势和群众工作的优势，转换为社会组织人才培育优势、改善民生的服务优势和生存发展的环境优势，有效发挥出了桥梁纽带作用。

坚持党建引领。自文化社联会成立之日起，党支部即同步成立，并建立起以联合会党支部为核心、协会党小组为纽带、团队党建联络员为支撑的党建三级网络，专门制定了文化社会组织党建工作实施意见，通过加强组织覆盖来促进工作覆盖。党支部还积极探索和形成党建“三先四有”工作机制。“三先”就是：党支部和文化社联会的工作目标、年度实施的计划、活动安排等让党员先知道；党和政府的有关要求和精神让党员先宣传；服务社会、奉献社会的活动让党员先投入。“四有”即有组织活动形式、有活动实践载体、有交流展示推进、有成果表彰激励，在发挥政治核心作用中，真正做到组织有网络、推进有机制、示范有典型、运作有制度。

突出典型引路。8年来，文化社会组织在加强队伍建设中，不断挖掘人才，培育领军人物，把握价值取向，突出典型引路。一方面倡导“我服务，我奉献，我快乐”的理念，通过开展党员公开亮身份、亮承诺“双亮”活动，搭建“文化五送”服务平台，创新组织活动形式，打造党建主题活动亮点，让“我是党员我带头，我是党员我奉献”的党员志愿者承诺有了践行载体。另一方面着力抓好党建联络员、团队骨干、文化志愿者队伍的培养，不断弘扬先进、表彰先进，传递社会正能量。如2014年开展的“寻找最美志愿者”党建主题活动，半年里，历经调研酝酿、宣传推荐、跟踪采访、展示表彰四个阶段，经过层层发动和推荐，以及150位大众评委、10位专家评委的投票和评审，最终8位最美文化志愿者获得表彰，14位最美文化志愿者获提名奖。通过活动创新党建工作和活动的载体，进一步增强党支部的凝聚力和影响力，彰显文化社会组织党建活力，实现了用身边故事感染身边人的教育效果。

近8年来，有12名同志先后被推荐为“静安之星”、32名同志先后被评为区级以上各类先进个人、108名被授予优秀党员文化志愿者、210名同志被授予优秀文化志愿者称号。

发挥有效性原则。在强化党的社会功能实践中，坚持以人为本，突出文化社会组织的文化属性与它的影响力、作用力，牢牢把握需求性、群众性、广泛性和有效性的原则，用文化的感染力和渗透力，积极打造党建活动品牌，不断创新组织活动形式和党建工作载体，先后组织举办了“繁荣 多彩 发展”工作推进会、“共同行动 创先争优”等成果交流会、“责任 团队 奉献”文化主题活动、“引领激励 文化追梦”“七一”大型座谈会、“寻找最美志愿者”党建主题活动、“纪念中国人民抗日战争暨世界反法西斯战争胜利70周年”大型诗歌朗诵演唱会；并精心策划“凝聚在阳光下”系列主题活动、“百姓舞台我来秀”系列文化活动、“文化点燃心灵 爱心温暖你我”春节敬老慰问党员奉献月活动等，起到了让党员在活动中接受教育、在活动中发挥作用、在活动中展示风采的效果。党组织在社会领域中的凝聚力不断增强，文化社会组织服务社会、服务百姓、服务政府的能力和社会影响力不断提升扩大。

强化枢纽管理。文化社联会积极探索枢纽型管理的工作模式，坚持以需求为导向、以服务为宗旨、以公益为己任、以章程为准则的发展理念，积极畅通社会组织反映百姓诉求的渠道，先后组织了千人问卷调查，多次召开各类座谈会，广泛征求部队、学校、工地、敬老院、社区、楼宇、阳光之家等各方服务对象的意见，由此形成了“文化五送”的实践思路，打造了“文化五送”服务品牌。通过“文化五送”工作来传递党和政府的声音，发挥党员志愿者的先锋模范作用和奉献精神，凝聚正能量。通过“文化五送”积极打造文化惠民工程，在关注民生，特别是在改善弱势群体对精神文化的需求上下功夫，满足不同层次的人们对于精神文化的需求，通过“文化五送”服务社会、奉献社会、反哺社会，让生活、学习和工作在静安的人们共享群众文化的成果，从而提升了文化社会组织作用力和影响力。在此基础上，党支部不断拓展和延伸“文化五送”的内涵和外延，由文化服务送进社区、部队、工地、学校、楼宇，拓展到敬老院、托老所、阳光之家等弱势群体。如文化社联会党员志愿者赴区示范型阳光之家开展文化支教，通过送培训、送智慧、送技能服务智障人士，满足他们的精神文化生活需求。通过该项目，阳光之家的智障人士能够亲身感受到社会的温暖阳光，为他们融入社会、服务社会增添了一份技能、一份信心。此项工作获得了2012年度静安区“两新”组织党建工作创新项目。

搭建平台、培育队伍。文化社联会积极面向会员、面向社区，整合名人资源，各文化协会由文化知名人士担任会长的占96%。联合会成员单位由原来的5家扩大到15家，社区群众文化团队由356支扩大到540支。各协会结合自身的特点，积极打造“一会一品”的活动亮点，以满足会员的需求，促进团队专业水准的提升，百姓欣赏水平的提高。如今许多会员心情舒畅，从退休后的“老三等”（等吃、等睡、等死）变为如今的“新三等”（等排练、等会友、等展演），他们把协会当作自己的第二个家，文化社会组织成为会员的精神文化生活乐园。

文化社联会党支部注重党员队伍建设，着力推进党的组织覆盖和工作覆盖，做到了哪里有团队，哪里就有党员和党组织的声音；哪里有需求，哪里就有党员文化志愿者队伍的奉献足迹，如今的他们已成为促进静安社会和谐、推动群众文化繁荣发展的一支不可或缺的力量。

近8年来，支部将创先争优、“双亮”活动、志愿者行动融入到文社联开展的系列文化主题活动之中，使党建工作更加具体化、生动化、形象化。同时，通过一年两次分别对优秀党员文化志愿者和非党骨干志愿者的表彰，弘扬先进，突出党员、骨干的示范带头作用，调动了文化志愿者奉献社会、服务社会的积极性，激发了他们使命意识、责任意识，使文化社联会的党建工作充满了生机与活力。

党建带社建，文化聚合力。党支部广搭文化社会组织反映百姓诉求的平台，广搭文化社会组织服务会员的交流展示平台；广搭文化社会组织联系政府沟通协作工作平台，不断提升文化枢纽型组织的决策能力、项目执行能力、资源调动能力、组织创新能力、交流合作能力。8 年来，先后承接政府购买服务 78 项，“文化五送”服务 1 172 场次，参与 28 623 人次，受众约 11 万人次；组织各类培训、交流、展示活动 4 016 场次，参与人数约 18.6 万人次，受众面约 120 万人次。特别是 2013 年承接的政府购买服务——静安“百姓舞台我来秀”项目，为社区百姓和社区文化团队搭建比赛、交流、展示平台，有合唱、舞蹈、戏曲、民间工艺、摄影综艺等 8 大系列，开展了 45 场次活动，受众者近两万人次。真正体现了“政府支持，社会参与，项目运作，百姓得益”的思路，凝聚了党员，服务了群众，发展和扩大了文化志愿者队伍。

静安区文化社联会先后获得 5A 级社会组织、上海市五星级社会组织党组织、上海市助残扶残先进集体、静安区五星级社会组织党组织荣誉称号；连续三次被评为静安区“文明社团”称号、两次获得市和区“两新”组织“五好基层党组织”荣誉称号；静安区突出贡献社会组织提名、“文化五送”获区最具创意公益品牌项目奖等荣誉。

8 年来，区文化社联会不断加强自我管理、自我服务、自我发展，自治自律，建章立制，规范运作。先后建立了党支部工作职责、创先争优长效机制等 16 项制度。并坚持“民主办会”，贯彻民主集中制原则，坚持每月召开支委会，每季召开党建联络组组长会议，每季组织党建联络员活动一次，每年举行“七一”表彰优秀党员文化志愿者活动。同时文化社联会党支部通过对党员骨干培训，提升能力，不断强化责任意识、团队意识、服务意识。

党建带动社建，社建推动党建。文化社联会通过探索和实践党建工作的新思路、新方法、新模式，不断扩大党组织的影响力和凝聚力。通过党建纽带、联盟纽带不断探索党建引领社建的有效载体、方法、途径，不断扩大党组织的凝聚力、影响力、渗透力，不断彰显文化社会组织党建工作的魅力和活力。

静安区文化社会组织联合会党支部

浦东社协稳发展，基层支部固后方

浦东新区社会工作协会党支部在上级党委的正确引领下，以争创“五好”党支部和“五带头”优秀共产党员为活动载体，围绕“项目开展抓党建，抓好党建促项目开展”，确保了协会正确的行业服务方向，充分发挥了协会党组织和党员“服务会员、凝聚人心、促进和谐、推动发展”的重要作用，切实增强了协会党组织的创造力、凝聚力和战斗力。

上海市浦东新区社会工作协会成立于1999年12月，并于2007年成立党支部。现有会员单位50家，个人会员1 800余人。秘书处专职工作人员15人，党员8名。在全体员工的共同努力下，协会除了被新区评为“文明社团”和“文明单位”外，2012年还获得了“中国社会组织5A级”的荣誉称号。

协会党支部于2007年成立后，始终以推动社工职业化、专业化发展为目标，以服务社工机构与社工个人为抓手，逐步完善以党支部为核心、团支部为纽带，党、团与工会为支撑的组织架构，将党建工作纳入了日常的具体工作中，鼓励党员在细微之处创先争优，发挥党支部的战斗堡垒作用。党支部不断完善党建工作制度，除了每三个月召开一次党员大会，不定期组织党员开展集体讨论、参观学习外，还坚持每月为员工举行一次集体生日会，并结合机构自身特色在每年“3·15”、“七一”等重大节日时开展志愿活动。同时，党支部还与塘桥街道开展社区共建，积极参与社区服务。

提交承诺书，以身作则。社会组织是为实现共同目标而设立、从事一定公益或互益活动的民间性非营利组织，是现代社会发展到一定阶段必然产物，已成为现代社会基本的社会组织形式之一和重要的社会主体。多年来，协会每位在职党员围绕“共性承诺”、“岗位承诺”和“保障措施”三方面提交《上海市浦东新区社会工作协会党员公开承诺书》，体现了党员先进性。

抓理论学习，提升政治素养。近年来，支部采用多种形式组织党员开展理论学习。一是，参加会议。每年党支部代表都会参加由塘桥街道办事处召开的塘桥社区党员代表会议。二是，网络学习。根据浦东新区社会组织综合党委的要求，由支部组织党员开展学习党章，党的十八大、十八届三中全会精神，中国特色社会主义核心价值体系，习近平总书记系列重要讲话和群众路线相关学习材料等。三是，服务技能学习。组织党员参加各类培训班学习，提高服务技能。先后组织党员参加浦东新区社会工作专业技能培训班《社区调解——案例分析》、《老年人居家照护急救知识》、《各婚姻阶段的家庭指导与干预》、《社区工作实务——案例解析》等近20门课程。

发挥行业枢纽，发起联合支部活动。一是，“社会组织领导人沙龙”——每年党支部联合浦东新区各社会组织党支部、团支部开展户外拓展培训，不仅让大家学会了不少户外拓展的技能，还为浦东地区的各社会组织机构领导负责人之间建立了一个相互了解沟通的平台。二是，“轻‘羽’飞扬 青春绽放”——羽毛球赛。每次羽毛球比赛汇集了浦东公益项目合作促进会、乐耆、手牵手、第二精神卫生中心、久牵、乐家等多家机构的羽毛球高手。比赛过后，不少选手仍未过足瘾，期待来年再战。本着友谊第一、比赛第二的精神，羽毛球比赛既促进了机构间的相互交流联系，又宣传了热爱运动、健康生活的理念。

联合多方优势，加强队伍建设。党支部积极联合团支部与工会，开展多种形式党组织生活，如组织党员参观改革开放30年成果展、嘉兴南湖红色之旅、重温入党誓词、为困难党员募集善款。同时，建立党员内部学习机制，如定期组织读书会、政策学习会，提升理论水平。

借助多元平台，体现专业价值。浦东社工协会党支部将支部建设与社工发展相结合，在加强自身建设同时，注重发挥专业引领作用。为更好地服务团体会员和个人会员，借助“浦东社工”网站、微信、微博、杂志等各类媒体平台，在人才发展、机构建设、行业规范、行业宣传和行业研究五个方面，开发出一系列品牌产品，如“社工继续教育”、“督导培养计划”、“浦东新区社会工作行业标准”、“浦东新区社会服务机构行业薪酬指导方案”等。这些项目展现了发展之中的社会工作者的风采，体现了参与社会公益事业和社会建设的积极性，用专业服务诠释创先争优的意义。

通过集体行动，践行社会责任。作为行业协会的党组织，除了做好支部自身建设及常规化服务外，党组织还通过集体行动，践行社会责任。2008年汶川地震后，协会在会员单位中组织了一支以党员为首的浦东社工服务队参与到了都江堰灾后社工服务中去，如今浦东社工的这面旗帜已经深深地插在都江堰的热土上；2010上海世博之年，协会党支部联合会员单位党员一起驻扎地铁站担当起了志愿者，为世博尽一份力、献一份爱，并获得塘桥街道党委授予的“优秀党支部”荣誉称号；2010年上海静安区“11·15”火灾发生后，党支部再一次火速成立浦东社工服务队，及时、有效地介入火灾善后工作中；2014年8月3日云南省昭通市鲁甸县发生6.5级地震，浦东社工作为上海第三批社工服务队主力队员进入到鲁甸开展灾后社区重建服务，社工钱燕既是服务队的主力，也是协会党支部的一名党员，他们为培育本土的社会组织，组建专业服务团队起到了不可忽视的作用。

经过多年的努力，浦东社工协会党支部的工作得到了大家的认可，曾先后被评为区“两新”组织“五好基层党组织”和“两新”组织“党建工作示范点”，上海市“五星级社会组织党组织”，2014、2015 年连续两年被评为“一级党组织”。

党支部工作虽然取得了一定的成绩，但与社会组织综合党委的要求还存在一定的差距和不足，还要继续加强思想政治和理论学习，提高全体党员的整体素质，改善服务质量和提升服务水平。按照中央《关于加强社会组织党的建设工作的意见（试行）》的精神，继续在更高的起点、在更大的程度上解放思想，“加快形成政社分开、权责明确、依法自治的现代社会组织体制”。浦东社工协会党支部还需要更进一步探索，充分发挥行业枢纽型组织的作用，真正联合 50 家团体会员，结合社会组织“项目化”运作的独特机制，争取在“十三五”时期，探索出一套“党建工作项目化机制”，使得党支部工作内容由“虚”变“实”、工作方式由“旧”焕“新”、工作范围由“窄”及“宽”。

上海市浦东新区社会工作协会党支部

木兰飘香惠民生 服务凝聚促发展

上海市木兰拳协会成立至今已有三十余年。多年来，协会致力于木兰拳运动的推广，在上海市各级政府和社会各界的关爱和支持下，成为妇女工作的一个品牌项目和上海市群众最喜爱的体育健身项目之一，获得了上海市“五 A”级体育社团的荣誉称号。木兰拳协会于 2009 年成立党支部，坚持将党建工作贯穿于社会组织发展的始终，把引领、服务、凝聚的理念贯穿于党建工作的始终，不断在党建引领中推动组织健康发展。2014 年，党支部获得了上海市五星级社会组织党组织。

协会党支部坚持以党建为引领，多措并举，充分发挥社会组织在社会治理创新中的作用。

协会党支部坚持“社会组织只有自觉接受党的领导，坚持走社会主义道路才能健康发展”的理念，坚持做到每次组织生活基础扎实、形式多样、内容丰富、生动活泼。每年支部至少过一次高质量的民主生活会，在支部范围内开展经常性的谈心活动。同时，进一步加大宣传力度，加快发展党员步伐。

为了更好地带动群众一起学习共同提高，支部还多次发放党员学习资料，运用手机传递党组织学习信息内容。开展了以“争创先进做好本职工作，永葆共产党员先进性”为主题的专题座谈会，并多次组织全体党员集中学习有关保持共产党员先进性教育文件及资料，每次集体学习之后还进行集体讨论，每位党员结合自己的工作积极发言，使学习更切合实际，更加生动。邀请积极分子参与参观龙华烈士陵园、参加劳模报告会等学习活动，并要求他们提交心得体会，引导积极分子中产生共鸣并对党组织产生强烈向往。

党的全部任务就是全心全意地为人民群众服务。因此，协会党支部要求每位党员必须密切联系群众和依靠群众，不能脱离群众，不能站在群众之上，必须养成为人民服务、向群众负责、遇事同群众商量和同群众共甘苦的工作作风。

一方面，支部建立了“1 + X”的工作机制，充分发挥党员的先锋模范和示范引领作用。要求一位党员必须发动并带领 X 名群众。目前，支部现有 8 名党员都是木兰拳协会各站点的站长及辅导员，党员同志作为业务上的骨干，在传递健康的同时，努力将党的先进思想及时传播。在党员同志的带领下，协会会员不仅获得身体上的健康，更获得思想上的进步与感染，一位党员发挥一面旗的作用落到了实处。同时，积极夯实组织基础，不论市级木兰拳比赛、国际木兰拳邀请赛、木兰拳大会操、木兰拳培训班、协会领导班子会议等，支部生活就在现场开，及时发现问题，现场解决问题，真正发挥党组织的战斗堡垒作用。

另一方面，支部建立了爱心募捐的长效机制，要求全体党员带头参与募捐，献出自己的爱心，并引领和带动积极分子踊跃参与。党支部在协会教练员患病期间，进行节前探望和慰问，对困难姐妹伸出了援助之手。

协会党支部积极承担社会责任。4 年来，协会举办千人大会操、万人大会操、国际邀请赛、机关学校社区街道展示演出等上百次，参与人次达十几万人次，出访国家 3 个，培训班达 200 多次。2015 年，为了进一步扩大服务辐射力，自 6 月初开始，木兰拳协会创始人、党支部书记应美凤带头，引领团队历经一个多月的辛勤传教，组织辖区内楼宇白领女青年学习木兰拳（扇）。该项活动深受楼宇白领女青年的喜爱，开课持续一个多月，共有 50 多人连续参加了学习。如今，楼宇白领已经把木兰拳作为改变亚健康状态的体育锻炼项目。

硕果累累，木兰飘香。多年来，上海木兰拳协会为推进社会建设和发展、生态文明建设尽心尽力。2010 年市木兰拳协会被全国妇联评定为全国优秀健身示范点，应美凤被评为全国巾帼建功标兵；2011 年市木兰拳协会被评为上海市优秀女性社会组织；2012 年市木兰拳协会经体育社团评估成为“五 A”级社团，荣获上海市第一届市民运动会“民乐奖杯”、上海市静安区社会组织突出贡献奖。通过细水长流的服务，协会不仅使更多人拥有健康、美丽的气质，也使更多的人拥有美满、幸福的家庭，为促进社会和谐做出了贡献。

党的“十八大”提出“加大社会组织党建工作力度”，这是加强社会组织党建工作的重要信号。上海市木兰拳协会党支部加强学习，适应新形势新要求，进一步发挥社会组织在党建引领、服务群众、资源共治的功能，不断提高自身综合素质和业务工作能力，不仅传递了健康服务的功能，发挥了健身、健美和健心的作用，更以实际行动积极参与和谐社会建设，提升了党建工作的渗透力和影响力。为构建和谐家庭、和谐社会、全民健身运动做出积极的贡献。

上海市木兰拳协会党支部

平凡坚守 反哺传承

个体、私营协会松江工委现有会员 3 000 多名，党员 19 名，主要分布在岳阳街道和方松街道。自 2004 年起个体私营协会松江工委党支部组建志愿者为民服务队，融合个体私营业主力量，结合岳阳居民群众实际，开展了“从小事着眼，做实事，做善事，做自己力所能及的好事，努力唱好为民服务这台戏”，为岳阳“两新”组织党建工作做出了表率。

党支部以“便民”为中心，以“助民”为动力，以“惠民”为载体，以“奉献”为主旨，积极拓展志愿者服务内涵，在新社会组织中发挥着政治核心和引领作用。“让需要帮助的人得到帮助，让帮助的人得到社会尊重”这是他们开展活动的宗旨。党支部结合每年的“3 · 5”学雷锋日、“7 · 1”建党节、重阳节、国际志愿者日，以及各个居民区的双月为民服务活动，志愿者们积极参与，提供理发、磨刀、修鞋、修伞、修理小家电、修钟表、量血压等便民服务项目。

个私协会在成立为民服务队后，秉持热心、细心、耐心的“三心”服务理念，积极开展、参与各类公益活动。岳阳街道康佳托老所有87位老人，大多年事已高，腿脚不便，愿意上门服务的理发店又要价太高。个私协会松江工委党支部了解情况后，主动揽下这个活，党支部通过上门与个体、私营理发店业主沟通，争取到了5名业主的支持，党支部书记魏建新每月15日安排时间，联系落实志愿者，亲自带队上门服务，为康佳托老所老人免费理发。尽管会有一些老人无法配合志愿者完成任务，可志愿者们依然发挥专业精神和敬业态度，坚持做好服务。个私协会的会员“中良公司”还承包了托老所内包括老人们自己的小家电，以及托老所内公共部位的家电维修、电路故障的免费检测和修理。这些举措大大解决了康佳托老所的后顾之忧。

另外，个私协会党支部还结合每年重阳节，组织开展“致富不忘回报社会”爱心大放送活动，13年来，他们自掏腰包3万多元，精挑细选为老人们购买食品及生活用品等。把慰问品送到托老所后，大家还会陪着老人们唠唠家常，做些力所能及的事情，让老人感受到家的温暖。

个私协会党支部积极搭建服务平台，引导个体工商户和私营业主履行社会职责，回报社会。通过梳理整合各个门店的资源，党支部成立了一支由50多名志愿者参加的“为民服务队”。志愿者们的服务项目包括理发、磨刀、修鞋、修伞、修理小家电、修钟表、量血压等等，项目虽然简单，但是最受岳阳地区老百姓的欢迎，以至于每次服务活动个私协会志愿者们都是最先到、最后离开的。考虑到他们作为门店业主的本职工作和在社区的受欢迎程度，活动主办者只能通过发放服务券的形式，引导居民先来后到、有序排队，尽量避免拖延服务时间，但志愿者们本着服务奉献的精神总是不惜延长服务时间，尽力为每位居民做到周到服务。2016 年 4 月，“为民服务队”更以协会每年的“4·15”爱心行动日为契机参与到岳阳街道首场党的组织“月月红”活动中，个协私协松江工委党支部书记魏建新更是多次联系街道党建服务中心和个体劳动者协会，将现场安排、志愿者招募、服务项目等准备到位。活动当天，20 多个“两新”组织 60 余名党员和个体劳动者在岳阳休闲广场上开展爱心行动，免费为广大居民提供各项便民服务，30 多个项目吸引了近 300 人次居民参与。

2006 年，岳阳街道在 26 个居民区设立“爱心超市”，通过单位和个人捐款、捐物，帮助那些生活困难的居民。个私协会党支部知道这件事后，连续 3 年在个体工商户、私营业主中发起“出一份力、献一份爱心”的倡议活动，每年筹集善款两万元，购买桶装食用油和袋装大米，分别送到 26 个“爱心超市”。2011 年，松江区个体私营协会发起捐赠云南希望小学活动，张春香等 8 位党员理事带头捐款 7 500 元；在党员的积极影响下，私营业主张频在区妇联捐款 5 000 元；党支部还组织、发动个体工商户和私营业主为汶川、玉树等地震灾区先后捐款 10 万多元……

13 年来，松江区个私协会松江工委党支部积极搭建服务平台，坚持开展志愿者为民服务活动，引导“两新”党员和个体工商户、私营业主履行社会职责，回报社会，取得了不俗的成效。

树立了“两新”党建的良好形象。目前，个私协的“为民服务队”志愿者固定成员已达到 60 人。志愿活动长效机制已明确树立，各项制度和活动开展逐渐规范化，个私协用最普通但最让居民受益的项目在广大人民群众中树立了党建的良好形象。

促进了与区域党建的融合。个私协党支部在志愿活动的开展中，与岳阳各居民区、康佳托老所等多个单位有了良好的互动和交流。个私协党支部结合不同单位，拓展服务平台，为广大居民提供了更丰富的服务项目，促进了党建资源共享和区域党建共建。

凝聚了不同单位的党员力量。个私协党支部秉持党员党性初衷，从最基本的志愿服务出发，为广大居民群众提供服务，获得了居民们的热烈欢迎，从中个私协更好地把党员力量、党建资源凝聚起来。通过为民服务，发挥党员价值作用，从而坚实群众基础，更巩固党员信仰和力量。

个私协党支部的服务项目之所以受到群众欢迎，不只因为他们发挥了单位特色，凝聚了组织力量，结合了区域党建，更重要的是，个体私营协会党支部用他们无声的行动诠释了无私的志愿服务精神。

一是坚守党性修养，忠于党的宗旨。个私协的志愿者工作之所以成功，离不开他们对党性修养的坚守，对党的宗旨的坚守。志愿服务的受欢迎说明了党建工作的开展应该以党的宗旨为出发点，才能更好地发挥党建影响力，加深党建在群众心目中的优良形象。

二是变务虚为务实，平凡之中见伟大。便民服务不是特例，很多基层组织的党建工作都会开展一些便民服务，但个私协坚持了13年之久，将一个服务项目做成了一个长效机制，并愈加规范化，因此“两新”组织开展党建工作必须做实事，持之以恒，这才是做真正为人民服务、深入人心的“两新”党建。

三是着眼于细微处，发挥组织特色。个私协开展的为民服务虽然不能解决一个大的民生问题，也没有大量资金投入，但个私协从细微的方面入手，志愿义务地为居民提供最贴近民生的服务项目，这正符合个私协的组织特色，同时增进了与群众的沟通，为居民们带来了便利。

松江区岳阳街道党建服务中心

党建搭桥梁 同心圆四方

上海市普陀区白银协会成立于2011年7月8日，是上海首家行业性白银协会。在区委组织部、区社工委和区工商联的关心下，在街道党工委及社区党委的领导和指导下，2013年6月26日正式组建了中共上海市普陀区白银协会支部委员会。白银协会是区工商联下属协会中第一家成立党支部的单位，白银协会党支部的成立，使得协会74家会员单位有了组织依靠，这是民营企业党建工作的一项新举措。

白银协会党支部以“党建搭桥梁，同心圆四方”党建合作项目为工作主线，以协会为纽带，以党建为载体，注重将党支部工作与协会工作相结合，将精神文明建设、企业文化创新和业务水平提升相结合，对于开拓党建工作视野、推动区的民营经济整体发展具有重要的引领意义和示范价值，在此基础上企业发展和支部党建均取得了良好的效果。

拓展空间，虚实对接，创新学习平台。立足于企业党员实际需求出发，以时间灵活、形式多样为原则，结合2014年群众路线教育实践活动的开展，精心打造"清风雅韵"学习班、卡拉OK大赛等参与度颇高的活动，每年街道举办的为期1周的创新社会管理培训班也邀请"两新"党员代表参加学习。同时，创建了以街道党建服务中心为载体的党建微信群，今后也将陆续举办"白银沙龙"、"周末茶座"、"行业议政会"等活动，增进沟通联系，凝聚思想共识。

加强引领，资源整合，扩大党建覆盖面。2014年，党建服务中心指导"两新"党组织进行换届选举，在其中也发现和培育了多名党员骨干，不断实现非公企业出资人从"经济人"向"政治人"的逐步转化。将服务企业员工作为扩大党建工作覆盖的基础，形成定期走访、回访、沟通的工作机制。在走访过程中，对企业员工需要帮助解决的困难和问题，总是热情地为其答疑解惑；对于短时间内无法解决的问题，集中梳理，向有关部门反映并加以跟进，使企业党员达成"围绕发展抓党建，抓好党建促发展"的高度共识。

热心公益，结对帮困，履行协会社会责任。通过社区党委搭建平台，结合党员"亮身份"，增强"两新"组织党员参与社区活动的主动性和积极性。2012年，白银协会党支部为癌症俱乐部捐赠3万元，帮助癌症患者渡过难关。2013年6月，癌症俱乐部成立20周年，普陀区癌症康复俱乐部乐俊仁会长向白银协会送上锦旗，表示感谢。2014年7月，白银协会再次为癌症俱乐部的癌症患者购买2 000元的慰问品，给予他们物质上的问候和精神上的慰藉。白银协会党支部与癌症俱乐部党支部结成了长期共建关系。同时，白银协会党支部也积极与社区其他党组织结对共建，为区老劳模捐赠1万元慰问款。白银协会党支部不断拓展党建思路，提升工作能级，充分发挥党组织先锋模范作用。

白银协会党支部注重将党支部工作与协会工作相结合，为党支部工作争取了更多的人力支持、物力保障、财力支撑，以白银年会、中秋晚宴、工作例会等形式从行业角度加强凝聚，取得了良好的效果：

白银协会党支部不忘"行业党建孵化基地"成立之初衷，以"搭建桥梁，服务四方，同心开创白银市场"为主要理念，积极发挥白银协会党支部对会员单位的辐射引领作用，带领协会单位积极参与五星级党支部创建，通过创建认识到，这是对党支部工作的自我评估和提升，也是对上海市普陀区白银协会两年多来工作的一次检阅。

白银协会党支部成立之后，以点带面，通过企业主带动企业党建工作，使得更多的“隐性党员”主动亮明身份。一年来，已有两位“隐性党员”找到了娘家。同时，白银协会党支部坚持做好党员发展工作，鼓励协会各会员单位，尤其是青年入党积极分子参与到党支部的各项活动中。在白银协会党支部的党建活动的影响下，多名年轻员工均表达了强烈的入党意愿并递交了入党申请书，其中一名预备党员已按期转正。

白银协会党支部突出行业属性，立足白银行业发展情况和产业链上企业实际开展党建工作。考虑到会员单位办公地点分散，在白银协会网站开设“党建新天地”栏目，依托互联网，拓展虚拟空间，适时推出白银协会党支部电子刊物；创建白银协会党建微信群，便于党员交流学习；以协会定期举行的白银年会、高峰论坛、白银沙龙和行业议政会为契机，结合活动内容，适时开展头脑风暴、论文征集等活动；组织青岛、烟台、蓬莱、威海之旅以及迎“七一”建言献策活动，让党员们在轻松愉悦的环境里交流学习成长；积极参与区委统战部举办的“同心向着党，喜迎‘十八大’”党建征文活动并获二等奖；“党建搭桥梁，同心圆四方”获普陀区党建合作项目入围奖。白银协会党支部真正做到了支部活动有场地、有资料、有台账、有网页和独立网站。

白银协会党支部作为普陀区唯一一家非公企业协会党组织，成立至今认真开展党支部各项基础工作，借助白银协会会员单位之间联系密切、沟通常态的优势，为党支部工作争取了更多的人力支持、物力保障、财力支撑。通过加强街道社区党委对白银协会党支部的指导和引导，以协会党建为圆心点，在白银协会70余家会员单位中形成“同心圆效应”，促进行业整体向前发展，为建设上海西部新兴商贸科技区做出新的贡献。

普陀区宜川路街道党建服务中心

廉洁文化进校园促和谐

小蝌蚪音乐园是民办艺术幼儿园，现有杨浦、宝山等5所姐妹园。党支部成立于2007年，有党员7名。

为倡导廉洁自律的良好园风，支部以制度的形式立下铁的纪律，每名员工宣誓承诺——不接受家长的礼金、不提供有偿家教服务，在承诺书上签名，从最高层到普通员工，无一例外，这已成“小蝌蚪”的一个传统。每年4月爱园周和9月教师节，都举行承诺书签订仪式，让新进的员工传承发扬。支部通过定期的学习会、讨论会等形式，让员工对制度的遵守变成一种内化的需求，变成一种自律的行为。

支部坚持做好员工的政治思想工作，在工作中做到“五结合”：与形势的发展、社会的进步相结合；与倡导文明园风相结合；与精神文明建设及提高员工队伍的素质相结合；与严格执行各项规章制度相结合；以人为本，与关心员工的生活和困难相结合。党支部实行恳谈会制度，每学期至少召开两次员工恳谈会，听取员工的意见和建议，书记定期与员工进行谈心，了解员工的心声，传递正能量。

支部十分重视校园文化建设和员工队伍的精神文明建设，进行创新探索：

推出校园文化“一二三四五工程”。即每年赠送一本书，组织二次进剧院，学唱三首歌曲，观看四部影片，欣赏五首乐曲。开展主题“学礼仪之道，做高贵之人”的文明礼仪培训活动和每年一届的“爱园周”活动。如：坚持走具有“小蝌蚪”特色的发展之路、坚持走企业文化领先的发展之路、坚持走品牌发展之路专题大讨论等，创办《小蝌蚪报》。向外界展示企业文化，了解“小蝌蚪”各种信息，使家长能放心地把孩子放在一个有文化、有思想底蕴的幼儿园。“小蝌蚪”还成立“小蝌蚪”教师合唱团，成功举办《野草》专场音乐会。合唱团曾获“上海市第三届无伴奏合唱比赛”银奖。“小蝌蚪”教师合唱团和《小蝌蚪报》，是“小蝌蚪”文化实力的一次亮剑，是对外的两张文化名片，是“小蝌蚪”以文化为灵魂和文化治园的一个象征及具体的措施。

党支部先后组织红色之旅三部曲行动。从井冈山的星星之火，到延安窑洞的灯光；从新中国的出发地西柏坡到五星红旗升起的天安门广场，“小蝌蚪”的教职员工们穿行在历史与现实之间，一次次接受革命传统和爱国主义教育的熏陶。红色之旅，吸引近500人次的教职员工参加，饮水思源，红色之旅既是游览又是学习，更是一次提高对党认识的红色之旅和感恩之旅。

一位家长在见证了承诺书签订过程后，感慨地说：“‘小蝌蚪’坚守住了一些基本的准则。面对物欲横流、金钱至上，所有教职员工都能以廉洁自律来要求自己，并实实在在地做了，这需要相当的勇气和决心。”2016年9月，一位路过的居民在杨浦小蝌蚪音乐园公布在外的教师承诺书上写道:“好风气,要提倡,谢谢老师。”尽管只有短短的几句话及简单的几个字,流露出的是人们对好风气的一种渴望,对“小蝌蚪”的一种敬佩!

从承诺书签订仪式的那一刻起,廉洁文化在“小蝌蚪”蔚然成风,涌现出许多令人骄傲的事例。连续多年的生育高峰使入园难成了很多家长面临的问题。闵行小蝌蚪音乐园一名小朋友的家长在得知可以进入“小蝌蚪”后,为了表示感激,给庄晓燕园长送了购物卡,被庄园长谢绝了。几天后家长又来了,这次送礼的面额比先前更高。园长笑了:“收你们的礼金,这不仅仅是规章制度不允许,更是我们作为教师这个职业所不允许的。收了礼金就意味着我们无法公平地对待每位幼儿,这样良心会受到自我深深地谴责的!请你们收回,这不仅仅是对我们的尊重,更是对每位幼儿的尊重!”家长长舒了一口气,说:“我服了,我信了,这社会上还真有这么块干净的地方。我孩子交到你们‘小蝌蚪’,放心了!我可以硬气地说我的孩子受的是最好的教育!”

一名小朋友因病需在家休息至少两周,但器乐学习讲究连续性,半个多月不练琴,就意味着病好了需要双倍甚至几倍的努力来弥补。入党积极分子吕芸露老师十分着急。孩子不能来园,她就利用自己的休息时间上门给孩子上课。家长看着老师如此辛苦,在补课结束后塞上购物卡以表感激,吕老师坚决不收。家长说:“您这么辛苦,我们这点心意是远远不够的。”吕老师却说:“孩子的点滴成长和持续进步,比任何东西都更让我觉得有成就感!”

共青团员刘淑芳老师,是家长公认的模范。她小到一盒巧克力都不会收,用自己的“极致刻板”小心翼翼地维护着“小蝌蚪”教师的形象。一名小朋友的妈妈曾在表扬信中这样描述:“刘老师教了孩子两年多,我们深深感受到她对待工作的那份责任心,对于一个年轻教师实属不易,我们在感动的同时也心生敬佩!每逢教师节、春节,作为家长总是想表达一份对老师的感激之情,备上一点小小的心意,但是固执的刘老师总是不肯接受,哪怕再小的心意也会被退回来。说实话,作为同行的我深深敬佩老师的这份执着,刘老师的这份‘执拗’为教师这个职业增光添彩!”

小蝌蚪音乐园创始人、董事长张斌先生曾经说过:“我们无力改变大环境,但可以改变小环境,而每个小环境改好了,社会大环境不就变好了吗?!”多年来,“小蝌蚪”在践行自己教育理念的同时,也在努力创建校园文化,净化校园风气,提升员工的道德素养。“小蝌蚪”认为,教师必须具有纯净的心，才有资格为人师；幼儿园只有保持健康良好的园风，才能长久地立足于社会。员工的承诺书签订仪式就是“小蝌蚪”整治园风、员工廉洁自律的一项给力的措施。

多年来，“小蝌蚪”获得多种荣誉：获“全国书屋”、上海市“模范职工之家”、上海市“廉政文化示范点单位”、上海市“工人先锋号”、上海市“五星级社会组织党组织”；党支部获杨浦区社工委先进基层党组织，连年获评街道层面先进基层党支部等。

杨浦区殷行街道社区党委

师德演播室 师德新风尚

启英幼儿园是一所民办幼儿园，现有党员 14 名。在上级党委的领导下，园党支部深刻认识到增强组织生活有效性的重要性，进行了积极探索，确定了“围绕发展抓党建，抓好党建促发展”的党支部工作思路，对传统的组织生活模式进行改革，以点带面将支部的影响扩大到全园的教职员工。

幼儿园一直将“以爱育爱，人人参与，共同成长”作为办园理念，注重校园文化建设，注重教师素质提升，更将师德定位于“以爱育爱”，倡导全体教职工都能以爱孩子为工作前提，用自己的爱心、用自己“爱”的行为诠释爱的真谛，让每一位聋健幼儿通过“启爱”文化的浸润，受到爱的熏陶，启发爱的心智，养成爱的习惯，懂得爱、享受爱、付出爱，成为有爱心的孩子。如何通过党员的带动，实现每一名教师的“以爱育爱”？幼儿园党支部开展了一系列师德师风建设活动，对传统组织生活模式进行改革，以点带面提升每一名教师的师德修养。

DV 师德小故事宣讲。DV 师德小故事宣讲是以身边的师德小故事宣讲为主线，改变了以往传统的组织生活模式，除全体党员悉数参加以外，还邀请了入党积极分子及部分教师参加，带领大家走近身边一位位普通教师的生活，走近幼儿园的行政领导班子成员……青年党员教师用 DV 片段记录下教师们的工作片段，编写成朗朗上口的快板表演、满含深情的诗歌朗诵以及鲜活生动的小品，向大家展示发生在身边一个个感人的故事……展现了党员和教师们“爱岗敬业，乐于奉献，为人师表”的崇高师德。

秀出你我风采。“秀出你我风采”是“师德演播室”系列活动之一。活动中党员们深入各文明组室，参与教师和保育员的表演，大家各显风采，表演形式多样，内容丰富，整个演出高潮迭起，一浪高过一浪。小班组看似文静的年轻女教师却演着滑稽可笑的双簧《快乐的一天》；语训部男教师反串演绎起了《新白娘子》；平时忙碌的后勤组职工们跳起了街舞；辛勤的保育员阿姨们跳起了海派秧歌；弘扬教书育人精神的快板赢得了在场教职工的阵阵掌声。各种妙趣横生的节目表演，展示出教师和保育员的工作内容，奋发向上的精神面貌，体现着“一切为了幼儿，为了幼儿的一切”的宗旨。

师德演讲比赛。师德演讲比赛是教师结合自身实际教学中的点滴体会或借鉴身边优秀教师事例，借助演讲活动进一步弘扬师德风范，梳理与提高对职业的认识与追求，全面提升全园教职工的职业素养和道德水平。参加演讲比赛的老师都以“爱”为切入点，围绕师德谈感悟。有的讲述的是身边的楷模——沈巧珠园长的感人事迹，有的是作为一名新幼教人的心路历程，有的把身边同事的平凡事迹串成了一个个小故事，有的则是感悟于一个教育故事……一则则平凡而感人的小故事，充分体现了“教育之爱”的真谛，诠释了启英幼儿园“启爱”校园文化的核心——以爱育爱。

以师德标兵为原型创作《教师日记》情景剧。为展现幼儿园“闵行区十佳师德标兵”张晓楠的优秀事迹，党支部一改往日相对形式单一的讲座汇报，带领优秀党员和群众，以张晓楠的事迹原型自编自演情景剧《教师日记》。《教师日记》围绕张晓楠教师秉承着“以爱服务聋儿、以爱奉献岗位”的启爱精神，为教会聋儿一声“妈妈”，刻苦钻研，最终使得聋儿成功有效地康复。参演的党员和群众教师在排练中数次落泪，被张晓楠教师“充满爱心、无私奉献”的精神所感动。该情景剧在第 31 个教师节主题活动演出后获得了圆满的成功，当看到聋孩子长大后一声“我能叫您一声妈妈吗”，观看情景剧的每一位教师都感动得热泪盈眶，感叹能看到幼儿点滴的成长是教师最大的成就和幸福。

“师德演播室”由启英幼儿园党支部、园长室、工会、团支部负责主办，党小组、年级组、文明组室、团小组为单位，负责制定活动方案，全面承担拍摄、编辑、撰稿、排演、采访和联络等工作。“师德演播室”以一种生动的形式带动了全体党员和普通群众，充分调动了党员、群众的积极性，营造了一种身临其境的学习交流氛围，注重拓展和提高教师的工作能力，为教师提供了互相了解、增进交流的机会。

在“师德演播室”里不仅弘扬“大人物”的先进事迹，更注重弘扬启英幼儿园普通教师的先进事迹，教师学习了身边人的先进事迹，关注了身边的教师，更理解平凡中的价值、平凡中的可贵，意识到作为教师需要认认真真做好身边的每一件事，踏踏实实走好每一步。“师德演播室”所形成的故事集成了新教师入门的必修课，青年教师成长的好素材，也是老教师充电的好教材。“师德演播室”的开展，凸显了启英幼儿园的团队精神。党员与组织、教师个人与班组、与幼儿园之间紧密配合，相互渗透，个人的发展与幼儿园的发展融为一体。

“师德演播室”活动的开展，是探索开展开放式党组织活动的有效尝试。它着力于提升教师的职业态度、职业归属感和职业信仰，倡导伴随着幼儿成长教师也在成长；倡导伴随着同事成长，自己也在成长；倡导教师在付出的同时也在收获和提升。活动开展中适应了党员求新、求实、求活、求知的普遍要求，把党组织活动的严肃性与生动性结合起来，使党组织活动由单一形式向多种形式转变，由党组织教育向与党员自我教育相结合转变，并发动党员自己设计活动方案，调动党员参加活动的积极性，切实增强党组织活动的实际效果。

民办学校的党支部如何在职工群众中发挥政治核心作用，在学校发展中发挥政治引领作用？除党章规定的党内活动外，党群活动一体化是一个有效的抓手。只有这样，才能增强党组织活动的吸引力和影响力。

上海闵行区启英幼儿园党支部

坚持“四个引领” 创新党建工作

上海青浦区育才民办小学是一所以招收进城务工农民工同住子女为主的民办小学，其前身为上海青浦育才学校，2008 转为民办小学，由上海青教师生服务社委托云南石林育才教育集团管理。学校 2010 年成立党支部，现有党员 5 名，两名为流动党员。在几年来的工作中，学校党支部为了不断提升学校办学水平，以党建促进学校整体工作的提高，积极探索党建工作新思路、新途径、新方法，主动寻求工作支点和着力点，坚持“四个引领”工作法，围绕发展抓党建，抓好党建促发展，为学校教育的快速发展提供了坚实的组织和思想保证。

工作中，学校党支部要求党员亮明自己的身份，兑现自己的承诺，建立党员教学示范岗。党支部与党员签订目标责任书，对支部各项工作立项分解，落实到每一位党员、每一位中层干部。学校坚持从党员的政治学习、组织生活、教育教学、主动奉献、党费缴纳、民主评议等多方面强化党员量化管理，使学校党员能主动找员工谈心，主动收集教职工的合理化建议，及时汇报个人思想，有效落实支部决策，主动宣传党的各种会议精神及党中央领导的讲话精神。学校党支部搭建“年初展望会”“年末感恩会”“党员青年教师沙龙”等交流平台，激励党员工作有目标，心中有感恩，激发党员发挥先锋模范作用，引领学校思想和教育教学工作。通过承办青浦区民办小学教学现场会、组织生活展示会等各种展示与学习平台，快速提升党员思想、教师业务水平，让全体教师在物质条件不足的校园里有端正的思想、感人的精神、足够的自信来接受各种挑战，并在职业成长中找到自信。

学校党支部将“文凭是学校给的铁饭碗，培训是单位给的金饭碗”作为教师专业培养的工作目标。新学期伊始，学校教务处组织召开新学期计划展望会，围绕学校教育教学中心工作，提出“抓细节、重过程；搭平台、促教研；建制度、重实效”18 字工作方针和定任务、定思路、定方法、定督促、定反思的总体目标。党支部推行“宣泄激励 U 盘”“QQ 微信群”“集体生日会”等渠道，使教职工思想交流、内心宣泄有渠道、有平台，让教职工人格得到尊重，困惑得到宣泄，个性得到彰显。推出“师徒结对，捆绑考核”教师培养机制，实现学校教师之间教学相长、共同提升目标，提高学校教师整体水平。

学校狠抓学生习惯养成，培养学生成才先成人。围绕学生德育教育课程标准，抓好“四自（德育注重自治、智育注重自学、体育注重自强、美育注重自塑）五会（会做人、会学习、会生存、会关心、会创新）”教育，并同步编制了《育才学生五会素质 1 000 分修炼指南》，主要从“会做人，会学习、会生存、会关心、会创新”5 个方面拟定学生基本素质评价要素，通过 21 个 A 级指标，59 个 B 级指标，159 个 C 级指标，670 个 D 级指标，设置总分为 1 000 分的量化考核标准，对学生成长具有较高的指导价值。为配套实施课程，学校还开发了《五会小达人》校本教材，设计相应的拓展型课程，推行《集体荣誉章争章办法》，努力实践学生养成教育。

党支部把校园文化建设作为党建工作引领发展的重要载体和有效途径，彰显办学特色。推出“相约星期四”活动，目的将党建工作、教育教学工作、家校联系工作及队伍管理工作有效结合起来。以“相约星期四”为契机，为学校教师、学生及学生家长三种不同人群，设计不同活动项目：针对教职员工，项目内容主要从提高教师业务能力和关爱关心教师角度出发；针对学生家长，项目内容主要从加强家校互动的角度出发；针对学生，项目内容主要从为确实培养孩子良好的学习和行为习惯，提高学生的自我管理水平与能力的角度出发。开展“温馨教室”评比活动，评比从教室装饰、精神渲染、特色展示等三个方面进行展评。具体为教室要始终保持整洁，培养学生爱护教室公物和主人翁精神，树立“净化教室、保持教室卫生人人有责”的思想。

学校党支部通过实施“四个引领”，学校党员亮身份，立足岗位争优秀，充分发挥了先锋模范作用；教职工团队提素养，履职尽责创先进，提高了党支部的凝聚力，推动了学校发展和党建工作互促双赢。

党员亮身份，立足岗位争优秀。学校党员主动亮明自己的身份，组建党员教学示范岗，兑现自己的承诺，落实了责任机制。党员主动与学校党支部签订目标责任书，树立先锋思想，承担课题任务，主动带教徒弟；党员主动找员工谈心，帮助教职工理解并尊重团队要求，帮助学校落实对员工的人文关怀、有情管理；党员协助学校行政和工会收集家长的期盼、教职员工的精神需求、工作渴望、社会价值与人生取向。学生课间活动时，党员的身影在操场；职工有困难时，党员最先去代课；教职工活动时，党员主动在策划，忙碌中要质量；台风、暴雨时，党员教师、中层干部会最后离开学校，会一扇扇窗户关上、一个个教室检查落锁。慢慢地，教师都在说：“育才的党员不再是一种称谓，而是优秀、主动、人文的代名词。”

团队提素养，履职尽责创先进。党支部努力加强教师队伍建设，促进了教师道德水平与业务能力双提升，学校队伍建设、团队精神也真正意义上实现了“变消极应付为积极进取，变埋怨推责为比学赶帮，变排斥诋毁为相互感恩，变满足现状为追求卓越，变杞人忧天为谋划发展，变争名夺利为实现价值”，在多次承办青浦区民办小学教学现场会、联片教研活动中，在多次被评为青浦区夏阳街道“两新”组织“优秀党组织”中，在被评为上海市“两新”组织“五星级党组织”中，学校团队思想进一步得到激励。

青浦区夏阳街道社区党委

让党旗在民办学校高高飘扬

民一中学创建于 2001 年，于 2007 年转为民办学校，2012 年建立党支部。四年来，学校党支部在上级党委的正确领导下，围绕学校教学工作，坚持从服务教育、服务学校、服务学生出发，大力推进学校教育教学工作和党建工作共同发展。

在经济新常态下，作为一家新社会组织性质的基层党组织，民一中学党支部努力站在时代的新目标、新要求、新高度，立足民办教育实际，坚持以“四个全面”引领民办学校创新发展，在反思中大胆探索实践，聚集并有效转化基层党组织的政治优势和组织资源，大力推进基层服务型党组织建设，促进基层党建全面活跃，助力民办学校稳中求进、量质齐升、健康发展，营造民办学校基层党建良好“新生态”，使民办学校基层党建工作与学校发展互为根本、互促共进、共荣共赢成为一种“新常态”。

明确组织定位，理顺三种关系，拓展党建工作空间。民办学校党组织只有找准自身定位，协调好各方关系，党的建设才有广阔的发展空间。

处理好党组织与行政管理机构的关系。学校实行董事会领导下的校长负责制，支部书记与校长兼职，党政工作基本实行“一肩挑”，党政班子成员交叉任职，双向领导，一岗双责，形成了“董事会决策、校长负责、支部监督”的管理体制，我校把促进学校健康发展作为党建工作的切入点，积极主动支持董事会依法行政。校董事长是 60 年代的老党员，与校长兼书记王永全同志一起，既抓行政工作，又抓党的建设，坚持党政工作齐抓共管。他们既有分工，又有合作，坚持工作分工不分家，从而形成了抓工作的合力，确保了各项工作的顺利开展，既增强了行政工作的力度，又增强了党组织的凝聚力、号召力。在重大问题、重要事项的研究、决策上，学校坚持实行党政联席会制度，共同研究，民主决策。保证了党和国家的教育方针、政策和党委、政府决策部署的贯彻执行。

处理好党员干部与群众的关系，树立干部队伍形象。工作中实施干部分工责任制，加强干部的业务培训；学校实行行政领导负责年级组和教研组责任区制度，6 名党员干部、行政人员分到 4 个年级组和 5 个教研组，形成

"三线九块"(德育、教学、特色发展3线和年级组、教研组9块)管理格局,实行年级组负责制、教研组负责制,通过深入工作,丰富干部队伍自身的管理经验;在教育教学实践中强调干部的引领和示范作用,从组织上保证了党员发挥作用。

处理好党建工作与教学管理的关系。学校坚持"围绕发展抓党建,抓好党建促发展",在工作标准上,坚持"虚功实做",用民办学校的发展来检验党建工作的成效。在活动内容上,围绕"推进学校教育教学发展"为宗旨来开展党的活动,同时尽量不占用教育教学时间,更多地利用休息或其他课余时间开展活动,确保党的活动和教育教学相互融合,互为促进。

抓好四项内容,增强党建工作主动性。学校党支部积极探索民办学校党建工作的有效方式,大胆创新管理形式与组织活动,不断增强工作的主动性,凸显了学校党建工作的特色。

学校党支部坚持以科学的理论武装教师头脑,用理论指导教育实践,努力打造一支"素质高、眼光远、能力强"的党员教师队伍。组织党员进行政治理论学习,坚持做到"四注重":第一,注重在学习和掌握科学的思想方法和工作方式上下功夫;第二,注重在研究教育教学改革中出现的新问题,积极推进新课程改革上下功夫;第三,注重在丰富学习内容,创新学习形式上下功夫;第四,注重在端正学风上下功夫,为构建学习型教师队伍提供了有力保证。

认真抓好党的"十八大"精神的学习贯彻工作。把学习宣传贯彻党的"十八大"精神作为首要的政治任务,按照上级统一部署,精心组织,周密安排,分阶段、有步骤组织广大党员教师尤其是学校领导班子成员学习、宣传党的"十八大"精神,并和开展"我的中国梦"的宣传教育活动结合起来,组织干部、师生谈梦想话感受,引导激励师生为实现民族复兴的"中国梦"而奋斗,坚持理论联系实际,坚持学以致用、用以促学,用党的"十八大"精神武装头脑,指导实践,推动教育教学工作的开展。

抓好党员活动载体,切实增强党建工作的生机和活力。支部本着"有利于党内生活,有利于党员管理,有利于学校发展"的原则,因地制宜开展党的活动,充分调动广大党员的参与热情。积极开展"结对帮扶"活动,要求党员主动联系一个年轻教师或一个落后学生,进行帮扶工作。

抓好党支部制度建设,不断加强支部自身建设。全面推行党务、校务公开公示制度,党务、校务公开张贴栏,召开教职工大会、党员大会、党小组会议、行政会议等形式，保障了教职员工和党员的知情权、参与权、选举（或表达）权和监督权，做到重大事情教职工都知晓，把事关教职工和学生切身利益的学校事务都实行公开，促进学校民主管理工作的制度化。

抓好支部作用发挥，提高民办学校党建工作实效性。支部根据学校的实际，采取措施，讲究方法，努力提高民办学校党建工作实效性。注意加强与校董事会、校领导班子的沟通联系，积极参与学校重大问题的决策，较好地发挥支持、服务、保障的作用，并把党的影响扩展到群、团组织中，扩展到一线教职工中，扩展到广大学生中。支部建立以来，学校已经发展了 4 名青年教师加入中国共产党，2016 年又有 1 位积极分子作为拟发展对象进行考查。

站在民办教育改革发展的潮头，党支部坚持“党要管党，从严治党”工作思路，以活动推进党建为抓手，以“领导班子好、党员队伍好、工作机制好、发展业绩好、群众反映好”为创建内容，以“进一步发挥党员先锋模范作用”为关键，大力开展各项活动，展开生动实践，深入推进“服务学校优质发展、服务教师专业成长、服务学生健康成长”的民办学校基层服务型党组织建设，努力把党支部建成干事创业的战斗堡垒。

认真推进“廉洁文化进校园”活动。党支部十分重视抓好党风廉政建设和反腐败工作的宣传教育，不断增强党员干部的廉洁自律意识、责任意识，做到警钟长鸣，防患于未然。

党组织广泛开展宣传教育工作，加强对党支部廉政建设重大意义的认识。按照教育局党委工作要求，以宣传教育为先导，通过集中学习，讲党课，专题讲座观看警示教育片，组织干部教师深入开展宣传教育和学习活动，学习党章和习近平总书记关于群众路线教育、社会主义核心价值观教育、党风廉政建设的一系列重要讲话，学习《中国共产党党内监督条例》和《中国共产党纪律处分条例》以及有关教育的法律法规。认真学习中央关于发展党支部廉政建设的文件和领导讲话及有关教育法规。广泛宣传党支部廉政建设的重要意义、政策措施，不断加强对舆论的监督。组织全体教师学习《中小学教师违反职业道德处理办法》和《崇明县教育系统“十不规定”》，制定《民一中学教师教育行为“五不准”的规定》，更好地规范教师的教学行为，更好地服务学生，建设有利于教育事业科学发展的思想舆论环境。

在全校范围，重视廉洁教育，抓好廉政文化进校园活动。学校以“廉政文化进校园”活动为载体，不断深化党风廉政建设，大力营造廉政文化环境氛围，大力加强学校的廉政文化建设，积极推动廉政文化进校园活动，开展了反腐倡廉格言警句征集活动、廉政文化书法评比、教师职业行为“十不”承诺签约仪式、廉政专题学习报告会等活动。把廉政文化与师德建设、校园文化建设、领导班子和党员干部队伍建设、德育建设相结合，有重点、全方位、多层次地开展廉政文化进校园活动，在全校营造了浓厚的校园廉政文化氛围，形成“以廉为荣，以贪为耻”的精神境界和良好风尚。

有力推进学校的文化建设。为了打造特色鲜明的品牌学校，学校申报确定了以“让美育成就学生的幸福人生”为主题的特色创建项目。为此，学校着力推进相关的校园文化建设和班级文化建设。从硬件环境布置到校歌、校徽、校旗、校风、校训和班训、班名、班徽、班级口号等班级精神文化（软件文化）的打造，逐步推进。

以校园“两节一会”为龙头，通过廉政书画展览、班级文化建设、办公室文化建设等特色活动，党员教师以身垂范，积极营造健康向上、文明高雅的校园文化氛围，使广大师生自觉树立了良好的社会风尚和法制观念，抵制了各种不健康思想的影响，净化了育人环境。

坚持党员帮扶师生，开展特色助学活动。根据学校加强思想政治教育工作和教学工作的需要，在教师中实行传帮带工程，要求党员与后进教师结对帮扶，在教育教学、学生管理上实现传帮带。学校把党员教师中的教学骨干、教学能手聚集到教学工作、教研工作第一线，结合创先争优活动的实施，让他们具体到教研组指导年级组学科教学教研工作，推动教学管理和教研工作上台阶。

“好班子带出好队伍，好队伍干出好业绩”，党员教师是师资队伍中的一面旗帜。学校从打造业务精良的党员队伍入手，充分发挥党员的先锋模范作用，在工作中做一根标杆、一面镜子、一盏明灯，辐射引领全体教师的专业化发展。近年来，学校涌现出县教学能手 3 人，县教育标兵 1 人，县十佳教育之星两人。这些党员教师遍布各个学科，他们通过课题实验、示范教学、与青年教师结对子等多种方式，以实际行动影响带动着全体教师的专业化成长。学校坚持“一切为了学生的发展”的办学理念，以学生发展为本，让学生专心学习，快乐成长。近年来，我校获得诸多荣誉，连续 9 年获得崇明县初中教学优秀奖，是上海市安全文明学校，上海市规范管理“五 A”级社会组织单位，是新一轮上海市特色学校创建单位。

就社会经济环境大气候和民办教育事业新兴产业态势而言，学校党建在发展进程出现困难和问题也是不容回避的，必须客观正视。

"方法思路"问题：营造民办学校党建良好新生态的有效举措不多。党组织在民办学校中究竟如何准确定位并充分发挥作用，存在思路不宽、方法单一、调整不快的滞后现状，政治核心地位未能很好体现出来，导致基层党建工作的创新实践与民办教育事业改革发展的速度、规模、程度不相匹配。

"思想认识"问题："新常态"下党员教师政治定力不够。在经济大环境和民办教育体制内，个别党员思想上存在"一切以教学成效说了算，只要专业强，比什么都强"，对于理想信念的追求和党性的自我修炼往往放松了要求，以至于在政治思想、生活态度、党员榜样作用发挥上只求过得去。

"教育管理"问题：党员教师队伍稳定性不足。民办学校教师课务量都比较重，在校时间安排十分紧凑，要完成"三会一课"、谈心谈话、民主生活等党员教育和实践活动，成效不高。

"作用发挥"问题：党员先锋模范作用发挥不够明显。有的党员价值取向与党章的要求出现了差距，有的"雇工"思想严重，认为拿了"老板"工资，就应该一门心思只做好本职工作就行，对发挥党员作用看得不是很重。

崇明县民一中学党支部

党建引领 与爱"童"行

上海奇翔儿童发展中心党支部多年来坚持以党建活力促社会组织健康发展，通过党建引领开展多种公益项目，有效促进了社会组织中党组织活动和各项工作的健康开展，增强了党组织在社会组织中的凝聚力和号召力，不断推动社会组织党建工作向深度和广度拓展。其中尤为广受社会好评的是其关爱自闭症家庭项目。通过"党建+公益"的形式，为自闭症、阿斯伯格症、学习障碍、多动症等发育障碍儿童及其家庭提供个别化训练辅导。10 年来，为 3 000 多名儿童提供专业帮助，并为其家长开展百余堂免费公益课程。中心也先后获得了"全国孤独症服务机构自强自律创建活动社会倡导达标单位"、"上海市青年'五四'奖章集体"、"上海市普陀区 2015 年社区公益项目路演大赛二等奖"等荣誉称号。

党的“十八大”报告明确提出“加快社会体制改革”目标，以及加快形成“政社分开，权责明确、依法自治”的“现代社会组织体制”的基本原则和要求。上海奇翔儿童发展党支部正是在这一大背景之下开展党建引领，与爱“童”行——关爱自闭症家庭项目。通过关心自闭症儿童家庭生活及心理状况，调动起社会大众关注自闭症儿童及其家庭的积极性和主动性，探索家庭教育、家庭指导建设。

对于一个孩子的成长来说，家长所起的作用是非常重要的，孤独症儿童也不例外，甚至比正常儿童更为重要。因此孤独症儿童家长的心态如何就决定了孤独症儿童今后的发展方向，家庭因素的重要性，几乎两倍于学校和社会因素的总和，家庭教育对自闭症儿童的康复起决定性作用。但繁重复杂的教育工作及渺茫的希望让自闭症儿童的家庭面临挑战，家长被生活和心理所累，并不能很好地完成教育工作。上海奇翔儿童发展中心党支部在关注自闭症儿童的情况下，也同时关注自闭症儿童家庭，“党建引领，与‘爱’童行”项目主要从自闭症儿童家长培训、心理疏导以及社会大众入手，期间发挥党建在企业中的引导作用，有针对性地开展相应的活动，共同促进自闭症儿童的成长，为自闭症家庭提供帮扶与支持。

家长培训。该项目通过培训提高家长的理论、实践操作水平，使家长能掌握训练的方法、技能和孩子发展的方向，让家长能给孩子做好家庭训练为目标，以模仿、动手、认知、游戏、常规意识的培养、参与能力、社会化能力、沟通能力的培养为内容，通过在家长培训课上的学习让家长能学习一些儿歌、舞蹈，掌握家庭教育的“主题活动训练”内容，让家长在家庭教育中有目标、有内容、有方法。家长在孩子康复中的地位是特殊的，是唯一的，父母所起的作用也是别人替代不了的，父母是实施家庭康复教育的主要角色。

“喘息日”活动。研究表明，孤独症儿童的父母在强迫症、忧郁、焦虑、偏执等方面高于健康儿童的父母，所以在对孤独症儿童给予关爱和治疗的同时，也要关注孤独症儿童父母的心理健康。项目邀请了特教心理咨询师为家长开展自闭症家庭心理辅导，通过理论培训课及心理支援的帮助，使家长在训练中始终能调整好心态，把握好方向，从而使孩子的训练能长期科学地坚持下去。同时党员志愿者们通过开展“喘息日”活动，由党员志愿者陪伴孩子，让家长得以喘息。使家长拥有自己的时间和空间舒缓压力，调节情绪，比如抽出一天时间把孩子交给老师和志愿者去放松下心情，这样得到了适当的调整，能以更饱满的热情，更充沛的精力去抚育孩子。

户外亲子体验。增长家长与孩子之间的互动沟通，让家长学习如何与孩子相处，陪孩子成长。户外运动可以在一定程度上减轻自闭症儿童的自闭性问题，并在一定程度上改进儿童的沟通问题，让其更接近社会，接受周围的环境变化。游戏器具场地与语言和运动能力存在积极的关系，进行观看类活动对基本认知、语言、综合能力的康复效果好。

才艺课堂。配合儿童康复训练，为儿童增添一些丰富有趣的周末课程，诸如绘画、音乐以及彩陶等，增强孩子的社会能力，帮助孩子学会融合。让家长掌握系统化的动手训练内容和具体的操作方法，对孩子精细动作的发展有充分的认识。

宣传倡导。利用社会以及自媒体等力量，向大众宣传正确的自闭症知识，倡导对自闭症的关爱。每年“六一”、圣诞节等节日联手企事业单位开展宣传活动，呼吁平等和尊重，消除歧视。号召全社会更多地关爱、包容自闭症群体。

通过家长培训课，使家长能认识到自己在孩子康复教育过程中的重要作用，并树立正确的教育观。掌握怎样给孩子制定针对性的家庭融合教育训练计划，训练孩子的技巧和方法，了解如何利用家庭自然的环境和社会化的环境给孩子进行生活中的自然训练。通过理论培训课及心理支援帮助，使家长在训练中调整好心态，把握好方向，从而使孩子的训练能长期科学地坚持下去，改善孩子自身的各项能力，为以后进入普幼普校做准备。增强大众对自闭症的认识，倡导包容理解与接纳。更需要社会给予他们关爱，需要正常融入社会，比如解决他们面临的康复问题、入园就学问题等，这些才是自闭症儿童最需要的关爱。

上海奇翔儿童发展中心党支部的“党建引领，与‘爱’童行”关爱自闭症家庭项目创新了社会组织党建工作理念和工作方法，加强了党建对社会组织公益活动的引领，不断激发党建工作活力，增强了社会组织生命力。该项目的目的也在于进一步发挥社会组织党组织的政治核心作用，推动社会组织的党建工作与自身发展深度融合，相互促进，既提高了社会组织履行社会责任、推动转型发展的工作水平，又团结凝聚了一大批优秀青年员工积极向党组织靠拢，提升和扩大了社会组织在经济社会发展中的影响力，为加强社会组织党组织建设做出了有益探索。

普陀区长风街道党工委

办群众满意的武校

北京少林武术学校上海松江分校成立于 2004 年 1 月，从第一年招生不足 80 人的小队伍发展壮大至今，拥有正式学生 1 500 多名，教职工 138 名，其中党员 18 人，3 名入党积极分子。近年来，武校党支部坚持以基层服务型党组织建设为统领，团结带领党员干部教师创新服务理念，全面提升办学水平，赢得上级领导、业内同行和社会群众的广泛赞誉。在 2015 年全国武术锦标赛上海赛区上，叶榭武校在多个项目上勇夺第一。

党支部坚持从班子做起，带头树立教育服务理念，把服务贯彻教育工作全过程。支部成员带头学习贯彻党的教育方针，积极创新工作思路，严格执行教育政策法规和文件指示精神，长年坚持深入教学一线听课、跟班指导推动工作。

由于生源广泛，武校一直采取寄宿制、全封闭式军事化管理，但同时也意味着，学校白天要承担起孩子课程教育，晚上要照顾起居安全。为此，以校长魏发文为代表的党支部成员每天 7 点到校进行课前巡逻，晚上 9 点等学生宿舍熄灯后，亲自一一查房，通过轮班，记好巡查日记，这样的巡逻本可以交托给学校门卫，但是魏发文校长却是这样说的："这是对自己负责，看过才能放心，也是对孩子负责，对家长负责。"

武校有别于普通学校，党支部在开足开齐文化课程的基础上，根据学生的兴趣，辅以各类武术课程，按照校训"走文武双全强者成才之路，做独立奋进保家卫国之人"作为学生培养的发展方向，力求培育出更多的优秀人才。

在加强学生文武全面发展的同时，学校党支部成立了以校领导、支部书记、教研组长为核心的政治、业务学习领导小组。创新政治、业务学习模型，坚持每周一次的政治理论学习制度。在学习时，安排了主讲人（负责本次学习内容的讲解）、主学人（结合自身教育教学工作实际谈体会），变过去的被动式学习为教师的主动学习，效果显著。通过学习先进事迹，学习新党章、党规以及教育相关的法律法规、先进的教育理论和经验，增强了全体党员的党性观念，密切了党同人民群众的血肉联系，强化了为民服务的意识。做到依法治校，依法执教。充分发挥基层组织在学校发展中的战斗堡垒作用，促进学校各项工作的开展。近六年来学校常规管理及教育教学质量一直位于全县优秀行列。校园环境、教师的精神面貌、学生的全面发展等获得了社会与各级领导的较高评价。

党支部为党员发挥先锋模范作用搭建平台，激发党员服务热情，成为全校教育教学管理的骨干力量。

同时，学校教职工在身边党员的带领下，脚踏实地、兢兢业业，精心培育着每一批学生。在保证教学质量的前提下，党支部还搭建平台，提倡和鼓励学生积极参与社会公益演出。在镇、区、市，乃至全国性的舞台上总能找到他们的身影，第十三届上海运动会开幕式上出色的武艺表演、2008年特奥会上的惊艳亮相、上海国际艺术节中的精彩才艺展示……这些都令人眼前一亮。

厚积薄发的叶榭武校在不断给大家带来惊喜，也让自己一时间名声大噪，家长们纷纷慕名而来。至此，叶榭武校完成了一个华丽的转身。

当然，党支部在致力于学校教学工作，带领学生走出校门，走向社会大舞台的同时，支部的党员们也积极开展志愿活动，武校党支部自2011年开始，便与叶榭敬老院结对，每逢重阳节，党员们就带着水果、领着表演团队走进敬老院开展志愿服务，教职工党员们到敬老院帮忙清理垃圾、陪老人聊天，他们用一颗温暖的心，尽其所能为老人们服务。

在工作之余，党支部始终围绕"高效、务实、廉洁"来建设组织集体。特别在学年初，党支部坚持就学校管理与制约学校教育教学发展等专题，在全学校进行问卷调研。通过教职工之间相互提建议等形式征集到涉及教师工作态度、团结协作、教学教研、德育工作、敬业精神等几个方面的意见30多条。针对问卷中所呈现的问题，党支部召开了专题会议，探寻解决的途径与方法，并制定了"问题解决台账"，定期销号解决。由于征求意见面深广，反映了各方面对学校师德师风建设方面存在问题的真实看法，为剖析工作打下了坚实的基础。在整个整改过程中，学校依托各类活动进行整改，让广大教职工参与其中，开展"人民满意的教师标准"大讨论，开展了"班主任专业化发展"大讨论，"一对一"结对子谈心活动，举办教师师德师风报告会等活动，使教师更加珍惜自己的工作，增进了爱岗敬业精神。

"成立了党支部，就要全力以赴搞好支部建设。"学校的教学工作繁重，但党支部坚持忙里偷闲，通过向兄弟单位借鉴党建经验，再根据自身实际建章立制，逐步形成一套涵盖教育教学管理各领域的工作制度，做到靠制度管人、理事。

抓好教学常规管理工作，树立“质量立校”意识。教务工作落实是生命，加强过程管理，是完成目标的基本保证。学期初，党支部就拿出了教学常规管理制度这张硬牌，在教学思想、教师素质、计划、备课、上课、作业设计及批改、检测、教研、教学小结等十个方面确立了基本工作目标，引领教师树立目标意识。开学初，进行了全学区教师的计划送检；期中，举行了备课、作业、检测的阶段性送检；期末，又进行了教学业务专项督查。忙碌的工作中，党员起到了先锋模范作用，他们主动承担双班主课教学，课程多，任务重，但作业批改从不落后，依然及时、认真、仔细。

抓好“名师强校”，做实本教研工作，践行课改。“教而不研则浅，研而不教则空”，以研促教、以研兴校是一所学校富有生命力的关键所在。学期初，教研组长主动与各位老师联系，依据自愿申报、自主安排的原则，对各位老师的校本研修课做了总体计划与安排；学期中，教导处进行了摸底督查，建立了各教师校本研修课开课情况台账；期末，在业务专项检查时结合“台账”对“人人上一节校本研修课”进行了核实，通过多渠道的督导，上学期校本研修课可以说是开展得最好的一学期。各位老师认真备课，反复试教，各教研片对口教师主动参与，为活动的成功开展、为教师的快速成长奠定了扎实的基础。

回顾叶榭武校十年来从破土到枝繁叶茂的成长历程，凭借的不仅仅是优质的教学质量和人性化的管理模式，更是服务型党支部的幕后通力协作，使得武校整体办学水平明显提高，各项工作取得长足发展，分别荣获2009年区“两新”组织五好党组织、2011年区先进基层党组织、2014年镇“两新”党建优秀单位。

松江区叶榭镇综合党委

以党建凝人心 以党建育专才

通力律师事务所于2001年成立通力所党支部。党支部现有律师党员

63名，占全所律师的60%，党员中大学本科以上学历100%，研究生以上学历55%，党员平均年龄30岁，30岁以下占32%，是一个高学历、年轻、富有朝气的党支部。

（1）通力所党支部针对本所党员年龄轻、上进心强、学历高、素质好的特点，结合律所的发展目标，围绕“党建与时俱进、争先创优”和“业务高端定位、争创一流”两个重点，建立健全了一系列基层党建制度。

（2）通力所党支部围绕提升综合实力，做大做强律师业务，创一流党建、促一流业绩的发展方向，夯实组织基础，强化“引领、凝聚、服务、保障”职能，有效利用资源，打造学习型支部。

一是优化党建工作顶层设置，坚持高起点、高标准地建设党支部。始终坚持以“引领、凝聚、服务、保障”为党支部定位，党支部书记由通力所创始合伙人俞卫锋律师（现任上海市律师协会会长）担任，并专门配备一名党务助理，既确保了党组织在事务所决策、管理层面的威信和影响力，又有效地保障了各项工作在具体操作层面的落实和执行。

二是善用网络资源，创新学习形式。通力所党支部针对律师职业的特殊性和不易集中的实际情况，积极打造三维立体学习方式，除了集中学习讨论外，还开设电话和网络学习平台，即建立多方电话会议系统，克服空间阻碍，确保党员及时参加支部学习，并在局域网建立党建专栏，消除党员学习交流的时间障碍。同时将网络投票系统运用至支部会议中，实现快速投票、快速统计和快速决议，提高支部活动的效率。

（3）通力所一直致力于规范律所管理、注重人才培养、关注队伍建设、建立长效的制度机制。一是制定“三个一”计划。通力所党支部每月组织一次党课教育或参观学习，每季度开展一次民主讨论，每半年进行一次社会义务服务，并将“三个一”有机融入事务所的日常工作中。

二是建立“导师制度”和“家访制度”。对于新员工，除了日常的入职培训，党支部会为他们安排有经验、党性强的律师作为“入职导师”，帮助他们提高工作水平以及服务社会、联系群众的沟通技巧和服务技能，做到全方位的“传帮带”。对于家在外地的同事，党支部和行政积极倡导律所合伙人利用异地出差的机会进行家访，使其家人感受到党支部和律所的关心。同时，外地员工家属来上海时，党支部和律所行政也会热情地邀请家属到律所参观，一同用餐。

（4）通力所党支部利用党建与业务相结合的方式，充分发挥党组织的战斗堡垒作用和党员律师的模范带头作用，运用专业知识，积极参与公益，服务社会。

一是积极搭建平台，利用专业知识，发挥专业优势，开展个性化法律服务。组织党员签订法律服务承诺书，开展“一名党员一面旗”等活动，发挥专业优势，开展义务法律咨询，为学校担任法律顾问，为市民、社区提供法律服务组织专场法律讲座，还与革命老区的律师事务所结对，为江西吉安律师讲课开展培训，帮助老区发展律师法律服务业。

二是凸显战斗堡垒作用，积极承担社会责任。通力所党支部建立了常态化的社会公益活动制度，在 2008 年金融危机的冲击下，律所不裁员、不减薪，还携手浦东新区其他规模较大的律师事务所，发起了为大学毕业生提供见习和工作岗位的倡议，为响应党和政府关于保就业、保发展的号召，推动创建和谐社会不遗余力。

(5) 通力所党支部以创一流党建，促一流业绩的党建与业务相结合的模式，使通力所在数年时间内迅速成为银行金融、资本市场及公司领域中法律服务市场的领先者，在法律服务领域中处于全国一流行列，多次被境内外法律评级杂志评为中国领先的律师事务所。通力律师事务所在中国法律服务市场创造了多个“第一”。比如曾为中国第一个上市公司发行无担保公司债券项目、第一个外资银行与中资商业银行战略合作项目、第一个合资汽车金融公司项目、第一支开放式基金、第一支指数基金、第一支货币市场基金、第一批海外 QDII 基金、第一批中外合资基金管理公司、第一个汽车行业海外整车购并项目、第一个民营商业银行上市项目、第一批分离交易可转换公司债券项目、第一个真正实现销售的资产证券化项目、第一个 2006 新规后通过反垄断调查程序的外资并购中国上市公司项目、第一家消费金融公司设立项目等提供法律服务等，多次荣获“中国最佳银行业律师事务所”、“中国最佳项目融资交易”、“中国最佳购并交易”等奖项。通力所党支部的党建工作以事务所业务平台为基础，近年来，连续多年获新区“一级党支部”、上海市“两新”组织“五好党组织”、上海市文明单位称号，2012 年获中共中央组织部“全国创先争优先进基层党组织”称号，2014 年获上海市“五星级社会组织党组织”称号，2015 年荣记上海市司法行政系统集体三等功。

(6) 通力所党支部针对律师行业的特点，不断创新工作机制，15 年磨一剑，打造律所党建工作长效机制，形成了“行业特点鲜明”、“主题目标明确”、

"活动形式创新"、"党群关系和谐"的党支部特色，党建工作卓有成效，受到了律所党员、群众，乃至社会的广泛认可。

上海市通力律师事务所党支部

做公益法律服务的先行者

上海沪港律师事务所(以下简称"沪港所")党支部现有党员10人，设支委3人，党支部书记由沪港所主任栾国庆担任。几年来，沪港所党支部积极开展公益法律服务，从2010年11月起先后在宝山区道路机动车交通事故损害赔偿纠纷法律援助工作站和宝山区人力资源和社会保障局提供公益法律服务。2014年7月沪港所党支部设立了"党员律师公益法律服务处"，为弱势群体提供免费的法律服务，同时每年组织党员律师志愿者进行"庆'七一'法律服务活动"、"党员奉献日"等活动。以下主要介绍沪港所党支部在公益法律服务中总结的一些经验，以及探讨在新形势下如何更好地开展公益法律服务。

我国法律援助制度始建于1994年，2003年《法律援助条例》颁布，标志着政府对于法律援助有了明确的定性，即"获得法律援助是公民的权利，

实施法律援助是政府的责任”。弱势群体是人民群众的组成部分，而且就我国目前情况来看，弱势群体已成为一个规模庞大、结构复杂、分布广泛的群体。

当前法律援助存在诸多问题。例如法律服务资源与信息需求不对等。据统计，截至2014年底，全国13.6亿人口，律师27.14万，律师党员7.4万多人，平均每万人只拥有两名律师，由此可见中国法律服务资源的缺口巨大。截至2016年5月9日，上海市律师19 037人，但是各区县律师分布严重不均，其中浦东新区、徐汇区和静安区律师合计占总人数的比例约为44%，宝山区、青浦区、金山区和崇明县属于远郊地区，律师人数合计占总人数的比例约为3.7%。由于目前法律援助以区县为单位划分，因此造成了援助需求较大的偏远郊区律师资源短缺现状。法律援助门槛高，标准不统一。法律援助作为一项政府针对弱势群体的公共福利政策，对弱势群体的标准进行条件筛选是有必要的，但是实践中往往发现现行的条件筛选机制给老百姓申请法律援助设置了重重障碍。劳动争议案件中劳动者是外地农村户口的，只需提供户口本及相应的证据材料复印件就可以申请法律援助，因为外地农村户口被归为社会弱势群体，但是同样的这个弱势群体如果发生了交通事故，则要求当事人必须回老家开具家庭经济困难证明，而且需要村委会、乡政府或者居委会、街镇两级盖章证明。这对于已经受到事故伤害，行动不便甚至还在重症监护的受害人来说过于严苛。所以，这种条件筛选机制无形中增加了老百姓的负担，使得很多符合援助条件的弱势群体没有办法申请援助。还有法律援助范围局限性。目前法律援助的案件主要集中在劳动争议、刑事案件和交通事故人身损害赔偿案件，并不包含执行案件。第三，服务模式被动接收。当前体制下法律援助主要的申请模式为等老百姓主动上门寻求服务，除了每年一些公益法律活动日、法制宣传周等纪念日外，比较少有主动深入基层开展服务的，法律援助形式被动。

通过对公益法律服务现状和存在问题的分析与研究，沪港所党支部积极探索长期、稳定、高效的公益法律服务长效机制。

交通事故人身损害赔偿公益法律服务。2010年12月1日至今，沪港所受宝山区司法局指派为宝山区道路交通事故审理科法律援助工作站提供法律服务，旨在与交警大队调解室共同为解决交通事故纠纷作出努力。党支部积极支持律师参与交警大队的公益法律服务，在工作日每天安排3位律师提供免费法律咨询、代写文书和代为申请法律援助，并将此项工作作为党员“创先争优”活动的一项重要内容。党员律师以身作则，成立党员先锋队，在工作室为大家提供交通事故法律服务，积极发挥党员先进性，秉承“求实、诚信、勤奋、敬业”的服务宗旨，认真、详细、耐心地解答前来咨询的每一位当事人的每一个问题，获得了大家的好评。

劳动争议公益法律服务。2012 年 2 月 20 日至今，沪港所党支部在宝山区人力资源和社会保障局信访接待大厅和工伤认定科提供律师公益法律服务。所主任、党支部书记栾国庆律师带领沪港律师团队到现场熟悉工作环境，并安排值班律师及时投入工作。在工作日每天指派两名律师在信访接待大厅和工伤认定科为劳动者提供免费法律咨询和代为申请法律援助，为扶助社会弱势群体、化解劳动争议矛盾做贡献。

劳动争议公益法律服务涉及的劳动争议范围比较广泛，包括拖欠工资报酬、工伤赔偿、确认劳动关系、劳动合同纠纷等，针对不同的案件类型，沪港所律师总结出了不同的办案方法。例如在办理群体性农民工讨薪法律援助案件中，律师会成立专案小组，案件由两位党员律师主抓，另外分配多名律师助理做代理手续，整理援助审批材料、立案材料等。为了在受理案件制作申请手续时提供效力，律师在办案时分三个步骤进行：一是确定负责人。主办律师会在劳动者中选择负责人或者由劳动者自行推荐，然后由主办律师和负责人沟通案情，确定诉讼方案，再提供诉讼所需要的材料清单给负责人，让负责人通知其余的劳动者准备相应材料。二是制作文书模板。主办律师在分析案情并确定诉讼方案后，制作一份文书模板，写明仲裁请求和相同的一些事实情况，将需要更改的项目用红色字体进行标记，这样就可以让律师助理在制作法律文书时只需询问当事人关于主办律师用红色字体标记部分的情况，然后进行替换，大大提高了制作文书的效率。三是给劳动者编号。在劳动者准备齐全材料后，主办律师会和负责人约定一个时间，让劳动者统一来事务所办手续，然后根据劳动者的先后顺序给劳动者编号，并按照编号让律师和律师助理轮流依次给劳动者做手续，制作的文书抬头上也注上编号，这样就不会将劳动者的材料混淆，提高了工作效率，所以往往只需半天时间就可以为群体案件的每一位劳动者制作好文书材料。

为强化党员律师志愿服务意识，沪港所党支部提出设立“上海沪港律师事务所党员律师公益法律服务处”，于 2014 年 7 月 1 日正式挂牌对外服务。党支部每天安排两名党员律师在工作日的 8:30—17:30 坐班，面对面地为弱势群体提供免费法律咨询和代为申请法律援助服务，另配备24小时服务热线电话，为群众提供全天候即时服务，在服务处醒目位置悬挂党徽标识、党员律师个人简介，同时还设置了意见箱，征集群众的意见建议，以便更好地提高公益法律服务质量。

同时，沪港所党支部积极参与“律师进社区”活动，发挥党员律师的先锋模范带头作用，在学雷锋日、“三八”妇女节和全国法制宣传日等为社区居民提供免费咨询，另外，还定期为社区居民开展法律讲座。

沪港所党支部多年来热心于公益法律服务事业，做公益法律服务的先行者，积极开展各种公益法律服务活动，截至2016年4月底，沪港所党员律师已提供免费法律咨询人数达38 055人次，办理法律援助案件2 152件，受赠锦旗84面，为当事人索回款项2 100余万元，获得当事人的一致好评，沪港公益律师的服务达到零投诉。

开展公益法律服务需要将党建与事务所的建设相结合，沪港所党支部对事务所的法律服务进行理论指导，坚持正确的政治方向，同时充分发挥党员律师的先锋模范带头作用，引领非党员律师也积极加入到公益法律服务的行列。

宝山区沪港律师事务所党支部

授人以鱼不如授之以渔

上海洪智城市小区管理服务中心是本市首家参与城区管理和社会治理的社会组织。洪智中心的创立者王元洪是一名优秀的共产党员，作为一名民营企业家和社会组织的领军人物，他对社会始终怀着一颗感恩的心，不计个人回报和付出，积极带领洪智中心投入到社会治理中，把帮教事业做成了社会责任。如今，这根“接力棒”已亲手交到了他女儿王丽敏的手中，洪智中心在党建这面高扬的旗帜引领下，不断前行奋进。

倾听需求，做心理按摩师。某帮教对象自2005年从新疆刑释解教回沪后，屡屡走访市、区信访办，是区出了名的老上访户。由于在他服刑期间，其房屋已拆迁，户口无法报入，服刑回来后又无个人档案，生活碰到了一系列的问题。陈某非常绝望，帮教工作一度较难开展。

在这种情况下，洪智中心党支部始终对他不离不弃，主动安排党员老黄与他一对一结对，认真倾听他的诉求，帮他分析现状，找准问题症结，提供化解方案。凭借老黄的真诚和专业，他渐渐把老黄当作了可以倾诉的亲人。虽然他脾气急躁，做事比较冲动，但老黄却不厌其烦，耐心劝导，做他的“心理按摩师”。老黄时常刚安抚劝说好他，又要出门替他联系区各相关部门。经过不懈的努力，老黄最终想方设法解决了他的档案问题，并将其报入了洪智中心集体户口。

不久，他又提出没有地方住，租房又付不起房租，要洪智中心为他解决廉租房。根据实际情况，他无法享受这个政策。但是党支部从“帮教一人，稳定一家”的宗旨出发，破例每月补助其480元，这相当于廉租房的待遇。谁料一波未平一波又起，之后他又因发生意外，腿部摔伤，所需医疗费用高达两万元，这对他来说是一个天文数字。党员老黄获知情况后，又反复做其工作，缓解矛盾，并向洪智中心党支部汇报此事，发动党员奉献爱心，并联系帮教协会对其做了一定的补助，最终妥善解决了他的实际困难。自此，他对老黄和洪智中心感激涕零，转而成了一名帮教协会的志愿者，生活也稳定了下来。

培训技能，做就业指导师。帮教对象L的境遇可谓一波三折，在他之前，中心党支部一直在思考如何才能把这些特殊人群“教育”好，最大可能发挥他们的能力，使他们真正弃恶从善，走上正轨。要解决这一问题，除了必要的法制教育和人文关怀外，还必须教会他们一技之长，谋生的本领，这样他们才能有信心重新踏上社会，成为一名自食其力的劳动者。于是，中心党支部与上海智能消防学校党支部结对共建，两家党支部充分整合资源，利用优势互补，分工做好帮教。洪智中心党支部进大墙送帮教，从思想上、生活上对服刑人员进行关心、帮助和教育。同时，发挥智能消防党支部的培训教育资源，在大墙内对刑期5年以上的人员进行学历教育，开出10项通用岗位培训。

考虑到L实际情况，将他编入了高楼外墙清洗班，开始接受系统学习和培训。L的攀爬功夫在班里是发挥最好的，他系上保险带在高空作业时没有恐高，严格按照老师的教学大纲要求进行幕墙清洗，熟练地学会了高层吊板、高层吊索、高层吊篮、高空蜘蛛车以及轨道擦窗口机的操作，并且掌握了花岗岩、不锈钢、玻璃以及陶瓷锦砖四种外墙面的清洗方法。经过市人保局的考核，L获得劳动技能证书及员工上岗证，成为一名专业技术工人。在洪智中心的推荐下，L应聘到一家专业清洗公司上班。如今，L在工作中得心应手，同时这份高风险的工作也给L带来了一份较高收入，令他相当自豪。

区分特点，做人生规划师。Z原是一家外贸公司的总经理，因经济犯罪被判处有期徒刑4年。正在他意志消沉的时候，党员王元洪来到监狱，与他结成帮教对子。Z担心自己刑满释放后与社会格格不入，无法找到出路。王元洪郑重承诺，只要你愿意，出来之后随时可以到我这儿来上班。顾虑消除后，Z积极接受改造，最终减刑一年被提前释放并到洪智中心工作。王元洪专门出资3 000元供他参加培训动拆迁业务知识，在领取了动迁上岗证后，Z开始为静安区的动拆迁协调工作出力。

上海市女子监狱静安籍在押犯H因婚姻受挫，犯故意纵火罪被判处有期徒刑3年。服刑期间，她情绪偏激，反复绝食累计达25个月。王元洪知情后与党支部商量对策，并多次赴监狱做思想疏导工作。H出狱后，王元洪又将她接到医院进行康复治疗。最终H受到感化，恢复进食，并顺利回归社会。

在王元洪的直接关心下，洪智中心建立的具有住宿、就业、帮教职能为一体的“中途之家”还被市人保局、市司法局、市安帮办命名为上海市过渡性安置就业示范基地。中心党支部坚持“有困必帮、生病必探、生日必贺”人性化管理理念，促使许多回归人员的人生道路由此而改变。这其中，有因抢劫而劳教的老狱警的儿子，出狱后经帮教，成了“劝访”、“罢访”的维护社会稳定的工作人员；吸毒人员S经帮教后不仅戒了毒，而且还当上了保安队长；曾因抢劫而入狱的D在维护治安中勇敢地抓住了现行抢劫嫌疑人而受到政府表彰。

近年来，洪智中心党支部在区委、区政府、区委政法委、区司法局和江宁路街道的关心下，在推进静安现代化国际城区建设进程中，积极发挥社会组织在参与社会治理中的独特作用。

2016年春节期间，在上海市帮教协会理事长兼洪智中心荣誉顾问王元洪、中心董事长王丽敏、总经理毕智江、党支部书记赵金妹的率领下，一支由党员同志为先锋，集门岗、道路协管队员、帮教学员所组成的30人队伍，统一着装，臂带鲜红的平安志愿者袖章，集合在洪智中心门口整装待发，为守护静安这座美丽城区而走上“禁燃”的特殊岗位。

30名队员在大年夜晚上，冒着严寒，放弃了在家吃团圆饭的时间，分组通宵守望、巡查区域内各条马路，穿街走巷，不放过任何一个可疑人员，及时制止燃放烟花爆竹，为了静安能有一个安定祥和、干净快乐的春节奋战在“禁燃”第一线。党员们最先表率，只要确保完成这次“禁燃”任务，所有的付出都是值得的，也特别有意义！在党员的带领下，中心的员工和帮教学员义无反顾地投身其中。

近年来，在党支部的带领下，洪智中心真正把帮教事业做成了一份社会责任，并且在参与社会治理中发挥了巨大作用，获得了良好的社会反响，受到了群众的广泛认可。正因为中心党员和员工把准了工作对象的“脉络”，充分了解和掌握他们每个人的脾气、个性、特长和能力等，才能通过对症下药，因材施教，把他们放到合适的地方进行磨炼和重塑。正所谓“浪子回头金不换”，帮教对象最终也凭借自食其力，重新立足于社会，换来的是一家幸福、社区和谐！

静安区江宁路街道社区党委

“四个先行”推动党建带社建

上海茸城社区平安服务社党支部成立于 2013 年 8 月，现有党员 14 名。近年来，茸平社党支部紧紧围绕社团整体发展思路，立足新形势下预防和减少犯罪工作需求，坚持以抓党建促社建，充分发挥党支部的战斗堡垒作用和党员先锋模范作用，扎实开展创先争优活动，增强团队凝聚力、创造力、战斗力，带动形成全社“讲人品、树正气；爱岗位、练内功；拼业绩、争一流；打品牌、闯出去”的良好氛围，为茸平社可持续发展提供了坚强的思想、政治和组织保证。2014 年，创建成为上海市五星级社会组织党组织。

多年来，服务社党支部始终坚持以创建学习型党组织为载体，不断丰富学习内容，创新学习载体，完善学习机制，切实提高学习教育的针对性和时效性，积极开展“争创学习型党组织、争做学习型党员”活动，以上级党组织学习为龙头，以支部学习为主体，以活动小组、“周一办公会”为阵地，创新支部生活形式，落实“三会一课”制度，积极实践“有主题、有讨论、有共识”的组织生活规范，不断增强党员的学习意识、组织意识和责任意识。把支部党员的思想教育与落实社团中心工作相结合，把学习理论知识与增强岗位技能相结合，在学习内容上突出趋向性、针对性，在学习形式上突出多样性、趣味性，在学习机制上突出长效性、实效性。如，结合茸平社网站“党团建设”专栏，利用现代化信息手段开展网络教育和在线学习，丰富了党员教育学习的渠道。又如，“七一”建党节期间，组织党员参观陈云纪念馆、新四军纪念馆等爱国主义教育基地。通过学习，不断激发全体党员的责任感和使命感，坚定投身预防和减少犯罪工作的决心。除了坚持每半年开展一次管理层专题民主生活会以外，将民主生活会课堂下沉至16个街镇社工组，在全社范围内组织专题讨论和谈心交流，面向全体党员群众开展“我为茸平献一计”合理化建议征集活动，依托“片会”建立分享机制，通过形式多样的横向交流与思想碰撞，达到沟通思想、促进团结、共同提高的目的。

面对社会组织改革创新所带来的党建新情况、新问题，党组织积极探索加强和改进茸平社党建工作的新途径、新办法，确保党建促社建、社建带党建形成良性氛围。支部坚持严格发展党员的要求，努力把政治素质好、业务能力强、作风正派的青年骨干吸收到党组织中来。近两年，支部先后培养发展预备党员两名，转正预备党员1名，为党组织增添了新鲜血液。同时，支部每两个月开展一次思想政治教育活动，每季度开展一次党员专题学习活动，对责任意识不强、工作敷衍拖沓的党员及时开展劝诫谈心等措施，抓好党员队伍经常性的思想教育工作。在党支部的牵头下，建立了以倡导规范服务为核心，进一步细化业务流程，分解工作要求，建成一套既符合职能部门要求，又满足服务对象需求，体现专业特征的工作规范，确保每一位党员社工在开展日常服务时有章可循、有据可依，“一把尺子量到底”。为确保全社各项工作有序推进，定期组织开展督查活动，通过领导查岗查职、组织群众走访和网上征询建议等措施，强化监管手段，促进工作落实，加大对各站(组)党员的督查巡查力度。一方面创设“社工之家”，开通“茸平一家人”微信群，为党员社工提供多元化心理支持服务，帮助党员社工缓解压力，调适情绪，提升自助与助人的心理能力。另一方面开设“智汇”工作坊，满足广大党员社工“面对面”交流学习、“点对点”答疑解惑的需求，帮助一线党员社工提升专业工作能力，指导解决党员社工遇到的突出矛盾和尖锐问题，有效激发创意思维。定期开展“体验日”活动，探索“基层体验”、“管理体验”、“跨专业体验”、“跨部门体验”，增进互信与支持。

为切实发挥党员社工的示范引领作用，树立良好的党员形象，茸平社党支部从加强自身作风建设抓起，在全社范围内开展“党员示范岗”创建活动，把党性修养好、服务意识强、工作作风正、业务水平精、群众评价高的党员通过示范岗创建活动推选出来，作为学习标杆，着力增强党员社工的服务意识和宗旨意识，有效提升了全社的纪律作风、工作效率和执行力。综合社工组的制度建设、日常管理、专业工作、团队协作等情况，从高到低设“五星、四星、三星、二星、一星”五个级别，并把评定结果作为组内社工评先奖优的依据，以组的建设促进社团管理。支部积极发挥党员的先锋模范作用，通过挖掘工作典型，宣传先进事迹，使全社工作人员紧紧地凝聚在党组织周围。近年来，服务社3名党员分别被评为上海市十佳矫正社工、十佳禁毒社工、十佳青少年社工，其中一名同志还荣立上海市司法行政系统三等功；一名党员连续两届获选松江区优秀公益人物。在良好的党建氛围推动下，全社争当模范先锋、争创一流业绩的氛围日趋浓厚。

围绕社会主义核心价值观开展丰富多彩的文化建设，是促进社会组织发展的有效载体。为此，茸平社党支部积极组织主题鲜明、形式多样的文化、体育活动，把党员社工拧成一股绳，不断增强党支部的影响力、创造力和向心力。在社工队伍组建成立9周年之际，通过茸平社网站、工作简报、公开栏等多种渠道，向全体社工发出“与心灵对话、与梦想齐飞”行动倡议，勉励社工争做恪尽职守的践行者、专业引领的开拓者、社团发展的奠基者、社会文明的传递者、弘扬正气的倡导者，努力营造“心往一处想、劲往一处使”的良好氛围。定期举办“梦想激扬青春，健康成就未来”主题运动会，设置了融趣味性、互动性为一体的竞技项目，进一步增强党员社工的凝聚力和归属感，激发他们团结拼搏、奋发进取的精神。同时，还组建了一支排舞队，活跃和丰富了党员社工的业余文体生活。先后组织开展了知识竞赛、成文个案评比、案例研讨比赛等，使全体党员社工在竞赛中发现不足、增强本领，形成比学赶超的良性氛围。利用松江司法专业社工队伍成立10周年契机，举办以“献礼十周年、情系社工梦”为主题的才艺展活动，用生动形象的艺术形式激发和弘扬新时期茸平精神。开展“我骄傲，我是茸平人”主题征文演讲比赛，进一步凝心聚力，传递正能量。2016年还将开展“最美社工”的评选活动，弘扬最美社工精神，并通过微信等新媒体，扩大茸平社党员社工的知晓度与影响力。

茸平社党支部坚持“四个先行”的做法取得了一定成效：自主运作、自我管理、自谋发展的机制日益完善；队伍专业知识与技能水平逐渐提升，专业化、职业化趋势渐显；团队向心力、凝聚力与创造力得以激发，为下一步茸平社加大社会治理参与力度奠定了基础，也为社会组织加强自身建设，发挥治理效能提供了一定参考，达到了以党建促进社建，以社建带动党建的目的。

实践表明，坚持“四个先行”，既是党坚持群众路线的必然要求，也是社会组织自身健康成长的重要途径。保持“两新”组织党组织的生命力，唯有立足实际，贴近需求，找准定位，创新服务，才能在群众中树立威信和感召力，真正发动和带领群众贯彻党的意志。

松江区茸城社区平安服务社党支部

安达党建树党魂 核心引领助发展

20 世纪 90 年代，正值浦东开发与上海纺织行业“关、停、并、转”、下岗再就业调整的浪潮，原上棉 28 厂职工医药费的支出连年上涨，卫生科员工面临下岗，而当时的浦东花木、北蔡地区医疗资源短缺，几十万居民的医疗需求矛盾十分突出。为了减轻企业负担，破解纺织行业医药费管理与职工下岗难题，同时缓解周边地区缺医少药的局面，党员何敏放弃处级干部待遇带领 6 名党员和 30 多名卫生科下岗职工自谋出路创办安达医院。当时的安达还只是卫生行业中的一只“小舢板”，如今的安达，没有国家财政补贴，却主动承担起方圆 41 平方公里，50 多万居民夜间急诊的社会责任，成为区域医疗中心，年门诊量已达 130 万。医院由小到大，党组织始终相随，同步发展，同步壮大。它的发展得益于坚持“出发点为民、立足点为民、归属点还是为民”的理念，坚持党建工作在医院发展中的领导作用，坚持党组织对医院大方向的把握，坚持在党建工作中“核心引领、从严治党、典型带动、机制保障”的工作方式。在上级党组织的指导与支持下，将党建工作与为民服务、医院发展有机结合，塑造安达的“党魂、院魂”，实现医院与党建工作的同步发展模式，在区域内提前成功践行了当前医改的许多设想。

党建工作紧贴群众需要，政治引领推动医院整体发展。上海安达医院作为上海市第一家民营非营利性综合医院，在上海市社会医疗机构中第一家成立党的基层委员会，医院成立 22 年来，从一家只有 50 张床位的小医院，通过自我积累，发展为开放床位450张的区域性综合医疗中心，并衍生出养老、医药、后勤服务等多家机构，吸纳下岗职工数百人，党组织从1994年建院之时6名党员的党小组，到如今一个党总支和7个党支部，组建了纪律委员会，共135名党员，2012年6月经上级党委批准成立安达医院党委，2014年9月，又按照上级党委要求组织全体党员参加了“公推直选”。作为民营医院，安达党委委员全部参加医院领导班子会议，行政信息零距离接触，院务事宜全透明公开。通过开展学习习近平总书记系列讲话和党章活动、落实“三会一课”制度、开办“道德讲堂”、党委委员下沉支部听取意见等方式相结合，将党员、员工的思想教育工作与医院岗位需要、医院管理发展需要有机结合在一起，使安达的党建工作真正做到了“领导班子好、党员队伍好、工作机制好、工作业绩好、群众反映好”。

党建工作紧贴改革探索，创新引领构建服务体系。安达第一个探索发展了社会办医开展社区卫生服务的模式、第一个实施医院后勤社会化、第一个探索医药分开模式，杜绝“红包、回扣”，破解“看病贵”，第一个建立民营医院与公立二、三级医院医疗联合体，第一个被评为上海市文明单位的民营医院，第一家承担国家重点图书项目的民营医疗机构，第一个“5A级社会组织”的社会办医疗机构，构建了“小病在社区、大病到安达、疑难病例请三甲、护理入住敬老院、康复再回社区”的良性循环服务网络，满足了居民不同层次的就医需求。探索出“患者得到医疗服务的方便、医保费用得到合理控制、社区的服务得到社会认可”的成功案例。2011年10月13日上海市政协、市卫生局、浦东新区卫生局领导一行31人到安达医院进行调研，纷纷表示“安达模式弥补了浦东卫生服务的短板，是为产业结构调整做出贡献的产物，建立了网络化、立体化服务区域，值得学习借鉴”。虽然在探索的道路上充满艰辛，多是付出，但安达员工从未退缩，其关键在于安达有一支“作风优良、业务精湛、工作高效、团队和谐”、政治与业务素质过硬党员队伍。

党建工作紧贴向心工程，思想引领员工整体素质。安达的员工来自五湖四海，劳动关系比较复杂，有正式编制、外聘教授，也有试工人员、下岗职工，但他们中许多人都有一个共同的身份——那就是共产党员，不管进安达是早是晚，只要在安达工作，就是安达党组织的人，就要纳入党组织正常的活动中。院党委以医院人才队伍建设为抓手，结合开展党的群众路线学习实践教育活动，将构筑人才高地建设与党建相结合。一是坚持把骨干培养成党员，把党员培养成骨干，形成了每月与新进员工或培养对象谈心的工作机制，先后发展了20多名新党员，目前仍有30多名入党积极分子在继续培养考察。二是开展创先争优，让党员立足岗位做贡献。结合支部建设和医疗业务工作，开展"亮党员身份、树党员形象、创一流业绩"主题活动，开展"模范党支部"、"党员示范窗口"、"党员示范岗"等评比活动，涌现出一批不计个人得失、为医院做贡献、为病患谋福祉的先进事迹，并多次入选上海社会医疗机构十佳好事，发挥了优秀党员的典型带动作用。三是开展党员联系科室活动，对薄弱科室进科驻点帮带。四是把党建、团建工作与企业生存发展结合起来，在坚持以往每周一次的党政联席会、条线协调会的基础上，党委又建立了微信平台，及时发布党建工作的要点，自觉接受党内和群众的监督。

党建工作紧贴诚信建设，机制引领展现医院成果。安达建院20年来始终保持"不收红包、回扣"、"365天24小时优质服务"的承诺，做到"公开承诺、社会监督、抓一罚百、奖励上交、医药分开、集体讨论、信息分析、质量点评"，每季度召开居民代表监督会议，主动接受社会监督。一是深入开展荣辱观和廉洁自律等教育，安排党员干部前往市看守所接受廉政警示教育。二是完善预防和惩治商业贿赂的长效机制，积极参与物资比价、统一采购体系的建立工作，建立了工程合同、监管、审计标准流程，节约开支数百万元。三是切实加强党内外监督工作，在院刊、食堂内公示党员干部承诺，加强与领导干部作风密切相关的关键环节监督。四是根据"上海市医务人员十项不得"的规定，结合医院实际，重新修订了医院廉洁自律规定，召开多次关键岗位、主要领导"廉洁自律、岗位尽责"的主题会议，传达反腐倡廉的最新进展，并签订岗位承诺备案。五是坚持做好每年度的《医护人员医德医风考核》工作，促进全员廉洁行医、优质服务的形象建设。

党建工作紧贴社会服务，工作引领体现以人为本。医院党委始终认为党建工作不是"要我做"，而是"我要做"。作为民营医院，安达党组织与行政紧密配合，定期组织一系列以"为民、利民、便民"为宗旨的"真情回报，关爱他人"、"军民共建，鱼水情深"等主题实践活动，开展"公益开放日"活动，常年定期组织党员、积极分子深入社区开展帮困救助、健康指导、义诊服务、医疗讲座、免费体检等大型社区活动。发放"爱心卡"5 000余张，免费服务近百万人次，2010年起每年减免了700多万元的挂号费。医院与上海市看守所建立了医疗绿色通道，开政府机构委托民营医疗机构服务的先河，并在服务中依旧处处体现特有的人文关怀工作特色，受到公安局领导的好评。

安达医院成立22年来，在改革的大潮中精“医”求精，不断探索，锐意创新，成为上海市民营医疗机构、“两新”组织的排头兵，没有政府补贴却通过自身发展反哺社会，承担了区域医疗中心的职能，惠及50多万居民，得益于党建与医院的同步发展模式，通过党建凝聚了队伍，通过党建完善了管理，通过党建塑造了院魂，党组织先后被评为“上海市‘两新’组织先进基层党组织”、“上海市五星级社会组织党组织”、“上海党建工作示范点”称号。何敏院长曾获得上海市社工委“两新组织优秀党员”和上海市社会医疗机构首届“十佳优秀管理者”荣誉称号。安达医院还先后获得“全国诚信单位”、六届“上海市文明单位”和市“5A”级社会组织、市卫生系统先进集体、市社会医疗机构“四星级示范单位”等荣誉称号。

安达医院今天的业绩，得益于上级党委的领导和支持；得益于党委始终如一地贯彻执行党的路线方针，有效落实上级组织制订的战略规划和工作部署；得益于在全体党员和干部的努力下，坚持解放思想、转变观念、务实创新的工作作风，加强为民服务意识；得益于把党建工作标准化与医院规范发展的需求有机结合，融会贯通，积极推行了民营医院党群工作与医院发展工作的同步模式，形成了强大政治凝聚力和党、政、工、团齐抓共管、优势互补的合力机制，影响了每一名党员、每一名干部、每一名普通员工，在医院的发展中树立了务实求真、锐意进取的党魂。

上海安达医院党委

发挥“两新”党建作用
创建五星级敬老院

上海浦东新区机场第二敬老院建于1985年，至今已有30个年头。敬老院占地面积14 216平方米，建筑面积11 513平方米，绿化率达50%。核定床位418张，现有寄养老人267人，五保户1人，工作人员93名。2008年10月30日敬老院成立了党支部，当时党员6人(其中老年党员5人)，现有党员8名(老年党员两人)，预备党员1名。

作为新社会组织，如何在竞争激烈的养老服务行业立住脚跟、赢得市场、树立品牌？党支部和敬老院理事会、监事会充分认识到，党支部要积极发挥党组织的核心引领作用，把党员的作用发挥出来，把员工的干劲凝聚起来，更好地为老人服务，有效地提升管理水平，实现党建与为老服务互赢共进，应该是一条有效的途径。

为老服务是一个需要爱心、细心和耐心的工作。为此，党支部本着“给老人温馨关爱，替家属排忧解难”的服务理念，突出支部的战斗堡垒和党员的先锋模范“两个作用”的发挥，让每名党员都成为为老服务的标兵，老人心中的亲人。作为一家全托式养老机构，我院 267 个入院老人中，半自理护理和完全不自理护理老人有 66 人。为做好不能自理老人的日常保障，院党支部和党员主动请缨，组成了以党员和入党积极分子为主要成员的党员护理组。他们除了每天两次测量血压体温并记录，按时喂老人吃饭吃药，还要每天至少 3 次帮助老人肢体活动和按摩，每月带领老人洗澡理发。让党员在为老服务中亮身份，在以身作则中践宗旨。二十多年来，敬老院未发生一起老人意外伤害和家属投诉事件，虽然住院老人在不停流动，但支部和党员作用的发挥始终没有变，党员在老人们心中的形象始终没有变。

敬老院不仅要在物质上满足老人的需要，更要注重老人的精神需求，努力在每个老人心中营造浓浓的亲情氛围，让每个老人都能找到家的感觉。为此，支部注重在精神上满足老人们的需求。设立“生日角”，为每名老人过生；与春节期间的留院老人一起过年；设立临终关怀，院长带头。让党员的手握住临终老人的手，用自己的情和爱，给临终老人最后的温暖。同时，引进日本心身机能活性运动疗法，努力实现让躺着的老人坐起来，让坐着的老人站起来，让站着的老人动起来，让能动的老人乐起来，履行打造人居福地、享受康寿人生的建院宗旨。

支部在发挥核心引导作用的同时，更注重发动社会的力量，营造敬老、爱老的良好氛围。一是开展联建共建，把“两新”党建置于社区党建的大环境之中，先后与江镇社区、立新村支部、施湾中学、锦江之星、武警中队等 33 家单位共建联建，做到每月有活动，重大节日有看望。以参与提升认识，强化年轻人“家家有老，人人都会老，老年人的今天，是年轻人的明天”的敬老意识，把“百善孝为先”的中华传统美德发扬光大。以活动作为纽带，让老人了解社会、感受社会的关怀和帮助。二是建立与家属沟通交流的平台。设立院长接待日、意见箱等，建立投诉反馈机制。支部每年两次召开家属座谈会，听取他们的意见和建议，让他们共同参与敬老院的管理，增加敬老院和家属之间的沟通，使老人的合法权益得到充分保障。三是在社区党工委的支持下，建立爱心敬老网络平台。免费向社区居民出借轮椅车，为路程较远来院探望老人的家属提供用餐等，党员带头积极参加志愿者服务社会行动，参与社区文明创建和“蓝天下的至爱，好心人帮好心人”等慈善募捐活动。

支部成立以来，始终把制度建设作为党建的重要内容。一是加强队伍建设。选举邱银花同志为院长兼党支部书记，院理事会成员 8 人，其中党员 5 人。把党员队伍作为内部建设的支柱力量，工作中，注重“把党员变成骨干，把骨干发展成党名”。支部成立以来，先后发展党员 5 人，有 11 人向党组织递交了入党申请书。二是落实组织制度。按照镇党委关于加强基层党建的一系列文件要求，落实“三会一课”制度，按时交纳党费，每季度召开一次党员大会，每半年上一次党课，定期开展党日活动，每半年出一期党建活动简报，开展“党员带头·文明先行”主题活动，通过党员在工作中“亮身份、认岗位、践承诺”，努力营造“文明创建、为老服务、党员带头”的浓厚氛围，努力把支部打造成“领导班子好、党员队伍好、管理机制好、为老服务好、家属反映好”的“五好”党支部。

通过切实抓好“两新”党建工作，促进为老服务，提升管理水平，敬老院先后荣获全国养老机构十大标杆示范单位；中国社会组织评估等级 5A；上海市文明单位；上海市五星级社会组织党组织，浦东新区十佳养老机构；浦东新区第一批三星级养老机构、党员示范岗、党员示范窗口单位、祝桥镇先进“两新”党支部。实现了“两新”党建与社会反响、市场效益互进共赢的良好局面。

下一步，我们将在区“两新”党建处和镇党委的领导下，盯住弱项下功夫，锁定短板做工作。以党建带服务，一是抓队伍培训，突出党员自身素质的提高，以“两学一做”为契机，开展党务知识和业务能力培训，不断提高党员党性和业务技能。二是抓日常管理。以五星级敬老院要求为标准，加强院内的日常管理、安全管理和财务管理，确保服务不滞后，安全无死角，管理更科学。三是抓共建联建。加强“两新”党建与社区党建的互融互动，加强党建与工会、团建的联建联动，做到“三个一起”，即“阵地一起使用，资源一起共享，活动一起开展”，不断拓展“两新”党建空间。

浦东新区祝桥镇机场第二敬老院党支部

党建促发展 共谱夕阳红

随着老龄化程度的加剧，作为本市人口高度老龄化的社区，静安寺街道面临着更为严峻的养老形势，截至2015年底，街道户籍登记人口39 081人，其中60岁及以上户籍人口14 166人，老龄化水平达36.25%，高于全区老龄化水平3.54个百分点，高于全市6.05个百分点。一方面，在这个区域面积小、房屋密集的地段，由于资源约束，机构养老不足以满足所有老人的需求，不能单纯靠增加养老院床位来提供为老服务；另一方面，作为生活在城区的老人，大都更倾向于在熟悉的环境中进行养老。考虑到这些特定前提，青凤老年生活护理服务社因地制宜，不断探索创新以家庭等原有熟悉环境为基础，并以需求为导向，以服务为抓手，把家庭和社会结合起来，创新建设养老服务阵地，为社区内有需求的老年群体提供多元化养老方式。2008年5月联合党支部成立以后，明确了以养老阵地建设为工作重点及突破口，通过搭建起党建工作和养老服务互促共赢的实体平台，逐步形成"网格化管理、站点式覆盖、市场化运作、菜单式服务"的社会化居家养老服务新模式，实现对居家养老服务内涵的拓展、内容的丰富和能级的提升。

服务社党支部始终把老年人的需求、关切和期盼摆在首位，时刻把他们的冷暖、忧乐、安危挂在心上，继2006年通过对社区老年人生活需求调查摸底试点，建立全市首家"乐龄家园"助老服务站后，又积极向政府建言献策，先后拓展了6家服务站，以365天全年无休的方式集中为社区老年人提供助餐、助浴、助洁、助医、助行、助乐、代购、助学、助游、助急等综合性日常生活的"十助"服务。在党员同志带队走访调查了多个社区近千名独居老人养老需求后，进一步将老人需求细化为4大类27个项目，向社区老人们提供多元化服务，满足老人不同的服务需求。此外，还建立了两家老年日间服务中心，对于腿脚不便的老人还配专车接送。

党支部在积极推进服务阵地、拓展工作内涵的同时，通过抓组织建设、制度建设、队伍的凝聚力建设，进一步夯实党建基础，成功将服务阵地建设成为凝聚服务党员群众的"红色摇篮"。在党支部的领导下，服务社先后成立了工会和妇女议事会，坚持每年组织形式多样的活动，成立了家政姐妹笛子队、舞蹈队、时装队、运动队、家乡戏剧队，并搭建舞台，让她们在各大节庆活动中展风采。在增强党组织向心力同时，积极做好“三会一课”、党员教育发展、收缴党费等基础工作，至今已有15位家政服务员向党组织递交了入党申请报告，经考核培养成为中共党员两人、预备党员1人、入党积极分子1人。同时通过合理安排党员及发展对象、骨干入党积极分子的工作岗位，确保党的声音能及时传递到每个角落，党的工作能及时渗透到为老服务的每个领域，全面覆盖服务社40名专职工作人员和700多名家政服务员。

为充分发挥党员先锋模范作用和党支部战斗堡垒作用，党支部注重将党员教育活动与员工素质提高、服务水平提升相结合，组织党员开展“一个党员一面旗，我为党旗增光辉”、争当先进模范和青凤金花评选等活动。支部还要求所有党员牢固树立群众观点，广开言路纳良策，俯身倾听求提升，每年组织“做群众的贴心人”专题组织实践活动。以群众意见调研座谈会等形式广泛听取接受服务的老人代表的意见，并第一时间调整和改进，确保依赖于民、取信于民、服务于民。党支部还迎合老年人喜好，在不同的节日组织各类党员志愿服务活动，温暖老人，幸福自己。例如每年端午节，党员们都会主动加班加点包粽子近万只，赠送至近2 000位老人手中。通过一系列活动，引导党员、群众以实际行动立足岗位、无私奉献、爱心助老。

2011年，党支部会同区社联会做了居家养老队伍调查的专题调研报告，报告递交区政府后，引起高度重视，区民政局启动“关于建立静安区居家养老护理服务专业队伍”的试点项目。服务社主动承接该项目，引进员工制，与上海老年学学会和华东医院联合开设了上海首期居家保健员培训班，培训“1 + 6X”的专业护理技能，探索“社区+居家”、“家政+护理”的社区长期照料服务模式，先后有30人成为专业居家养老护理员，有效改善了居家养老队伍专业不精、流失严重的壁垒问题，最终使老年人受益，实现老有所养的目标。

在老龄化、少子化的今天，家庭养老这一传统的养老模式使得不少困难家庭负担沉重。为了让社区中孤老、独居、空巢老人安全度过晚年生活，确保一方平安，在党支部牵头努力下，服务社整合家政服务员、社区志愿者及亲属子女等共544人，与803名受助老人进行了平安关爱结对。截至目前，共及时发现了6起老人病危情况，挽回了4条生命。为让社区部分孤老在突发疾病而又无经济能力请护工的情况下，能及时得到短期的护理和照料，服务社设计了孤老应急康复援助计划，建立了一支应急护理小组，为辖区内孤老突发疾病做好应急援助准备。针对部分因看护失能失智老人而不堪重负的家庭，还设计了喘息服务，派遣具有专业护理技能的护理工上门服务 100 小时/年，并传授专业护理技能。

党支部注重党建联建建设，先后与静安区社联会党支部、静安区军休所党支部等五家党支部结对，聚合服务力量，拓展服务阵地，开展了“同心助老我奉献，甘为党旗增光辉”、“迎‘七一’，同心助老结对共建”等活动。通过带老人看城市发展、感受新农村建设等活动，更好地为老人提供形式多样的服务，极大地满足了老人的精神文化需要。

2012 年底，服务社党支部通过硬件改造、软件优化、氛围营造，整合了社区资源，以跨界合作的模式，使服务项目多达 57 项，后援单位增至 81 个，共同构建了一个集生活照料、医疗康复、文化娱乐、安全保障、精神慰藉和法律援助六大功能为一体的助老服务体系，打造了一个资源集约化、平台枢纽化、后台专业化、联动智能化的四大特色功能的服务窗口。同时，定制“一键通”电话机，涵盖“热线服务”、“亲子电话”、“平安键”、“紧急呼叫”四大功能，为老年人安康生活提供保障。

青凤老年生活护理服务社坚持以党建为引领，以“服务人民、奉献社会”为宗旨，团结带领全体员工，立足岗位创一流，聚焦重点解难题，创新管理促发展，推动了助老服务内涵和服务能级不断提升，已成为上海市乃至全国的一个优秀助老服务品牌。由于服务社所提供的各项服务契合实际需求，有效助推养老工作，促进社会和谐，获得了上级高度重视，也深受各方关注好评。成立至今，在党支部的带领下，从 1 个服务网络发展到 12 个网络，队伍从几十人发展到 700 多人，服务项目从 25 个发展到 59 个，服务面从最初 1 万人次/年发展到如今 70 万人次/年，服务惠及社区 3 000 多位老人。作为 5A 级社会组织，青凤服务社先后荣获“全国巾帼文明岗”、“上海市先进社会组织”、“上海市文明单位”、“上海市五星级社会组织党组织”、“世博先锋行先进党组织”、“上海市工人先锋号”、“上海市四星级诚信创建企业”、“2011、2012 年全国千户百强企业”、“上海市示范性家政服务站”，并连续两届获得区社会组织突出贡献奖等 20 多项荣誉称号。

居家养老服务是造福于民的民心工程，在资源紧张的中心城区，通过阵地建设来抓好业务和党建工作是基本途径。只有不断优化阵地软硬件设备，不断发挥好党建工作的引领作用，才能使养老服务接地气、聚人气、有名气。随着社会进步和文明程度的不断提升，社区老年群体数量急剧扩大，居家养老服务需求也在持续增多，加上老年人对晚年生活质量的要求也不断提高，服务社的养老服务使命依然任重道远。今后，服务社在党建工作的引领下，将致力于更好地把“市场机制、公益性质、实体管理”三者有机融合，更多地满足多元化的养老需求，更快地形成可复制推广的经验。党支部将继续以开放创新的服务理念去探索，以求真务实的工作作风去实践，打造更具复制性的党建服务品牌，进一步完善“乐龄生活圈”，为更多老年人提供“床位不离家，服务送到家”的温馨服务，努力为“国际静安、圆梦福地”的建设工作添砖加瓦。

静安区静安寺街道社区党建服务中心

汽车城里的综合型“老人乐园”

上海市嘉定区安亭社会福利院地处安亭国际汽车城的西部，是一所集生活、医疗、文化、娱乐于一体的综合型“老人乐园”。这里生活着215位平均年龄85岁的老人，其中百岁老人有1位，90岁以上的有45位。党支部充分发挥政治核心作用，在社会组织党建的道路上始终坚持开拓创新，在“养教结合”、“医养融合”的道路上始终坚持锐意进取，在承担社会责任的道路上始终坚持尝试和突破，逐步实现“让员工快乐工作、让老人幸福生活、让志工健康发展”的党支部工作目标。

安亭社会福利院党支部注重完善社会组织运作机制，扎实推进党组织政治核心作用建设，形成管理规范、务实高效的党建工作格局，发挥“火车头”效应。党支部书记孟瑛，作为嘉定区的党代表、安亭镇的人大代表，总是坚持站在社会组织党建发展的高度考虑党支部的各项工作，同时，还担任上海市社会福利行业协会副会长的她，总是以养老行业最严格的标准要求党支部的所有党员。作为火车头，孟书记不仅自己率先垂范，还带领支部党员共同进步，发挥党员示范效应。安亭社会福利院党支部开展“心与心交流”的活动，党员、入党积极分子等组成的志愿者服务队伍与住院老人开展结对。志愿者们每周利用自己工作空闲时间，陪护老人们聊天谈心、读书读报等。志愿者们用真心、真情去温暖每一位老人的心，以志愿服务的形式营造

"爱"的氛围。发挥"组织"共建效应。安亭社会福利院党支部先后与安亭消防中队、医院、学校、社区等辖区单位结对共建，采取"请进来、走出去"的方式为老人送温暖，同时又将福利院的护理服务技能辐射到居家的老人。

养教结合，老有所乐。为了让老人"老有所乐、老有所学"，在增长知识的同时促进健康，在丰富生活的同时陶冶情操，安亭社会福利院党支部建议实施"养教结合"，成立安亭福利院银杏学苑老年大学，构建住养老人终身学习平台。党支部认真对住院老人的文化层次、情趣爱好、身体情况、学习需求等进行调查分析，设置了因人而异的学习课程，党员、入党积极分子等担任兼职教师。银杏学苑共开设了7门课程和3个团队，课程每周累计教学时间达13小时，2014年，安亭社会福利院被评为"上海市养老机构养教结合示范基地"。医养结合，老有所医。为了住养老人能够真正做到"老有所养，老有所医"，安亭福利院全面推行"医养融合"，为了最大限度地满足老人随时随地的需求，安亭社会福利院党支部提出实行365天每天24小时的全天候服务，由党员带头的志愿者队伍经常在关键时刻发挥重要的调剂作用。医养融合使院内的老人小病康复不出福利院，大病马上送医院，在福利院可刷医保卡。

为加快健康养老服务业的发展，党支部充分发挥"核心引领工程"平台作用，主动参与社会公益事业和社会建设，以改革创新的精神努力承担社会责任。项目惠民生。安亭福利院党支部主动承接政府购买服务的项目，设立嘉定区社会组织社区民生服务项目所开展的"爱心天使"、"日托服务"、"社区共建"等8个子项目活动，获得社会广泛好评。结对送温暖。针对安亭镇特殊困难家庭，党支部书记与困难家庭结对，每年提供小朋友的学杂费用，到现在已坚持了6年。奉献显真情。举办“党员一日捐”、“军徽映夕阳·夕阳暖军心”、“奉献爱心·情系灾区”等慈善活动，充分体现养老服务工作者回馈社会、胸怀大爱的优秀品格。

一是完善了社会组织治理和运作机制。健全了内部法人治理结构，有责权清晰的理事会。理事会按时换届，民主选举，有健全的日常工作制度。连续10年按时正常通过年度检查，同时连续10年通过ISO 9001：2008质量管理体系的审核。

二是充分发挥了社会组织党组织在“提供服务、反映诉求、规范行为”中的作用。一是强化创建机制，提升树品牌意识。牢牢把握创建上海市养教结合示范基地的机遇，创新推出“安福银杏学苑”品牌，形成了机构老年教育独有的办学特色，受到了老人的欢迎和家属的认可。二是强化联建机制，助推“手牵手”工程。福利院党支部积极加入安亭国际汽车城区域化党建联合会，先后与安亭消防中队、医院、学校、社区等辖区单位结对共建，采取“请进来、走出去”的方式为老人送温暖，同时积极探索居家养老新模式，在连续8年继续做好“为老送餐服务”的基础上，利用机构养老服务资源辐射居家养老，取得了良好成效。三是承接政府的购买服务项目，设立嘉定区社会组织社区民生服务项目“银杏学苑—精神关爱”、“美好安福—七彩福袋”，包含了“爱心天使”、“日托服务”、“社区共建”等8个子项目，进一步丰富了老年人的精神生活。四是开展嘉定区养老公益事业协会向全区政府办的养老机构推广“为老服务爱心联盟”活动，包括“欢乐生日会”、“乐闻天下”等10个主题为老服务活动，获得社会广泛好评。老人及其家属的满意率测评达97%以上。

三是加强了党的组织和队伍建设。为适应新形势对党组织和党员队伍提出的新要求，院党支部以拓展“核心引领工程”工作内涵为契机，始终注重党员干部能力升级，不断增强队伍的生机和活力。一是学习形式有创新。坚持党支部“三会一课”和院务工作例会制度，党政班子集体讨论重点工作和重大决策；确定每周三为党员学习日，积极开展以“学习、实践、感悟、转化、学习”为目标的主题活动，被评为安亭镇2013年“十佳学习模式”。二是队伍建设有抓手。以党员“五心”教育活动为载体，开展党员“五堂课”轮训，铭记党的宗旨，弘扬职业精神。三是文体活动聚人心。通过打造“夕阳天使风采秀”品牌系列活动，如职工运动会、迎春联欢会、护理技能赛等，不断增强队伍的凝聚力和向心力。

四是评优推优树典型。通过部门推荐选拔、院务会评定等方式，选树典型，鼓励先进，进一步激发员工创先争优的热情和斗志。党支部自成立以来顺利完成3次换届。

10年来，上海市安亭社会福利院先后被评为“上海市无烟单位”、“上海市平安单位”、“上海市先进社会组织”、“上海市文明单位”、“上海市养教结合示范基地”、“中国社会组织5A级”、“上海市巾帼文明岗”、“上海市五星级社会组织党组织”、“全国‘三八’红旗集体”等48项集体荣誉和“上海市‘三八’红旗手”、“嘉定区十大杰出人物”等36项个人荣誉。

上海市安亭社会福利院注重健全党组织政治核心作用的机制建设。以抓强“核心引领工程”为重点，建立健全工作机制，提升党组织建设的规范化水平。党支部书记兼任福利院行政负责人（法人代表），作为嘉定区的党代表、安亭镇的人大代表又是上海市社会福利行业协会副会长，承担了一定的社会责任，在行业内起到了积极有效的引领作用。2013年6月，又配设了一名专职副书记，进一步加强了支部的力量。党支部通过“心与心交流”结对活动，形成“三级联系全覆盖”工作机制，通过创投项目“夕阳物语”活动邀请嘉定区精神卫生中心专业医生作心理疏导干预。另外党支部还组建起“安福银杏学苑志愿者服务基地”，培育了三支志愿者服务队伍：一支由院内工作人员组成的“夕阳天使爱心队”，一支由院外镇团委团员青年组成的“青年志愿者队”，另一支由学校、医院、社区专业人士共同组成的“教师志愿者队”。党建工作经费有预算，活动场地有保障。党建工作内容和要求载入章程。

党支部通过“核心引领凝聚力量·构建和谐颐养家园”，充分发挥政治核心作用，以建设科学合理、规范有序、决策民主的党组织运行机制为着力点，逐步实现“让员工快乐工作、让老人幸福生活、让志工健康发展”的工作目标，不断加强管理，建章立制，规范运作。

嘉定区安亭社会福利院党支部

党旗下的温馨“港湾”

上海蓝色港湾福利院，创办于2003年8月，现有占地面积26亩，建筑面积 13 000 平方米，在院养老人员 570 人，其中，患有精神病人 301 人，全院员工 111 人，其中医生 6 人，护士 10 人，高级护理工 28 人。福利院 2005 年被评为上海市残疾人养护基地，2008 年被评为松江区文明单位，2014 年 6 月被上海市社会团体管理局评为“三 A”单位，2015 年 1 月被松江区民政局评为“三星”福利院，是全市有一定知名度的福利院。中国残联主席张海迪也曾来院视察指导工作，并给予福利院很高的评价。

福利院自 2009 年 4 月成立党支部起，始终以服务、奉献为核心，通过党建促服务，团结带领全体员工与时俱进，开拓创新，完善服务，打造品牌，充分发挥了党组织的战斗堡垒作用和党员的先锋模范作用，多年的党建工作实践，探索出一条社会组织党组织工作由传统型向现代型、由经验型向科学型、由被动型向主动型转变的有效之路。

虽然目前福利院正式党员只有 6 人，但是福利院党支部毫不放松对自身建设的严格要求，在繁琐、忙碌的工作之余，大家自发组织了“学习实践科学发展观促进本职工作”、“讲党性修养、做合格党员”等活动，使得全院党员的思想觉悟明显提高，先锋模范作用明显增强，大力宣扬表彰“五好”党员，激发全体党员为实现党的宗旨而努力工作的积极性。

在加强自身建设、抓实抓细党员教育的同时，福利院也积极利用党员效应，服务院民，服务职工，做好深入细致的思想政治工作，坚持以人为本，把尊重人、理解人、关心人的理念落实到具体工作中。注重人文关怀，对职工在工作、家庭生活中遇到的问题和困难，尤其是在职务变动、岗位变动、职工家庭生活中出现较大变故时，采取领导、党员骨干和群众三结合的方法，2015 年至今先后跟 5 名思想波动较大的职工谈心，积极主动地给予真诚的关心和帮助，充分发挥了思想政治工作化解矛盾、克服消极因素、调动积极因素的作用，确保了各项工作的顺利进行。

“党员要做到平时工作能看出来，苦难面前能站出来，关键时刻能豁出来”，这是蓝色港湾福利院对党员的一贯要求。

在福利院养老的 570 余人中，301 人是精神病人，工作强度可想而知，特别是在工作中，突发事件等时常发生，这就要求党员干部能在关键时刻起到先锋模范作用，敢作敢为。

福利院自 2003 年创办至今，除了改善福利院的硬件设施外，提供温馨服务更是“温馨港湾”的核心内容。福利院始终把建立情感式、个性化、综合性的服务体系作为“情满港湾”优质服务的有效延伸，逐步改变传统观念上只在院内24小时为老人服务、被动服务局部服务的形式，变为提供院内主动服务、亲情服务、院外延伸服务、全方位服务，在2015年，除了常规的日常照料外，福利院为老人举办了生日聚会、外出踏青等活动，让老年人体验到富有情感、饱含关爱、传递温馨的服务。

"为老人服务心里要有情，心里没有情，微笑也是假的。"院长俞金章把"带着感情"看作是福利院服务的重要标准，并在服务中不断实践。对待特需老人主动伸出温暖双手，从进院开始全过程呵护；对待困难老人慷慨解囊，让他们舒心安度晚年。在他的影响带动下，情感服务的内涵得到升华，闲暇时的聊天谈心，不畏繁琐的喂食喂饭，节假日的贴心演出，从常规的"被动"服务，到现在创新的"主动"付出，福利院职工们在党员们的带领下，一步步丰富工作内容，让老人们真切感受到充满如家温馨的情感服务。

"作为福利院职工的一员，我们能做的，就是为老人们提供营造最舒适的环境，让他们在这里能感受到家的温暖。"正是这样的愿景，福利院的党员们不论工作多累多繁琐，都会始终微笑待客，细心服务，把真挚的感情融入了每一次的服务之中。

2003年建立的蓝色港湾福利院，至今经历了十余个年头，随着福利院设施、规模的逐渐扩张，福利院名声的打响，来院的人数也日益增加。

多年来，福利院党支部始终围绕"安全、卫生、整洁"，积极做好这三方面工作，对"安全"工作警钟常鸣，凡重要节假日都有布置、有值班、有检查；在检查中发现部分消防器材老化，立即购置消防灭火器，对消防水带进行了更换，同时积极配合消防局进行"防火、防盗"知识讲座，普及消防知识；对"卫生"工作长抓不懈，尤其对食堂的管理，都有严格的管理制度，确保养护人员身体健康，使委托养护家庭人员放心，院内管理人员安心；对"整洁"工作长效管理，抓好福利院环境整治工作，不断完善院容院貌，促使养老人员居住环境舒适优美，长寿延年，为此，福利院专门组建保洁养护队伍，并建立严格工作责任制，确保了福利院常年环境整洁优美。

2015年，进一步强化了岗位制度，完善了考勤、考核办法，通过考核，转变了全院工作人员工作作风，提高了服务工作效率，促进了福利院又好又快发展。特别是在2015年福利院制定了《廉政建设目标责任制》，通过将责任、任务分解到人，以严格的措施对党员不断进行教育、监督、检查和考核，有效地防止收受红包这一福利院的普遍顽疾。同时，根据单位实际，通过抓好领导班子自身的思想作风建设和班子成员的廉洁自律工作，从源头上堵塞漏洞，为福利院树立了良好的院风，得到了员工和社会各界人士的高度评价。

这一桩桩、一件件看得见的环境变化和亲身感受到的温馨服务，赢得了外界对福利院亲情服务的由衷赞美和极大肯定。俞金章院长说：“福利院的工作虽然累一点、压力大一点，但是通过以党组织为带领的福利院职工们的齐心协力，为广大养老人员服好务，让他们享受更温馨体贴的服务，这是我们每一个蓝色港湾服务人员的职责，也是骄傲。”

松江区叶榭镇综合党委

“一创二推三强化”
加强会计师事务所党建工作

会计师事务所党组织建设工作在总体上处于初级阶段，与党政机关、企事业单位党建工作相比还有不少差距。如何加快转变事务所经济发展方式，科学建设基层党组织，更有效地破解事务所发展中的瓶颈和障碍，促进事务所又快又好发展，体现行业党建工作的更大成果？上海宏大东亚会计师事务所党支部积极探索新形势下加强和改进支部建设的新途径、新办法，逐步摸索出党支部“一创二推三强化”党建工作法。

“一”个创建：以创建学习型党支部为总目标，积极开展“两学一做”学习教育，创新驱动支部党建活动形式，增强党支部的创新力、凝聚力和战斗力。

事务所在开展党建工作时，“三会一课”活动的形式根据实际情况灵活多变。首先要纠正错误观念，增强个人政治意识、大局意识、核心意识和看齐意识，“三会一课”特别是组织生活是党建工作非常重要的组成部分，更是开展“两学一做”学习教育的基本形式。要高度重视参加组织生活的必要性和紧迫性。其次是牢固树立组织观念，提高参加组织生活的自觉性。组织生活是我们党接受党内民主监督的优良传统，可以主动接受党组织的教育和党员群众的监督，把党员参加组织生活纳入管理、评价、考核体系中。党支部结合自身的特点，遵循“有利于党组织建设、有利于党员作用发挥、有利于事务所发展”的原则，创新组织生活方式和组织生活内容，以使党员能自愿参加、积极参加，增强党组织工作活力，充分发挥事务所党支部的战斗堡垒作用和党员的先锋模范作用。

组织生活方式多样性、及时性体现在：组织生活形式多样的活动形式。通过开展读书、看报、学文件形式，更多时候以党小组名义开展座谈会、访谈会，访问英雄模范人物、组织参观考察、参加公益活动、参加社区义务工作，观看有教育意义的展览影视片电教片、参加有意义的文化活动，并对于积极参加活动的给予表扬，对不参加活动的开展批评与自我批评，通过观后感评比、摄影评比等形式多样的活动并适当奖励，以事务所网站、板报等形式广为宣传。

积极倡导开放型组织生活。密切联系群众，尤其鼓励非党员高级管理人员参与，组织生活不仅在党内开展，并适当地与群众活动有机结合，充分发挥组织生活的辐射作用，更加密切党群关系。充分利用网络平台，利用行业党建网和事务所局域网，建立党支部 QQ 群、微信等网络方式进行讨论、交流，充分调动每个党员能动性和主动性，开展切实有效的组织生活，把党的活动阵地拓展到网络上，增强党支部活动的影响力和凝聚力。

“二”个推动：一是推动党建与业务相结合。党支部以推动事务所发展为己任，坚持把“围绕发展抓党建，抓好党建促发展”作为抓好党支部工作的基本原则。党支部结合业务实际情况，找准党建工作与业务促进的切合点。事务所根据综合评价系统关于党建部分要求，根据事务所的业务实际、员工的年龄、员工的文化水平等结构特点展开。从事务所现存业务结构出发，充分发挥党员先进性，配合事务所加强诚信建设，完善职业道德方面的制度建设，进一步发挥党小组的交流提高作用，特别是忙季时，党小组结对研讨，充分交流，在淡季时配合事务所完成质量控制和业务培训提高等方面的工作，以党建促业务发展。

二是推动党建和队伍建设相结合。党支部注重把党员培养成业务骨干，把业务骨干培养成党员。通过系列教育措施，引导优秀青年积极向上，踊跃参与党支部的活动。鼓励青年员工钻研业务，参加资质、职称及学历层次考试，选派年轻党员参加行业优秀人才的培训，抓好培养、吸引、用好人才三个环节，建立一套完备的激励机制，使人尽其才，才尽其用，更好地发挥人才效益。大胆放手让青年党员和年轻员工负责项目，培养青年员工担当精神，逐步建立起思想过硬、执业素质高的事务所骨干力量。

“以人为本”是增强事务所整体合力的原动力。人才是企业创新的中坚力量。事业凝聚人才，实践造就人才，机制激励人才。企业内部“人和”才能

"业兴"。人才是企业发展的第一资源,是企业持续发展的原动力。事务所是以人为本的中介机构,人才培养需要加大力度,引导专业人才在思想上树立社会主义核心价值观,不断营造企业的和谐氛围,提升事务所竞争能力。

"三"个强化:一是强化人才队伍的建设。对于事务所来说,稳定注册会计师队伍,防止人才流失是事务所发展的重中之重,市场竞争说到底是人才的竞争,保持队伍的稳定对事务所发展关系重大,事务所属于知识密集型行业,从业质量的高低极大地取决于注册会计师的素质。针对事务所人才跳槽的现象较多,党支部分析其主要原因是由于注册会计师待遇普遍不高,且风险责任较大,因此要做到质量和稳定两全其美,党支部与管理层一起研究,在分配制度上下功夫,加强考核,使风险、责任和收入挂钩,充分调动从业人员的积极性,提拔年轻人到事务所重要岗位,从而稳定队伍,保持从业人员的高执业水准、高业务素质。

二是强化党员队伍的建设。党支部为保证党员的质量,保持党员的先进性和纯洁性,对党员队伍严格把关,规范发展党员工作。党支部在入党申请人中,通过党员推荐、群团组织推优方式确定入党积极分子,把入党积极分子的培养工作落到实处,始终做到支部有安排,小组有分工。对确定为入党积极分子的同志,支部指定支委成员或身边党员两名作为培养联络人与其经常联系,及时帮助,把好发展关,做到新鲜血液成熟一个发展一个。党支部按照《中国共产党发展党员工作细则》要求,坚持慎重发展、均衡发展,有领导、有计划地进行;坚持入党自愿原则和个别吸收原则,成熟一个,发展一个,把吸收具有马克思主义信仰、共产主义觉悟和中国特色社会主义信念,自觉践行社会主义核心价值观的先进分子吸收入党,作为一项经常性重要工作。支部大会对发展新党员和预备党员转正已全部采取无记名投票方式表决。

三是强化员工队伍的建设。党支部团结和凝聚全体员工,重视员工的个性,注重人文关怀,平等维护员工的权利,把事务所广大群众的利益放在第一位。支部委员按分工经常找员工谈心,站在员工的立场上,及时了解员工的思想、需求、价值取向,想方设法解除员工在思想上、人生观、价值观的困惑,尽心尽力解决员工在学习、工作、生活上的实际困难,解决了员工后顾之忧,增强员工们的归属感。员工是创造历史的动力,党支部任何时候都没有忘记这个历史唯物主义最基本的道理。党支部与管理层一起,努力提高员工的待遇和上升发展的空间,除了在收入分配上尽量向一线业务骨干倾斜，还努力提高全体员工的福利：安排员工带薪休假，重视中国传统节日的活动和福利安排；设立职工互助基金和重大疾病保险，在职工遇到较大困难时，除单位给予必要的帮助外，还由职工互助基金、保险基金给予一定的困难补助及救助。支部委员适时进行员工家访，关心员工及家人的情况，制定一系列可行的符合实际的具有人性化的科学的规章制度。培养员工的团队精神，提倡团结友爱、互助合作，工作上分工不分家，以此调动员工的积极性，稳定队伍，增强了事务所的整体合力，打造一支以所为家的员工队伍，促进事务所可持续发展。

上海宏大东亚会计师事务所党支部

加强党的建设 推进产业发展 创新社会治理

上海市信息服务业行业协会成立于 2001 年 1 月 18 日，是一家全国性“5A”级行业协会。现有会员单位 500 多家，会员单位有上海电信、东方网、盛大网络、携程旅行、东方财富、申银万国等国内外著名的公司。根据行业发展状况与趋势，协会还先后成立了企业信息化应用推广、社区信息化应用推广、数码互动娱乐、动漫产业、网络教育、金融信息服务、“互联网+”等 13 个专业委员会、6 个联盟、4 个中心。

2000 年初，协会会员单位中非公企业占 87%，他们代表着互联网信息服务业的发展，具有广泛的社会影响。这些企业中年轻人多、海归派多、来沪创业的精英多。他们中间党员占有一定比例，但是很多 IT 企业里没有党组织，这些党员就成了口袋党员、流动党员。那时中央和上海市委组织部已经提出了要在非公经济中开展党建工作、加强党的建设，所以协会时任领导按照这个精神，提出了协会党组织要发挥党的政治优势，要把帮助会员单位开展党建工作作为协会全方位做好会员服务工作的一个重要内容，联系党员发挥作用的一个重要抓手。为此，首先做好调查摸底工作，然后帮助会员单位中有党员没组织，而且没有直接挂靠上级党组织的企业组建公司党支部，搭建平台，让党员有家的感觉。大家都知晓行业协会职责是服务会员、规范行业、发展产业，协会与会员单位之间没有直接管理上的隶属，没有资产上的联系，更没有人事上的任免权限。再加上不少企业老总、高管对组建党组织不重视，要建党组织也就不是件容易事情。面对这样状况，按照上级党组织的要求、协会的工作需要，通过锲而不舍、细致艰辛的工作，把一家家党支部建立起来，十多年来，共组建了 46 家党支部，由于互联网企业变化大，倒闭、兼并和转型的原因，已撤销了 8 家党支部，目前有党支部 38 家，在册党员 1 036 名。

在开展协会党建工作实践中，协会党建一直得到市委组织部、市经信委、市社会工作党委、市民政社团局和工经联党委的支持和帮助，2006 年协会建立党委，这绝不仅是组织架构上的提升，更是工作要求上的提高。党委班子要率先成为新社会组织引领新经济组织互动发展的政治核心，凝聚党员、凝聚群众、凝聚社会，做好双覆盖和三服务，就要从自身做起不断增强责任感和使命感。党委建立相应议事制度，用制度规范工作，每次召开党委会，要求党委委员做到会前准备三件事、会中做到四到位、会后抓好两落实。

首先抓好党支部书记的教育与培训。运用找错小品来普及党务知识，用 YES、NO 的辩论会来加深书记对党务知识的理解，用怎样过好党组织生活、怎样加强失联党员管理的圆桌论坛来提高书记的工作能力，自编工作指南指导书记操作，所以协会下属公司党支部书记尽管他们担负党建工作没有官衔更不会增加工资，但他们凭着奉献和责任创新了很多有效方法，如时代光华的三环党建、盛大公司的游戏式管理和海鼎党支部地毯式排摸失联党员等，取得较好效果。

党委运用多种形式加强党员队伍的教育管理。运用网上的微型党课，挖掘党员闪光点，把他们在岗位上工作中的感悟体会用演讲方式宣传。用每个支部在网上的视频汇演，让大家投票评选出最有感染力、正能量的节目进行表彰，充分发挥互联网优势，加强党建工作。建立多个微信群，有书记工作联络群、党建项目课题群和党务组织工作群，发挥了较好效果。每个党支部党员组织关系的转进转出都在群里反映，如碰到档案找不到了，数据库没名字了等棘手问题，如何处置，都在群亮相，一对一的解答，但看到的是群里的所有书记，每人从中可以了解、学习和借鉴。2015 年协会党委负责转进转出党员人数就有 317 名，从中碰到诸多问题在群里进行解决的方法和内容，无疑是对书记日常工作的实战培训，也是针对“两新”党组织书记流动性大、连续性差的现象的一种弥补。

党委始终坚持党建工作与经济、社会工作的紧密结合，党建内容始终与协会目标同步、同向、同力。如：组织企业积极创建文明单位，申报品牌名牌企业的评审，组织企业积极参加全市优秀网站和诚信企业评选，组织大家积极参加智慧城市宣传周和信息服务消费节活动，组织大家积极参加各种推进社会和行业发展的高峰论坛等等。成立党外人才联谊会，互联网行业中的代表性人才是伴随着互联网发展并成长起来的新群体，具有知识层次高、思维活跃、影响面广特点，他们在整个社会发展中起着至关重要作用，组织他们一起参加学习、推荐他们参加市委统战部召开的各类座谈会和培训会，充分发挥他们能量。如：协会年轻的陆秘书长，上任后敢于担当，勇于创新，带领秘书处员工们积极努力，现在已成为一支助推社会发展、社会治理的重要力量。所以怎样更好重视发挥党外人才的智慧和参政议政作用，加强联谊，增加合力，确实也是党委义不容辞的责任。积极履行社会责任，坚持组织和参加各类具有特色的公益活动，如 2004 年为海军 512 护航舰建立第一家绿色信息网，为部队信息化建设提供良好发展环境；2008 年汶川地震时，在第一时间组织赈灾义演，当晚就募集捐款 119 万元；2012 年两次赴革命老区进行信息扶贫，捐赠电脑，这些都是公益活动中取得非常成功的内容。

2015 年党委将继续按照党的十八届五中全会精神，充分发挥党组织的政治优势和整体功能，加强党的思想建设，坚定理想信念，着力培养梯队党务工作者队伍。提高书记素质，增强工作使命感。具体是：严格工作分值考核和落实热忱关心相统一。重点体现两个“更加”：责任共识更加凝聚，组织架构更加健全。尽管目前我们工作上还存在不足，但我们将不断增强党组织服务意识，充分发挥好党组织的政治引领作用。使党的工作体系进一步强化，党建保障机制进一步完善。

上海市信息服务业行业协会党委

图书在版编目(CIP)数据

坚实的脚步：上海“两新”组织党建创新经验选编 / 孙甘霖主编. —上海：文汇出版社，2016.6
ISBN 978-7-5496-1782-1

Ⅰ.①坚… Ⅱ.①孙… Ⅲ.①中国共产党—基层组织—党的建设—案例—上海市 Ⅳ.①D267

中国版本图书馆 CIP 数据核字(2016)第 131777 号

坚实的脚步

——上海“两新”组织党建创新经验选编

中共上海市社会工作党委 / 编
孙甘霖 / 主编

责任编辑 / 竺振榕
特约编辑 / 胡敦伦
封面装帧 / 张　晋

出版发行 / 文汇出版社
上海市威海路 755 号
(邮政编码 200041)
经　　销 / 全国新华书店
排　　版 / 南京展望文化发展有限公司
印刷装订 / 江苏省启东市人民印刷有限公司
版　　次 / 2016 年 6 月第 1 版
印　　次 / 2016 年 6 月第 1 次印刷
开　　本 / 787×1092　1/16
字　　数 / 291 千字
印　　张 / 17.75

ISBN 978-7-5496-1782-1
定　　价 / 43.00 元